正義的追尋

台灣民主地圖

第四卷

余杰 Yu Jie 著

黃謙賢 攝影

contents

目錄

臺北

更深刻的看見・臺灣

駱芬美序（銘傳大學通識中心副教授、臺灣史知名作家）

承蒙余杰點名，讓我為他這本《臺灣民主地圖第四卷》寫推薦序。很榮幸，但壓力很大！最大的收穫則是，可以先睹為快。

認識余杰是在二〇一七年八月七日，他正好在臺灣，透過主流出版社總編超睿的介紹，有機會邀請他到四五九九協會演講。

那天，我買了多本余杰的書，快速地翻閱！心想，能這樣寫中國，了不起了！竟然，還能夠如此深入、透徹地看見臺灣，然後書寫臺灣！真是佩服！

我一直認為，書寫，是一種世代對話與傳承，是讓過往者復活的方式。那些曾受苦難的生命、曾經努力奉獻的先人、被忽視的靈魂，唯有透過文字的重建與傳遞，當讀者能心領神會時，轉化成了後代的記憶與生存的能量。

「臺灣」曾經是被限制書寫的對象，解嚴之後，即使百花齊放，還有更多隱藏版，等待挖掘、建構。因著臺灣特殊的歷史歷程，昨是而今非的尷尬，是生存在這塊土地先人的無奈。許多人批評臺灣人愛炒短線，甚至「西瓜偎大邊」的現實，但這何嘗不就是一種生存之道！

歷史的書寫，不是事後諸葛的批判，而需要對過往理解，也用一個更高的角度，更長的時空脈絡，為臺灣尋找出更深刻的價值！

而在余杰的書寫中，我真的讀到了。

盯著螢幕，隨著余杰進入了他第四卷書中的臺灣民主地圖，正如編輯瑞娟說：會「流淚」的！有份好深的「疼」在字裡行間中，在這些些，在臺灣駐足過的生命！而他們留了什麼給臺灣呢？

這第四卷，接續了前三卷的風格。其中有幾個故事讓我深深被觸動，以下摘錄書中幾段文字，作為導讀：

沒有公義，哪來和平？　和平島琉球漁民慰靈碑

三月十一日，國軍前往社寮島進行無差別掃蕩並逮捕民眾，除了逮捕約三十名琉球人，還連同數十名當地船寮的臺灣籍工人和居民一起帶走。……就臺灣民間而言，因為本來就是一個移民社會，對不同族裔並無歧視，人們將島上發現的不同族裔的遺骸一併收集埋葬和悼念，這種胸懷宛如大海一樣寬廣無垠。這是臺灣人作為海洋民族的優勢。……這座琉球漁民塑像，既是內間長三，也是青山惠先，又是所有不幸在二二八屠殺中遇難的琉球人。在臺灣轉型正義的光譜中，不能缺少這個人數微少的族群。

「臺灣的嘴巴」會說話嗎？　基隆港西岸碼頭倉庫

我喜歡臺灣的原因之一，就是臺灣是一個美麗的島國，隨時能與港口、碼頭、沙灘、燈塔相遇。……近代文明，就從港口和碼頭發端。西班牙、葡萄牙、荷蘭、英國和美國，每一個全球性的大國和每一種普世性的文明，都是以海洋貿易的繁榮、海軍的崛起和海權的確立為標誌。……基隆是北臺灣最古老的港口之一。我常常在一些古地圖、航空照片、寫真帖、繪葉書、舊照片等圖像中，窺見日治時代基隆港及其街市的建築之美，火車站、稅關、銀行、會社、出張所、郵便局、電信所、市場、醫院、郡市役所、燈塔、棧橋、倉庫等，每一棟建築都東西合璧，實用而典雅。……在現實世界裡，基隆港西碼頭忠實地見證了臺灣鑲嵌進現代東亞版圖的最狂飆與混亂年代。

「壓傷的蘆葦不折斷」阿嬤家——和平與女性人權館

不是「慰安婦」，而是戰爭性暴力受害者。……紀念館的志工介紹說，紀念館的願景是：透過空間經營，以臺灣阿嬤所代表的臺灣女性堅毅生命力量為核心基礎，一方面保存「慰安婦」人權運動珍貴史料，傳遞生命淬煉後的能量，並推廣國際相關人權團體交流。進而透過結合藝術、創作、國際串聯等多元方式，深耕實行暴力預防及人權教育，讓下一代學習性別平權及尊重的人我關係，給臺灣尊重、平權及無暴力的美好未來。

余杰的視野，有一種我們看不到的寬廣！余杰的探索，有一層我們挖不到的深邃！余杰的筆觸，有一端我們碰不到的深刻！

期待余杰繼續為臺灣書寫，給我們一雙能更深刻看到臺灣的眼睛！願上帝更大的祝福臺灣！

台灣基督長老教
濟南教

這是耶和華建造的房屋

台灣基督長老教會濟南教會

二〇一七年七月十三日，劉曉波在全世界面前「被肝癌」而死。我正在臺灣訪問，無邊的哀傷與沉重的挫敗籠罩了我。這幾年，我一直在做傳播和推廣劉曉波思想的工作，一路遭遇種種挫折，可謂屢敗屢戰，劉曉波被中共虐殺的噩耗成為挫敗的頂峰。

這些年來，為著劉曉波的緣故，我嘗遍世態炎涼，人性大都是趨炎附勢的——人們不吝對脫離牢獄之災、成為國家領導人的曼德拉、哈維爾、翁山蘇姬等人權鬥士獻上無比的尊崇和讚美，卻不願關心和支持當時在監獄中的劉曉波。原因很簡單，錦上添花易，雪中送炭難——支持劉曉波必定會得罪多財善賈、長袖善舞、露出寒光閃閃的獠牙的中共政權，誰願意自斷財路、與哀哭者同哀哭呢？

我想到，一定要在臺灣為劉曉波舉辦一場追思紀念會，舉辦地點最好是在教會。那麼，在哪一間教會呢？我首先想到了一所「多次過其門而未入」的濟南教會——台灣基督長老教會。那是一所外觀上讓我驚豔的教會，它位於市中心，與總統府和立法院僅咫尺之遙。它是被列入臺北市歷史古蹟的教堂，於一九一六年落成，設計者為日本建築師井手薰。我路過濟南教會時，眺望哥德式建築的小尖塔、塔樓，宛如在歐美古城邂逅一座維多利亞時期的磚造小教堂。正如建築史家所評論的那樣：「在臺灣近代基督教教堂建築中，濟南教會的建築設計手法成熟，用材樸拙渾厚，外觀造型典雅，的確可視為傑作，非常具備保存價值。」濟南教會的建築深具歷史感和藝術性，這個教會也與臺灣民主運動，特別是長老教會反抗國民黨的歷史息息相關，如果能在這裡紀念劉曉波，當然最恰當不過了。

於是，我輾轉透過友人在臉書聯繫上濟南教會的主任牧師黃春生。在我的印象中，大教會的牧師一般的姿態都很倨傲、觀念保守，不願涉及敏感、具有爭議的事件。一開始，我只抱著試試的想法，並不存有太高期待，沒有想到，黃牧師很爽朗答應：「濟南教會願意為劉曉波舉行一場追思紀念會。」還會報告給總會並懇請總會支持此活動。

短短幾天的時間，黃春生牧師和總會的同工們馬不停蹄安排好追思紀念會的所有細節。黃牧師做事認

· 走進濟南教會大堂，頓時會感到自己的卑微和不潔

· 上圖：二○一七年七月三十日，台灣基督長老教會濟南教會為劉曉波舉辦追思紀念會

· 下圖：劉曉波一生為自由民主價值而奮鬥，雖在世上沒有墓地，但他「焚而不燬」，名字「寫在水上」（台灣基督長老教會濟南教會提供）

真細緻，有關追思會的流程我們一起討論了十幾回。劉曉波並非傳統意義上的基督徒，也不是臺灣人，似乎沒有明確表示過支持臺灣獨立，那麼，長老教會為什麼要為劉曉波舉行追思紀念會呢？當有人發出質疑時，黃春生牧師在臉書上回答說：「本質上都是為自由民主價值在奮鬥的人，自由民主也包括自決權。如果劉曉波活得更久，他也會有更多民主自由的體悟與論述。為一位勇敢的中國人權鬥士舉行追思會，是我們可以做的事。」黃牧師的誠懇、謙卑、正直以及寬廣的胸襟與視野，令我深受感動。

追思紀念會那天傍晚，我步入濟南長老教會的拱門，置身於教堂內部，頓時有莊嚴肅穆之感。有一位平時很少到教會的朋友後來告訴我，走進濟南教會大堂，立即感到自己的卑微和不潔。教堂內部屋架採用鋼骨，將屋架結構露出，以鏤空方式減少屋架的壓迫感，增加空間的高敞度；禮拜堂最前端講臺放置講臺座及桌椅，上方以三個連續尖拱為聖壇裝飾，中央放置十字架。中央尖拱上方裝飾著台灣基督長老教會「焚而不燬」的標誌。看到這個標誌，我不禁想起《聖經》中的相關記載，也想到兩千年來前仆後繼地為信仰自由獻出生命的前輩，還想到剛剛被共產黨虐殺並挫骨揚灰的劉曉波——劉曉波在世上沒有墓地，但他也是「焚而不燬」，如詩人濟慈所說，他的名字「寫在水上」。

耶穌大，還是天皇大？

濟南教會的歷史，就是臺灣人追求宗教信仰自由的歷史的縮影。

一八九五年，清國在甲午戰爭中失敗，與日本簽署《馬關條約》，將臺灣割讓給日本。一八九六年五月廿七日，日本基督教傳道局派出第一位日籍牧師河合龜輔來臺宣教；十一月，日本基督教會大會派遣傳道局長大儀見元一郎來臺視察，當月廿二日即正式設立「臺北日本基督教會」，簡稱「臺北教會」，即台灣基督長老教會濟南教會的前身（新起街民宅，現西門町漢中街），教會也以此日為設教紀念日。

一八九七年，因信徒日增，缺乏聚會場所，信徒倡議興建會堂。富商李春生捐獻土地（西門外街）及現金，其他信徒亦踴躍奉獻，並於一九〇〇年舉行獻堂感恩禮拜。一九〇七年，信徒增加，原有教堂空間不足，河合龜輔召開信徒大會，決定賣掉新起街舊會堂，興建更大的禮拜堂。那次建堂籌畫、募款與建築歷時十年，由當時任臺灣總督府土木局長的長尾半平擔任建堂主委。新禮拜堂於一九一六年竣工，與總督府等公共建築風格一致，體現了大正民主時期崇尚西洋現代文明的風潮。

然而，從一九三一年起，日本政局發生劇變，軍國主義集團掌權，對外發動侵略戰爭，占領滿洲等地；對內實行法西斯統治，打壓從西方輸入的民主自由思潮，日本本土及殖民地的教會受到監控和抑制。一九三七年，日本發動全面侵略中國的戰爭，在國內推行「國民精神總動員運動」，英國歷史學家伊恩・克索（Ian Kershaw）指出：「倡導『皇國復興』，團結一致，為天皇獻身（天皇被視為活著的神），還有弘揚傳統日本文化與傳說的意識形態，大行其道。」臺灣基督教史學者查忻也在《旭日旗下的十字架》一書中指出：「由於基督教的外來性，以及教義中的『除了我以外，你不可有別的神』，嚴重地與『國家至上』的國家崇拜觀念衝突，自然也成為日本軍國主義的絆腳石。」在此背景之下，日本官方強制基督教等「不被信任的宗教團體」，必須公開支持其對內對外政策，將天皇的地位置於耶穌之上。

日本當局對基督教的控制和改造，跟納粹德國有同有異。希特勒內心仇視基督教，曾對親信說：「總有一天，只有十足的傻瓜才會站在聖壇上向老婦人佈道。」但是，在德國，基督教是傳統的主流宗教信仰，路德宗擁有國教的地位，南部天主教勢力根深蒂固。一九三九年，仍有三百多萬納粹黨員表示，他們具有某種弱化的「上帝信仰」，因此，納粹當局不敢悍然取締教會，而以迂迴的方式滲透教會。希特勒任命其心腹穆勒（Ludwig Müller）為「福音教會舊普魯士聯盟主教」（受納粹黨領導的國家教會組織），打造所謂的「日耳曼化的基督教」和「積極的基督徒」。大部分德國教會都屈服了，但仍有巴特、潘霍華、尼穆勒等牧師和基督徒挺身而出，組建與之抗衡的「認信教會」。

而在日本及其殖民地，基督教本來就是一種少數的、邊緣化的宗教信仰，影響力有限，當局並不把基督教當作主要的敵人來對待。不過，在軍政權掀起的反對西方「帝國主義」的狂潮中，來自西方的基督教也被波及。日本政府要求教會實現「本土化」，包括接受神格化的天皇崇拜。教會回應「同意臣服於天皇崇拜之下」，當時敢於堅持真理的教會、牧師和信徒真是寥寥無幾。

太平洋戰爭爆發之後，軍國主義、天皇崇拜、神道教（日本人的傳統民族宗教）結合下的「皇民化運動」加速推行。日本及其殖民地的基督教會受到更加嚴密的監視，禮拜中必須用日語講道、唱日本國歌、行「國民禮儀」（遙拜日本皇宮）。教會學校的師生被迫到神社參拜，教會所屬學校和醫院逐一被控制、被接收，甚至被迫關閉。雖然逼迫程度遠不如幕府時代對天主教徒的追殺圍剿、斬草除根，但教會和信徒無不面臨「耶穌大？還是天皇大？」的抉擇，大部分人選擇了妥協，喪失了信仰的本質和核心。

在臺灣，由於西方宣教士被遣返回國，教會被迫全面「自立」，卻無法擺脫總督府的控制。一九四三年二月廿五日，台灣基督長老教會被迫在彰化成立「總會」；一九四四年四月廿九日，台灣基督長老教會被併入在臺北幸町教會新成立的「日本基督教臺灣教團」，上與二郎牧師被指派統籌一切教務，儼然是臺灣基督教的「國家主教」。當時，「臺北日本基督教會」已更名為「臺北幸町教會」，成為「日本基督教臺灣教團總部」，也就是某種隱晦形式的「國家教堂」。

教會歷史學者廖安惠在〈兩個太陽底下的臺灣教會——日治末期教會面臨的難題〉一文中指出：「皇民化運動時期，雖然有牧者遭受迫害、逮捕，然而教會對政府的抵抗非常軟弱，有時甚至扮演協力者的角色。」尤其是北部教會，從第一、二屆北部大會宣言對時局的反應看來，其中不免讓人感到過度諂媚。對於與信仰牴觸的部分，特別是天皇崇拜，北部教會每每以「國民儀禮是非宗教或超宗教的愛國行為」來解釋，並主動聲明斷絕與加拿大母會的關係。在高壓之下，有人採用沉默來抵抗，也有人迎合政權、配合政府。整體而言，臺灣長老教會不曾積極抵抗日本法西斯當局的宗教政策，這成為其歷史上慘痛、恥辱且必須正視的一頁。

一間教堂，兩座招牌

一九四五年，二次大戰結束，但教會和基督徒的苦難並未結束。中華民國政府遷臺，街道改名，臺北幸町教會兩度改名為「濟南街長老教會」、「濟南路長老教會」，一九五〇年正式定名為「台灣基督長老教會濟南教會」。此種街道改名的模式，反映出蔣介石政權失去中國的統治權之後，不甘心蟄居臺灣孤島，但其實力無法實現「反攻大陸」的願景，只能將臺灣的地名改為中國的地名。如此，蔣介石打開臺北地圖，宛如打開秋海棠形狀的中國地圖，彷彿又擁有了中國廣袤的土地，這是一種顧影自憐、自欺欺人的「精神自慰」。國民黨政權的改名遊戲，使得這間臺灣土生土長的、跟中國山東濟南毫無關係的教會，被冠以「濟南」這個荒誕的名字——若是山東濟南的基督徒到臺灣來「自由行」，走入這間教會，發現講道用的是臺語而非山東話，豈不大失所望？

在國民政府遷臺初期，日籍信徒陸續返國，剩下少部分人從各地聚集到濟南教會，濟南教會成為在臺日本基督徒最後、唯一的集會點。在反日氛圍強烈的戰後初期，臺籍信徒出於基督徒超越種族的弟兄之愛，保護了一批日籍信徒免受攻擊和羞辱。

當時，臺灣省警備總司令部副參謀長范誦堯兼任副主任受命來臺接受日軍投降，范誦堯是基督徒，眼見中國來臺人士日漸增多，其中基督徒為數不少，但臺灣各地教會均以臺語傳道，深感不便，乃發起在臺北市組設國語崇拜聚會。最初借用許昌街青年會會議所，參加禮拜者日有增多，幾至無法容納。當時的臺北市市長游彌堅也是國語崇拜聚會的會友，見教會興旺，便設法協助將信徒會友已所剩無幾的濟南教會禮拜堂撥給國語崇拜來聚會，並成立臺北市國語禮拜堂，名稱為「中華基督教長老會濟南路國語禮拜堂」，為「信友堂國語部」的前身。

日本信徒被遣返日本後，臺北幸町教會只剩少數臺灣籍會友。臺灣南北教會逐漸恢復各項事工，並成立「台灣基督長老教會總會」。台灣基督長老教會總會要求與國語禮拜堂共用濟南教會的正堂，「國語禮拜堂」欣然接受。兩教會約定，禮拜日上午九點為臺語禮拜，十一點以後為國語禮拜。從此，濟南教會出現了兩個獨立教會共用一座教堂且用不同語言傳道的稀有現象。

時間一久，兩個不同系統的教會，既有合一，也有爭執。一九九〇年，「國語禮拜堂」董事長林丕鴻認為，兩個教會共用一個禮拜堂已近卅多年，於各自教務的發展，彼此間常感不便，解決之道唯有設法擴建，分堂聚會，始能滿足雙方的需要，因此提議將禮拜堂現址改建為一棟十二層樓的建築，「國語禮拜堂」與濟南教會就各有其會所，其餘樓層則供基督教團體集會及各項活動之用。

此項提議遭到長老教會的拒絕。因為輕易拆毀這一歷史建築而修建新建築，是買櫝還珠的作法。而且，國語教會方面企圖偷樑換柱將新建教堂命名為「中正紀念禮拜堂」（CKS Memorial Church）——以二二八屠殺元兇的名字命名教堂，對基督信仰是何其大的羞辱，這跟昔日日本軍國主義政權強迫推行的天皇崇拜又有什麼區別呢？

雙方爭執不下。直到一九九八年，臺北市政府公告濟南基督長老教會為直轄市市定古蹟，台灣基督長老教會濟南教會爭取委託管理，出具聲明書確認建築物為濟南教會管理和維護。後來國語禮拜堂人數漸增，一九五七年時因感寄人籬下之不便，遂興建堂之議，決議遷至公館（羅斯福路三段「聯誼英語長老教會」），在該地合建教堂，並於一九六三年完成。為表示國語部和英語部會友互守誠信，即訂名為「中華基督教長老會台北信友堂」，不願自濟南教會遷移的信徒則繼續延續「國語禮拜堂」的聚會迄今。

· 上圖：濟南教會的歷史就是臺灣人追求宗教信仰自由的歷史的縮影（台灣基督長老教會濟南教會提供）

· 左下圖：濟南教會宛如在歐美古城邂逅一座維多利亞時期的磚造小教堂

· 右下圖：濟南教會主日禮拜（台灣基督長老教會濟南教會提供）

豈能讓凱撒的手伸向上帝的教會？

濟南教會這棟老建築險些不復存在，若取而代之的是「中正紀念教堂」，主的名將受到怎樣的羞辱呢？

所幸，上帝建造的房屋，豈是人手可以拆毀的？基督徒文字工作者蘇南洲在其論文〈教堂空間的社會分析——以臺灣基督長老濟南教會為例〉中，對這段歷史的起承轉合做了清晰的梳理，信仰的掙扎、權力的專橫、人心的幽微，全都在此彰顯無遺。輔大哲學系教授曾慶豹在《約瑟和他的兄弟們》一書，也以此為個案探討國語教會依附黨國體制，幫助國民黨政權打壓追求自由、自決的長老教會的被遮蔽的歷史——臺灣社會需要轉型正義，臺灣教會同樣需要轉型正義，如果迴避這段幽暗隱秘、詭詐欺瞞的歷史，教會就不可能有真正的復興。

日治時代，總督府企圖讓天皇崇拜先於上帝崇拜；國民黨時代，黨國基督徒對「蔣公」的熱愛超過對耶穌的信仰。早在一九七五年四月廿六日，蔣介石剛去世不久，在「中華民國基督教追思故總統蔣公籌備會議」上，就通過了信義會靈光堂張力長老推動全國教會共同興建「聖介石堂」的提案——這份「在濟南教會現址上建一座中正紀念禮拜堂」的提案，據說還獲得宋美齡的同意。

推動該計畫的人士，大都是在黨政軍中任顯赫職位的黨國基督徒。根據他們的說法，此一計畫有三方面的意義：一、紀念並效法蔣介石總統的虔誠信仰；二、增進世界各國教會與臺灣的聯繫及合作；三、團結全國教會協助政府復國建國的大業。對黨國基督徒而言，選濟南教會的位址打造「國家教會」，可作為一種新的象徵來取代舊的象徵——國民黨對臺灣的治理優於日本人對臺灣的治理。黨國基督徒念念不忘的，仍是想打造一個伏在政治底下的基督教，以及對蔣介石近乎神化的崇拜。

黨國基督徒將蔣介石當作基督徒的典範，殊不知正是這個「主內弟兄蔣介石」命令禁止使用「聖誕節」的名稱，而以中性的「耶誕節」取而代之。五十多年前，蔣介石執政的時候，主管部門正式發出公文，指示聖誕節應該「正名」為耶誕節，也就是耶穌誕生的日子。官方的說法是：中華文化中聖人是至聖先師孔子、亞聖孟子，耶穌不是中華文化的一部分，因此不能稱為「聖誕節」。可見，蔣介石只是表面上的基督徒，他用這個身分騙取美國的支持；在骨子裡是中華民族主義者，與義和團拳匪相去不遠。

一九八九年，黨國基督徒向日本日米基金會成功申請到經費協助籌建，總經費計十億臺幣，並已成功募得五億。「中正紀念禮拜堂暨經國活動中心」的建築圖，主要是委託中國興業建築師事務所設計，與建內容包括中正紀念教堂、經國活動中心、國父及蔣公圖書館、傳教士靈修院、基督教招待所、各種會議場展廳、各教派聯合辦公室及青年體育運動場。但就建築的美感而言，已與原來的濟南教會不可同日而語。國民黨的審美，本質上乃是「審醜」——國民黨在臺灣修建的建築，哪一個稱得上「美」呢？

臺灣的黨國基督徒，宛如中世紀末期天主教上層社會，順從人而不順從神。蘇南洲指出，黨國基督徒精心規劃並企圖借力使力在這座古老教堂上打造一座以「擁蔣、崇蔣」為要的「國家教會」：

> 「這個計畫很明顯就是要與建基督教部門國家機器，當然其背後目的相當複雜，而且並未正式知會濟南教堂，但由於當初使用權是陳溪圳具名的，現在又由陳溪圳具名申請，似乎是使用者都同意的（長老教會與國語禮拜），但在與建組織及未來管理組織上又未列長老會或濟南教會，顯然有以政治力量奪取該教產及基地之意涵，且陳溪圳早已自長老會退休多年，既非長老會議長，亦非濟南教會牧師，且該案又未在長老會總議會提出過或得到授權，陳溪圳實在毫無長老會或濟南教會之代表性，而『至中央社工會文』中竟說『濟南街長老教會亦表示贊成』，頗有魚目混珠之嫌。」

然而，威權時代已是強弩之末，臺灣正大步邁入民主自由的新時代。打造「中正紀念禮拜堂暨經國活動中心」的宏大計畫，跟此一時代潮流格格不入。當時擔任總統的李登輝斷然否決該計畫，隨後這座歷史性教堂被列為必須保護之古蹟，黨國基督徒的「中正紀念禮拜堂」大計就此告吹，同時也象徵了臺灣基督教「護教反共時期」的結束。這是黨國基督徒最大的遺憾，卻是濟南教會的幸運，它總算躲過了「被黨國基督教地上證明物取代」的命運。

這場紛爭深刻影響了臺灣教會日後發展的方向。曾慶豹指出：「從一九六五年的百年大會，到一九八九年黨國基督徒『中正紀念禮拜堂』計畫終結，臺灣基督教走過了『護教反共』時期，分裂的型態就此定調。長老教會被分化出去，獨自走一條反抗的路，與黨國統治沒完沒了；臺灣基要派發芽成長，與黨國關係密切並從中得利，成為臺灣教會的另一種型態。臺灣的長老教會和基要派在此政治氛圍下滋長起來，這即是臺灣教會的政治系譜。」今天臺灣教會在若干政治議題上的分裂、對立和衝突，都可以在濟南教會的故事中找到來龍去脈。◆

台灣基督長老教會濟南教會

地址：臺北市中山南路3號
電話：02-2321-7391
參觀時間：每週一至五，
上午10:00至下午4:00
＊古蹟導覽請預約電洽02-2321-7391

壓傷的蘆葦不折斷

阿嬤家—和平與女性人權館

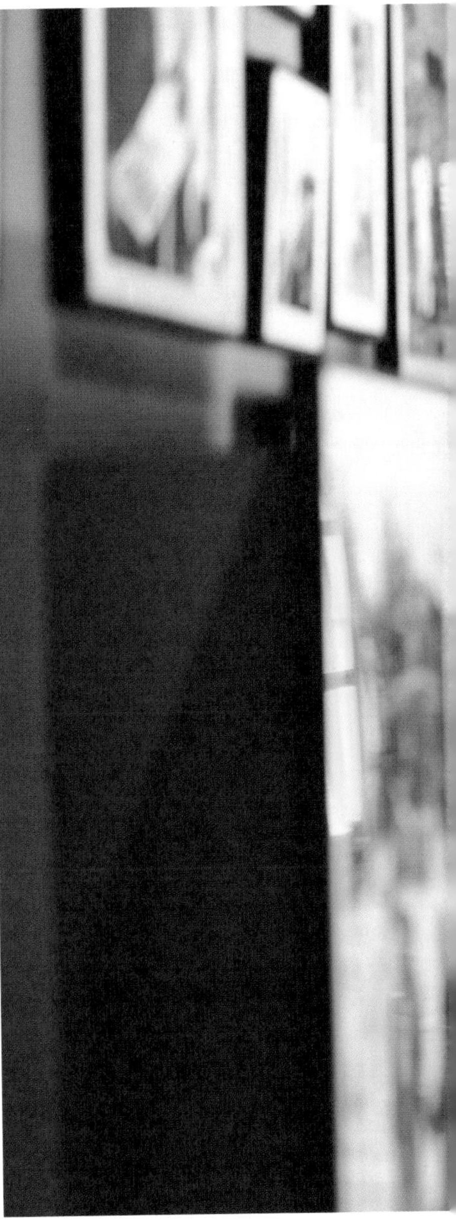

二〇一六年春天，我在臉書上看到大稻埕要設立「阿嬤家—和平與女性人權館」的消息，立即跟友人周奕成聯繫，請他介紹我前去參觀。不過，那時紀念館還在施工中，只能看到老建築的風格和空間結構，展示品也還未陳設出來。

主持「阿嬤家—和平與女性人權館」的婦女救援基金會，成立於一九八七年。當時，媒體大量報導未成年少女被無良父母所賣，強迫為娼，引起政府及社會極大的震撼，一群有識之士遂成立婦援會，投入慰安婦維權、婚暴婦女及人口販運被害人的權益倡導及服務工作。婦援會的成立，除了開啟臺灣「終止婦女買賣」的先驅之外，更建立了臺灣婦女運動史上、結合性別平權意識於實際救援行動的里程碑。

在慰安婦人權運動方面，自一九九二年起，婦援會就協助慰安婦倖存者對日本的求償行動，設立申訴電話，進行調查和認證工作。婦援會也長期提供慰安婦倖存者生活照顧與個案服務，多次透過國際行動，聯合南韓、菲律賓等國的支持團體與倖存者，要求日本政府道歉、賠償。一九九九年，婦援會陪同九名慰安婦倖存者前往日本，向日本政府提出訴訟，為之爭取正義和公道。然而，二〇〇五年，日本高等法院宣判，三審敗訴定讞。

雖然有許多困難和挫折，但婦援會從未停止和放棄，不斷透過多元方式，讓慰安婦倖存者的故事被公眾看見、聽見：辦理展覽、出版書籍、發起街頭行動、舉辦研討會、進入校園推廣教育、與國際慰安婦支持團體交流、發行電影《阿媽的秘密》和《蘆葦之歌》等。

在歲月中日漸凋零的受害者們，是臺灣女權運動的先驅者，她們將憤怒化為堅毅，將傷痛化作溫柔，互相扶持走過漫漫長路。她們勇於站出來，為自己及姊妹們發聲，展現了在性別暴力運動史上難得一見的被害人為自己倡議的能量。在最後的生命歷程中，她們「以愛之名，原諒自己，欣賞自己，並勇於作夢，與生命和好」，成為照亮別人的發光體。

今日，各國皆有以女性生命為主題的博物館，像荷蘭「安妮之家」、韓國的「戰爭與女性人權博物館」、日本「戰爭與和平女性博物館」等，透過展覽、活動、教育倡導提升人們對於人權、戰爭、性別正義的關心與省思。那麼，臺灣能不能有一間「紀念戰爭性暴力受害者為主角」的紀念館呢？

婦援會陪伴慰安婦倖存者長達廿多年，已收藏影音及書籍等相關資料五千多件，慰安婦人權運動紀錄、慰安婦倖存者個人物件、身心工作坊作品等相關文物共七百多件，這些是臺灣慰安婦歷史的重要文物資產。然而，礙於基金會的資源及財力，以前僅能在有限的空間及經費下做好文物典藏工作。隨著收藏越來越豐富，迫切需要一個長久保存珍貴歷史記憶及文物的場域。

最後，婦援會承租了一棟位在大稻埕迪化街的老建築作為紀念館，將其命名為「阿嬤家—和平與女性人權館」。這是一個充滿在地色彩又具有普世價值的名字：在臺語中，「阿嬤」是奶奶、外婆之意，亦能稱呼年長女性；而戰爭中最大的受害者群體是女性，唯有和平才能保障女性人權，和平具有彌足珍貴的價值。

紀念館所在的這幢建築有八十多年歷史，是大正民主末期流行的歐式風格紅磚建築，與阿嬤們出生的年代大致相近。臺灣僅存的四位戰爭性暴力受害者之一的小桃阿嬤就是大稻埕人，她所就讀的小學就在紀念館旁邊。作為臺北最早發達繁榮的地方之一，大稻埕與多名阿嬤的生命歷程都有所連結。大正民主的夕陽之後，日本邁入法西斯化的快車道，此類蘊含著多元和開放價值的建築亦成絕響，阿嬤們的悲慘命運隨之降臨。

原來沉默的蘆葦也會唱歌

二〇一七年夏，當我再到臺灣的時候，「阿嬤家—和平與女性人權館」已正式登場。館長康淑華介紹說，紀念館以紀念阿嬤的生命故事為出發點，與當代女性展開跨時空的生命對話。這裡溫暖平等，發出自由的光芒。紀念館以女性的人權保障為主題，希望成為一個集結當代文史展覽、婦女培力及人權教育的多功能場域。

一樓剛進臨街的空間，為「女力發展・公益商店」——AMA Café。這家小小的咖啡館提供援助「盧安達戰爭地區」的公平貿易咖啡，並販賣「阿嬤家」的文創商品，也讓創業婦女及公益夥伴之商品在此寄賣，提供婦女就業和自立的機會，是一處實踐女力發展的場域。濃濃的咖啡香味彌漫在四周。

入口處是阿嬤之一「宛女」的三幅繪畫作品。宛女是化名，中國儒家文化視女性失貞為恥辱，宛女阿嬤畢生不願意曝光，自感黯淡的人生，卻在身心工作坊拿起畫筆時，意外打開美麗新世界。她原來天生就有藝術家的稟賦，經歷了坎坷的命運，在憂鬱的面容下，心裡居然藏著如此豐盛、光亮、自足的小宇宙。婦援會曾想為宛女阿嬤舉辦專屬畫展，卻因阿嬤一再謙辭而未及執行。已經去世的宛女阿嬤，沒有機會看到其作品備受讚賞；至今，宛女阿嬤畫筆下的樹、花、魚、鳥，依舊生意盎然，彷若她內在生命的燦爛餘光永不熄滅。

作家曾淑美有一首題為〈小宇宙：獻給宛女阿嬤〉的詩歌：

妳抱著心裡的小宇宙
穿過無數地獄
最後完整地
把美交到我們手上

妳抱著心裡的小宇宙
不顧野獸撕咬

把禽鳥和游魚和花朵
偷渡給永恆時光

在展示空間中，有設計師精心打造的「翻轉櫃」。打開「翻轉櫃」，是阿嬤們的創作，包含「現在和未來的我」、「全身地圖」、「心火」、「生命樹」與「盆栽裡的花」等畫作。參觀者可以動手開啟一件件隱藏在牆面的作品，猶如打開一扇扇通往阿嬤們生命故事的門扉。

穿過磚造拱門，參觀者一步步地進入阿嬤們的生命故事。主題展區為慰安婦常設展和女性人權特展，展示了慰安婦制度緣起、臺灣慰安婦徵集、海外慰安所遭遇、倖存者生命故事、一九九一年以來國際人權運動歷程、一戰到近代戰爭性暴力以及女性人權議題等。展區亦反覆播放韓裔美籍藝術家李昌珍的錄影作品《慰安婦招募》、香港藝術家文晶瑩的「一人一心」行動作品等。讓我駐足良久的是由當代剪花藝術家林文貞創作的紙雕作品《阿嬤家的生命樹》，刻畫蓮花阿嬤、宛女阿嬤、沈中阿嬤以及小桃阿嬤的生命故事，描繪眼淚滑落、葉子飄下、花朵盛開、鳥兒歌唱的情境。

《聖經》說：「壓傷的蘆葦祂不折斷，將殘的燈火祂不吹滅，祂憑真實將公理傳開。」在紀念館中，蘆葦是阿嬤們的象徵物。二〇一五年，紀錄片「蘆葦之歌」以慰安婦參與身心照顧工作坊為主軸，記錄了六位阿嬤們生命的療癒過程，用蘆葦展現阿嬤們堅毅而柔軟的特質。阿嬤不是一個抽象模糊的群體，她們大都公開自己的名字。在這裡，設計者安放了上千根透明管與五十九盞紅銅管，從上方投射下阿嬤的姓名。參觀者若以雙手靠近光源，紅銅管的光束立即將阿嬤的姓名投射在手心，彷彿用雙手捧著阿嬤的生命，由此與受苦者有了生命的連接。

最後一處則是「女力空間」，即人權教育基地和公民書房。這裡展出阿嬤們參加婦援會舉辦的「身心照顧工作坊」所產出的作品。身心工作坊共有一百七十八件作品，其中有七十三件申請了聯合國教科文

・上圖：讓我駐足良久的是由當代剪花藝術家林文貞創作的紙雕作品《阿嬤家的生命樹》

・下圖：若以雙手靠近光源，紅銅管的光束會將阿嬤的姓名投射在手心，彷彿用雙手捧著阿嬤的生命組織「慰安婦之聲」世界記憶名錄。此空間可容納五十人，婦援會常常在此舉辦以人權為主題的演講和座談。同時亦設有一公民書房，收藏女性人權相關議題之書籍，供民眾閱覽，並開放書籍訂購服務。

不是「慰安婦」，而是戰爭性暴力受害者

紀念館的志工介紹說，紀念館的願景是：透過空間經營，以臺灣阿嬤所代表的臺灣女性堅毅生命力量為核心的基礎，一方面保存「慰安婦」人權運動珍貴史料，傳遞生命淬煉後的能量，並推廣國際相關人權團體交流；進而透過結合藝術、創作、國際串聯等多元方式，深耕實行暴力預防及人權教育，讓下一代學習性別平權及尊重的人我關係，給臺灣尊重、平權及無暴力的美好未來。

二次世界大戰期間，日本政府以欺騙、誘拐或強迫手段，徵集臺灣、韓國、中國、菲律賓、印尼等國婦女，為日軍從事性服務，受害人估計多達四十萬。受害倖存至今的臺灣阿嬤，被稱為「前臺籍慰安婦」，英文為Sexual Slavery by the Japanese Military。不過，中文名稱與英文含義並不一致。英文的含義是「性奴隸」，而非「慰安婦」。「慰安婦」是日本軍方美化在「性奴隸制度」下為日軍提供性服務的女性，用「慰安」一詞意味著女性主動為戰爭奉獻。但是，臺籍受害女性的證詞表明，她們並非「自願者」——講閩南語的寶珠說：「我很恨日本人，他們說是為了國家，但我們又是為了誰呢？為了日本人嗎？」緬甸華僑雪英說：「日軍打敗撤退時，慰安婦不是被滅口，就是被丟棄在戰場，因為她們是累贅。」花蓮太魯閣族的芳美說：「我受的傷，即使有藥可醫，也永遠不會好，只能藉助上帝的力量幫忙了。」

或許，可以從現在開始廢止「慰安婦」這個詞語。我與救助中國的日軍性暴力受害者的志工、作家、紀錄片導演班忠義交往了十多年，從班忠義發掘的第一手資料中可以發現：包括山西的萬愛花大娘等受

害者在內，生前一直強烈主張「我不是慰安婦」。雖然這些受害者沒有受過教育，沒有多少文化，但她們清楚知道，「慰安」這個定義是站在日軍的立場上，粉飾其戰爭中種種非人道罪行，帶有極大的欺騙性和侮辱性。「慰安婦」這個似是而非的說法，不僅幫助日軍推卸罪責，而且還造成對受害者的「第二次傷害」。這是一種不經意間的「對受害者的汙名化」，就像電影《真愛伴我行》中「蕩婦受辱」的情節一樣，那些怯懦而偽善的人們，不敢面對自己生命的黑暗面，卻居高臨下去折磨被德軍侮辱過的女子。這種「弱者欺負更弱者」的行為，跟加害者一樣殘酷而傲慢。

數年前，有中國的戰爭期間性暴力受害者赴日本訴訟時，接受媒體訪問說，「說出來之後的感覺像是春天。」在寒冷的冬天生活了數十年，終於橫渡到百花齊放、百鳥爭鳴、芳香撲鼻、旋律優美的春天，是多麼暢快淋漓！然而，無論在中國還是在臺灣，長期以來，戰爭期間性暴力受害者並未得到政府的撫恤與照顧。她們在戰爭時期遭受過可怕的苦難，但在戰後的漫長歲月裡，一直生活在孤立無援、充滿歧視的環境中。造成此種狀況，有兩個原因：一是男權中心主義的儒家文化仍然是社會主流意識形態。所謂「餓死事小，失節事大」，在某些人眼中，女性遭受了性暴力，不只是她自己受傷害，而是整個家族受到了侮辱。所以，受害者反倒成了家庭、家族的污點，為了家庭、家族的名譽，強迫受害者保持沉默。二是集體主義和國族主義對個體人權的蔑視。有些人根本不關心受害女性經歷過的苦難，在乎的只是「我們國家的女人被人糟蹋了」，這是「國恥」，卻絲毫沒有意識到女性也有權利、自由和尊嚴。

在紀念館展出的阿嬤們的照片中，最讓我感動的一組是「阿嬤圓夢計畫」。計畫之一是「不一樣的母親節禮物——披上夢想的婚紗」。臺灣的阿嬤們在韓國「分享之家」訪問時，發現韓國的阿嬤們的房間裡有身穿婚紗的照片，非常羨慕。於是，婦援會幫助阿嬤們實現了這個夢想，阿嬤們身穿雪白的婚紗，佝僂著身子走上紅地毯，又是笑又是淚。計畫之二是一日「空姐華麗變身」。「空姐」在少年困苦、一生坎坷的阿嬤們心目中，象徵著「有讀書」、「有能力」和「自由」的美好生活。於是，婦援會幫助阿

·紀念館以紀念阿嬤的生命故事為出發點與當代女性展開跨時空的生命對話

阿嬤家一和平與女性人權館

地址：臺北市迪化街一段256號
電話：02-2553-7133
參觀時間：每週二至日，
　　　　　上午10:00至下午5:00

嬤們穿上空姐服裝，在飛機上接受空姐培訓，客串了一次她們心儀的「空姐」。然後，還有「一日交通警察」和「一日郵差」活動，阿嬤們雖然沒有機會從事這些職業，卻在「臨時扮演」中「幸福並快樂著」。

從「慰安所」到「特約茶室」

戰爭期間性暴力受害者問題，以東亞區域而論，不單單是某一國的內政，更是複雜的外交、歷史與國際關係問題。在不同的歷史時期，有些國家既是受害國，也是加害者，不能只是彰顯作為受害者的身分，而刻意迴避作為加害者的面向。

以韓國而論，就在韓國強烈要求日本就戰爭期間性暴力問題道歉與賠償時，在越南卻有一個曾被韓軍傷害的群體卻仍然屈辱地生活在社會邊緣，她們就是越南戰爭中慘遭韓軍性侵的女性。越戰期間，通過政變上臺的韓國總統朴正熙急於得到美國的認可和支持，向美方提出出兵建議。美國當然求之不得。於是，從一九六三年到一九七三年，韓國共向越南派兵卅二萬人次，從一九六五年起常年保持五萬人的參戰規模。

韓軍在越南上演了比美軍還要殘暴的屠殺。有資料顯示，韓軍在越戰期間屠殺了八千多平民，其中大多數是婦女和兒童。韓國部隊手段之殘忍，讓美軍大為驚悚——其實，這不是他們第一次這樣做，在太平洋戰爭期間，作為日軍一部分的韓裔官兵，在中國和東南亞地區是讓當地人談虎色變的「高麗棒子」。在越南期間，韓軍又故伎重演，遭韓軍強暴的越南女性多達數千人，還有駐軍強行徵集年輕女性、建立並經營的「慰安所」——廿多年前日軍的模式被移植到越南。

與被日軍侵犯的韓國性暴力受害者群體相比，越南戰爭中女性受害者所得到的關注要少得多，一些人直到近年才對外披露姓名及身分，向外界訴說韓軍的劣跡。據英國媒體報導，戰爭期間越南女性遭強暴後產子的不在少數，這些孩子不僅自幼被父拋棄，成長過程中也飽受不公平待遇。在越南語中，這些特殊時期誕生的越韓混血兒被蔑稱為「Lai Dai Han」，其中「Lai」即為「雜交之物」，「Dai Han」則是「大韓」的諧音。韓國《釜山日報》認為，該人群的數量在五千到三萬之間，他們至今生活在越南社會的邊緣。

而在臺灣，以國家名義實施的有規模的、組織化的性暴力，當然不止太平洋戰爭期間的日軍的作為。「阿嬤家—和平與女性人權館」聚焦於日軍性暴力受害者群體，其視野稍顯單一。目前，臺籍日軍性暴力受害者僅存世三人，隨著時間的流逝，日後救助和研究物件勢必歸零。那麼，有沒有可能將救助和研究物件擴展，將兩蔣時代的「另類慰安婦」歸併進來呢？

馬英九擔任總統時，從不放過任何機會在日軍性暴力受害者的事情上高調發言，以顯示其對女性人權的關心，但他從未直面國民黨軍隊中長期存在的「特約茶室」制度。在國共對峙時代，上百萬外省官兵單身隨蔣介石政權逃亡臺灣，蔣介石依靠這批人扼守臺澎金馬，又許諾帶領他們「反攻大陸」，不希望他們在臺灣結婚生子，生根發芽。但是，男性自有其生理需要，如何說服數量龐大的官兵解決性饑渴，以此穩定軍心？「特約茶室」這個更加「文雅」的機構便應運而生。「特約茶室」俗稱「軍中樂園」，近年來因電影《軍中樂園》的走紅，這個長期遮遮掩掩的議題才浮出水面。當年，阿兵哥們通稱為「八三一」，而且要用北京話讀作「八三么」。「八三一」的由來，一說是軍中使用的中文電報明碼，女性生殖器官「屄」的電碼是八三一，於是八三一便成為軍中暗語；另有一說是當時的軍中特約茶室，手搖總機代轉的號碼為「八三一」。

「特約茶室」是「慰安所」的變種。蔣介石靠由前日軍侵華將領組成的「白團」幫他保衛臺灣，又靠從日軍「慰安所」中學到的靈感解決前線軍人的性饑渴。對此，臺灣文史工作者管仁健指出：「只要還

・上圖：管仁健考證說，「特約茶室」裡普遍存在強迫未成年少女賣淫的罪惡

・下圖：紀念館希望成為一個集結當代文史展覽、婦女培力及人權教育的多功能場域（照片由余杰提供）

殘存一點人性、一絲良知的人就能看出，國軍的特約茶室與日軍的慰安所，根本就是同一個娘養出來的貨色。」哪裡有國軍，哪裡就有「特約茶室」。「八三一」不僅存在於金門、馬祖、澎湖等條件相對艱苦的外島，龍崗、臺中與景美等臺灣本島軍營集中的區域，也比比皆是。

某些為國民黨辯護的退役將軍和文人聲稱，「特約茶室」的「侍應生」大都是自願的，不少是愛國者，是為國捐「軀」。然而，管仁健考證說，「特約茶室」裡普遍存在強迫未成年少女賣淫的罪惡。在老蔣統治下的「三民主義模範省」，那些國軍「特約茶室」裡的雛妓，生活並非「幸福自由」。很多少女是逃家被歹徒強暴後轉賣或被家人販賣，身不由己地淪為「軍妓」。她們在賣淫期間，如達不到鴇母指定接客次數，即遭受毒打，同時還要遭受種種虐待與摧殘：經期來時只准休息一天，第二天即被迫用棉花塞進子宮繼續接客；所賺皮肉錢，除少數給予一次一元零用外，大部份是分文不給；年齡未滿十四歲，發育不全者每星期打荷爾蒙針劑六針；茶室裡有兩道鐵門，派有專人把守，沒有自由活動的權利；處女接客時，派有保鑣在房門外監視，不准哭叫，不准反抗。

由此可知，由黨國「委外經營」的「特約茶室」完全不同於「自由經濟模式」下的普通妓院，而是慘絕人寰、令人髮指的「軍中性奴集中營」。國民黨及中華民國政府如果不公開道歉、賠償，何來轉型正義？又有什麼資格「五十步笑百步」地譴責日本政府呢？

希望有一天，在「阿嬤家—和平與女性人權館」中能看到其他群體的性暴力受害者的生命見證。在不同時空下的罪惡，應當被一視同仁地對待。面對不同時代的、以國家的名義實施的、有組織性的性暴力犯罪，國家和政府必須承擔更多的責任，投入更多的公共資源，來收集和書寫歷史，實質性地改善受害者的生活，這是轉型正義中不可缺少的一部分。◆

樂土樂土，爰得我所

土地改革紀念館

管子有云：「地者，政之本也。是故，地可以正政也。地不平均和調，則政不可正也；政不正，則事不可理也。」近代以來政治模式之優劣，可從土地所有權的有無入手來評判：凡是法律保障土地私有權的國家，才有可能是民主、自由、法治之國；凡是政府宣稱土地國有或公有的國家，必然是獨裁暴政、遍地農奴的「動物農莊」。

我一直對土地所有權問題有濃厚興趣。就我自己的生活體驗而言，我在中國生活卅九年，在北京擁有個人購買的住宅長達十二年，但從來沒有一刻擁有過一寸土地。中國人只有房產和土地「使用權」，而且被限定為七十年。那麼，七十年之後呢？如果那時中共仍然存在、仍然掌權的話，難道他們還要將房子和土地重新賣一次？可憐的中國人，真如旅美學者文貫中所說的那樣「吾民無地」。

當我抵達美國之後，買了自己的房子，連同房子週邊的土地，如果不出售，房子和土地永永遠遠屬於個人所有。「風能進，雨能進，國王不能進」，不經過我的同意，沒有人能踏上我的土地，沒有人能進入我的家，我可以買槍保護家人，擊殺那些試圖侵犯我的土地和住宅的狂徒——而在北京那些不堪回首的日子裡，秘密警察隨時破門而入，因為中國人只擁有住宅的使用權，而沒有土地所有權，所以中國人的家永遠向警察敞開，當然也沒有絲毫人身安全可言。

土地之殤，已成為中國政治改革和經濟改革的一大死結。而臺灣在上世紀中葉推行的土地改革，或許可以成為未來中國的借鑒。

世界銀行曾發表一份報告，稱讚臺灣的土地改革為「全球最成功的範例」。當時，許多國際人士絡繹不絕來臺灣考察和學習土地改革的經驗，有識之士呼籲說，「因我國土地改革成功，有建館紀念、集藏與陳列土地改革及農業建設資料之必要。」一九六九年，土地改革紀念館在敦化南路落成，其建館宗旨為：紀念臺灣的土地改革，展覽有關土地改革之決策，執行內容與成果，宣揚土地改革之績效。期望透過開放的、人性化的展示方式，使社會大眾、在校學生及中外人士認識及瞭解臺灣土地改革過程、內容與影響。

一出十樓的電梯，即可看到紀念館門口豎立的蕭錚博士銅像。我自認為對中國和臺灣的現代史頗為瞭解，此前居然沒有聽說過蕭錚這個名字。

蕭錚，字青萍，生於一九〇五年，浙江省永嘉縣人。一九二四年考上北京大學，並加入中國國民黨。一九二六年，北伐軍興，蕭錚由陳果夫、陳立夫安排任職國民黨中央組織部，隨後指派為浙江特派員，動員農民迎接北伐軍。由此，蕭錚開始研究農民問題和土地問題。一九二八年，赴日研究土地問題。一九二九年，赴德研究德國土地改革運動。一九三一年，九一八事變發生，蕭錚回國，受蔣介石委託，研擬全面解決中國土地問題之辦法。一九四七年，蕭錚倡導成立中國土地改革協會。次年行憲後，以立法委員身分向立法院提出「農地改革法案」。法案一經提出，即引起軒然大波。隨後，戰局惡化，法案亦無疾而終。國民政府退守臺灣，蕭錚亦渡海來臺。

一九五二年，蕭錚擬定「實施耕者有其田條例」，共分五章卅六條，並在立法院獲得通過。次年，從地政局、土地銀行及農會三方面動員共三萬八千多位工作人員，辦理農地徵收及放領業務。一九五四年，聯合國召開第八屆大會，蕭錚以代表團顧問身分出席大會，報告臺灣土地改革辦理情形，各國對臺灣的成功經驗甚為讚佩。一九六三年，再度以代表團顧問身分出席聯合國第十八屆大會，報告臺灣土地改革成功之要素。

在國民黨的高級幹部中，蕭錚是少數深入研究土地問題、關心民生疾苦的學者型官員（他曾任國民黨中常委）。國民黨政權固然殘暴專橫，但仍有少數清流存在。所以，不可不加甄別地說，「凡是國民黨黨員都是壞人。」蕭錚在臺灣推動土地改革以及建立土地改革紀念館、地政研究所的卓越成就，理應得到歷史公正的評價。

· 上圖：余杰訪問土地改革紀念館，與館長合影（照片由余杰提供）

· 左下圖：一出十樓的電梯，即可看到紀念館門口豎立的蕭錚博士銅像

· 右下圖：國民黨高級幹部中，蕭錚（中）是少數深入研究土地問題及關心民生疾苦的學者型官員

從「新港文書」到日治時代的土地資料

當我按照約定時間去參觀時，整個上午只有我一位參觀者，從館長到館員都在熱情接待我，讓我有受寵若驚之感。如今，土地改革已定格為一段遙遠的歷史，教科書中只有短短幾行字的描述，親身經歷者多半凋零。土地改革的陳年往事不再是人們關注的焦點，這座紀念館僅僅維持著位於大樓十層的陳列室，還有設在九層的姊妹機構——地政研究所。

館長介紹說，自落成後，紀念館即設立陳列室展出土地改革歷史文獻、臺灣土地改革及政府遷臺前後中國各省土地改革文獻等資料，供國內外人士自由參觀。館內常設的主題展，包括土地改革歷史年表、臺灣土地改革、三七五減租、耕者有其田、平均地權、土地重劃等內容。展出的資料中，有兩個部分吸引了我的注意：

一、新港文書：

「新港文」是臺灣原住民中最早文字化的語言，是原住於臺南平原的西拉雅族（Siraya）語；荷蘭統治臺灣時期又稱為「臺灣話（Formosaan taal）」，民間則因該語是用羅馬字所寫，所以早期都叫做「番仔字」。日治時代，學術界以西拉雅族新港社（今臺南新市區）保留眾多的語言資料，昔稱「新港文」。

「新港文」是由西方宣教士發明的。十七世紀跟隨荷蘭東印度公司來臺的宣教士，嘗試用羅馬字母教導西拉雅人拼寫其語言。一六三六年，宣教師正式成立學校；一六五九年，在蕭壟社（今臺南佳里區）設立基督教神學院（臺灣第一間西式高等教育學校）。新港社是西拉雅族中最早接受西方基督教（荷蘭改革宗教會）的原住民，也是與熱蘭遮城荷蘭人關係最密切的原住民村社，培養出不少學校老師。這些新港人老師，在荷蘭人離開臺灣後，仍扮演語言傳承的角色，清朝文獻把這些人稱為「教冊」（閩南語「教書先生」），臺灣史上就此誕生了最早的原住民書寫文字──「新港文」。

荷蘭人離開之後，西拉雅人及其後代仍使用羅馬字母書寫自己的語言。當西拉雅人彼此之間或和漢人發生土地租借、買賣、金錢借貸等關係而必須訂立契約時，就使用新港語記錄、書寫在契約文書上。平時，也用新港語記帳或寫下需要記錄的事情，如米粉一斤多少錢的物價表，以及原住民的村社公約、百家姓等。這些存留的語言文獻就是「新港文書」。在這些文獻中，有一部分是土地買賣契約，是臺灣最早的土地所有權轉移之文獻。

二、日治時代的土地資料：

清國統治臺灣一百多年，粗枝大葉，漫不經心，從未使用近代科學方法測量土地。其實，清朝在中國的統治也是如此，清國是一個中古模式的帝國，而非近代民族國家，連其統治的疆域都模糊不清。

與清國相比，日本人在臺灣的統治則已充分近代化。長期擔任日本總督府民政長官的後藤新平，曾留學德國，追慕歐美文明，提出「科學的殖民政策」構想，強調殖民地統治應以對於舊慣的完整調查、專家的研究分析為基礎。

在這樣的殖民治理策略下，從一八九八年開始，臺灣總督府投入大量人力、物力與財力，陸續展開各項調查事業。為了掌握殖民地的土地狀況，臺灣總督府在一八九八年九月成立了「臨時臺灣土地調查局」，在一八九八年到一九〇四年間，針對水田和旱地等田園實行地籍調查、三角測量及地形測量三種土地調查事業，又從一九一〇年起針對林野和臺灣東部（臺東廳、花蓮港廳）的田園進行調查，這些土地調查都留下了相當可觀的土地統計資訊。

戰後，臺灣省行政長官公署接收了臺灣總督府統計課。當時的統計室主任專員胡元璋曾撰文正面肯定日治時期的統計事業，認為「為加緊殖民地的控制，考察各種施政進度，透視其變遷及演變情形，作為強力施政的根據，進而統治臺灣各項建設，使之加速發展，則直接或間接均須加強統計事業不可」，並認為「過去所以獲得昭著的成績，能收發揮效能的原因，不外機構嚴密，人員充實，經費充沛，並能在五十年來如一日的繼續不斷的向前邁進，從不間斷」。行政長官公署統計室主任李植泉在《臺灣省五十年來統計提要》一文中雖然譴責日本統治當局統計的目的是「以逞壓榨之陰謀」，卻也不得不承認「日人在臺……歷年所辦統計，其成績幾在其本國之上。接收時見其統計組織的嚴密，圖書設備的充實，規章法令的完善，工作規模的宏偉，出版書刊的豐富，在在都足以表示對於統計的重視」。在展出的日治時代的土地測量地圖中，可以看到清晰標注出了哪些是私人的土地，哪些是無主的公用土地，清清楚楚，一目了然。日治時代的土地資料，成為後來國民黨施行土地改革的重要依據。

殺人的土地改革和不殺人的土地改革

國民黨在臺灣進行的土地改革與共產黨在中國進行的土地改革迥然不同。一言以蔽之，前者是不殺人的土地改革，後者是殺人的土地改革。

臺灣學者瞿宛文認為，臺灣的土地改革是「國共競爭」的結果，國共競奪中國現代化的領導權，是兩條不同路線的鬥爭，中共農民革命的路線持續給予國民黨壓力，使得後者持續宣稱擬進行溫和的土地改革。國府在中國慘敗的教訓，使得它不得不在兵荒馬亂之中，在臺灣實施土地改革。國府在臺推動土地改革的最大動力，雖然是來自要將中共及其農民軍隊拒於門外，但也是繼續著國共領導中國革命的競爭。

陳誠在回憶錄中提及，在一九四九年初決定施行減租之時，曾有屬地主階級的卅餘名臺灣省議員來訪，陳誠告之中共對地主採取的手段殘酷，「故地主為自保計並為自己將來著想，實應擁護政府決策」。陳誠用中共的暴行恐嚇臺灣的地主，也不全是騙人的話。中共的土地改革是一場暴風驟雨般的階級屠殺。

早在北伐期間，毛澤東就在《湖南農民運動考察報告》中指出，通過煽動和驅使農民殺戮地主、奪取其土地，是共產黨奪取鄉村統治權的好辦法。一九四〇年代，毛在共產黨內獲得主導地位之後，在共產黨占領區大力推廣這種暴力的、流血的農民運動。這正是毛澤東打敗蔣介石的關鍵策略——毛通過發動群眾、奪取土地的辦法，將農民吸引過來、武裝起來，而農民手上沾血、跟地主對立之後，就走投無路，只能跟著共產黨走到底。毛澤東從不忌諱共產黨的土改是一場「痞子運動」，毛本人就是痞子，即「流氓無產者」。共產黨在農村任用地痞、流氓、無賴作為基層幹部，讓他們翻身當「主人」，他們當然對共產黨忠心耿耿。毛親自指示說：「每到一處，先必製造恐懼，以鞏固基層政權。」毛是洞悉人性幽暗的厚黑學之王，知道如何控制和操縱人性，知道恐懼是統治的秘訣。

另一方面，共產黨分配土地的方式，讓農民最初有一種感恩之心，覺得共產黨「打土豪、分田地」，為窮人說話，為農民辦事，便死心塌地地跟著共產黨走。正是農民的支持，讓共產黨擁有了比國民黨更多的兵源及物資。

據《共產主義黑皮書》記載，共產黨在一九四九年至一九五一年的土改運動屠殺了兩百萬至五百萬人，另有四百萬至六百萬人被勞改。一九五〇年初，中國有兩千萬人被打成地富反壞分子。一九五〇年六月，中共七屆三中全會提出「八大任務」，第一項便是土地改革。毛澤東說：「要把『土改』列為『取得財政經濟狀況基本好轉的首要條件』。」理論上，土地殺人的權力在區一級；實踐中則鄉一級大量殺人；土改時殺地主無須定罪，只須地主身分便足已殺頭。「土改實質是中共對中國人民的第一次大規模公然殺人搶劫。其根源則是馬克思主義之消滅私有財產制。」

· 上圖：國民黨與共產黨進行的土地改革迥然不同，前者是不殺人的土改，後者是殺人的土改

· 下圖：可憐的中國人，真如旅美學者文貫中所說的那樣「吾民無地」

相比之下，國府的「溫和土地改革」能夠在臺灣成功，部分是因為客觀條件較為優異，包括臺灣規模較小，國府有限的現代行政能力較可應付，並且日本殖民統治留下了良好的農業及農政基礎，美援帶來經費與技術援助，並支持著聚集了一流人才的農復會，以及大陸地政人才及其他日殖時期本地人才的彙集等，但是最主要還是因為當時「離此一步即無死所」的情勢所帶來的堅定政治意志及參與者的決心。

在土地改革紀念館的展室中，分五個歷史進程介紹土地改革：第一階段為「公有耕地放租」——公有耕地由各縣、市政府管理放租，或由各公營事業機構管理放租，租率為百分之廿五。

第二階段為「三七五減租」——一九四九年實施「三七五減租」，用以解決部份租佃問題。所謂「三七五減租」，就是將租率由原來的百分之五十至七十減為百分之卅七點五。

第三階段為「公地放領」——共分九期實施，共計放領近十四萬公頃，承領農戶近廿九萬戶。放領對象以原承租公有耕地之現耕農民為主。

第四階段為「耕者有其田」——一九五三年公佈「實施耕者有其田條例」及「臺灣省實物土地債券發行條例」。政府將地主出租之耕地徵收後，放領給現耕佃農或雇農。

第五階段為「土地重劃」——一九五八年試辦農地重劃，一九六〇年「八七水災」災區農地重劃，一九六一年示範農地重劃，一九七九年公布都市重劃實施辦法，加速辦理市地重劃。

五個環節，環環相扣，既是重大的政治議題，也是牽一髮而動全身的經濟問題。當然，臺灣的這場土地改革，所謂「溫和」，是比較共產黨在中國的血腥土地改革而言，也就是說「不殺人」而已。它同樣具有強制性，臺灣的本土菁英無力抗拒。這也播下疏離與怨恨的種子。

臺灣未完成的土地改革與中國未開始的土地改革

在臺灣民主運動興起之前，國民黨對土地改革有著如下的制式說法：這是一件國民黨繼承孫文遺教所追求的目標，成功實施後改善了農民生活，使得農業進一步成長，並資助工業發展，並幫助臺灣達到均富式的發展。土地改革紀念館中的介紹文字以及播放的紀錄片，基本上是這種歷史敘事。然而，到了一九八〇年代後期，隨著臺灣政治上逐漸解嚴，上述說法被反對陣營說成是歌功頌德，公信力以是日減。

近三、四十年來，隨著臺灣民主化的推進，出現了不少否定農村土地改革的學術性翻案文章。獨派對土地改革持高度否定態度。在獨派的論述中，國民政府是「外來政權」，土地改革是外來者打壓本土菁英，損害了本土菁英的利益。

確實，這也正是國民黨在臺灣順利推動土地改革的根本原因：國民黨統治中國期間，始終無法推動土地改革，因為國民黨的統治基礎除了沿海城市的菁英群體之外，還包括鄉村的菁英群體，國民黨不可能傷害「自己人」的利益。蕭錚在中國起草的土地改革方案被束之高閣。而敗退臺灣之後，國民黨發現，他們不僅接收了離開臺灣的日本統治集團及平民的土地和財富，還可以隨意支配跟他們並無淵源關係的臺灣本土菁英的土地和財富，拿別人的土地和財富去獲取多數民心，何樂而不為呢？

臺灣土地改革的局限性，在國民黨的一黨獨裁體制崩解之後，越來越被放大。經濟利益決定政治立場。對八十年代成立的民進黨而言，其早期的重要支持者多出身於土改中被強制徵收的地主階層，土改毫無疑問是壓迫臺灣人的暴行。八十年代末，臺灣誤入泡沫經濟，製造業大規模外移，工人大量失業，城市對鄉村的回饋斷裂，土改的紅利於焉告終，農民開始轉向，南臺灣逐漸成為民進黨的基本盤。

臺灣的土地問題，並不因為當年的那場土地改革就一了百了，高枕無憂。二〇一五年，由卅三位重量級經濟學、地政學的學者專家所發起的「臺灣土地社會聯盟」，在土地改革紀念館正式成立，並對外宣佈「臺灣土地宣言」。土地改革紀念館再次見證了土地改革的一頁新篇章。「臺灣土地宣言」指出，臺灣當前主要的土地問題包含：土地政策不明，決策片面短視，國土利用嚴重失序；法令制度僵化，缺乏調整彈性，無法因應產業變遷；執法效率不彰，違規使用嚴重，規劃管制形同虛設；土地稅制落後，課稅基礎嚴重偏低，地方財政岌岌可危；浮濫徵收土地，剝奪人民產權，侵蝕政治民主基石；投機炒作盛行，資本集中土地，阻礙經濟正常發展；房價大幅飆漲，民眾住屋困難，無法落實居住正義；更新速度緩慢，公共利益不足，都市機能老舊衰敗；經濟凌駕環保，環評機制不彰，環境保育淪為口號；農地違規普遍，損害農業發展，農村文化嚴重流失；不當濫墾濫伐，破壞景觀地貌，危害環境生態保育；撕裂土地倫理，抹殺歷史記憶，文化保存流於空談。這些重大的土地問題，已經迫切危害國家社會經濟正常發展，更危及後代子孫生存機會。土地問題的解決已刻不容緩。由此，「臺灣土地社會聯盟」發出呼籲：政府應召開「全國土地會議」，全面檢討土地問題，擬定明確的土地政策方向；政府應制訂「土地基本法」與「國土計畫法」，發布國土計畫；全面檢討與規劃居住、產業、農業與自然資源等用地政策，改善城鄉環境，提升產業競爭力；進行不動產稅制全面檢討，健全房地產市場等。

臺灣的土地改革尚未完成，中國的土地改革尚未開始。當年，中共許諾分給農民土地，但農民擁有土地的時間宛如曇花一現，正如學者謝韜所論，沒過幾年，「農民在土改中分得的田地，又被毛澤東以合作化、人民公社化的名義要了回去，時至今日，農民仍然沒有取得土地的所有權，從這個意義上說，中國的土地革命並沒有完成，這是造成今日中國『三農』問題的根本原因之一。」

而旅美學者文貫中在《吾民無地》一書中，更是將中國與東亞鄰居們（也包括臺灣）的土地制度和戶籍制度做了對比：東亞鄰居們得益於允許人口自由流動的戶籍制度和允許土地私有、允許自由買賣的土地制度，這兩大富有彈性而有高度應變力的制度，使它們在經濟結構迅速轉型的同時，社會結構也能發生迅速的轉型，因而在高速增長的同時，防止了貧富差別的急劇惡化以及城鄉差別的急劇擴大。而中國儘管建立起了美輪美奐的沿海幾大都市，但是城市的日新月異，堂皇壯麗，反而更襯出內地農村的破敗，農業的落後以及農民的相對貧困化。現行土地制度和戶籍制度的弊端，已經從農業領域蔓延到城市部門，導致內外需失調、經濟結構畸形、城市化誤入歧途，農民、市民和政府因徵收引起的矛盾不斷激化，土地市場和房市泡沫化，城鄉收入的鴻溝難以彌合。習近平政權以暴力從大城市驅趕所謂「低端人口」的作法，表明沒有土地所有權，基本人權也就成了空中樓閣。

未來中國的民主化，必然從土地制度和戶籍制度的變革開始。或許，未來的民主中國也會有一個自己的土地改革紀念館。◆

土地改革紀念館

地址：臺北市敦化南路一段1號10樓
電話：02-2579-2509
參觀時間：週一至五（不含國定例假日）
上午9:00至下午5:00。

白色恐怖政治受難者紀念碑
IN MEMORY OF THE VICTIMS OF THE WHITE TERROR

我遇見他們，一張張生動面容

白色恐怖政治受難者紀念碑

「白色恐怖政治受難者紀念碑」坐落於臺北市「介壽」公園一隅——這本身就是臺灣轉型正義不徹底的象徵。蔣介石是白色恐怖的始作俑者，蔣介石親筆在若干判決書上用紅字批示的「殺之可矣」的字跡歷歷在目，彷彿是蘸著受難者的鮮血寫成的；而被蔣介石及其走卒殺害的無辜者設立的紀念碑，居然坐落在以「蔣介石萬壽無疆」來命名的公園之內，真是讓人拍案驚奇——你能想像柏林會有一座位於「希特勒公園」內的大屠殺死難者紀念碑嗎？柏林不可能有一座「希特勒公園」，用「希特勒」來給公共設施命名是要受法律制裁的。那麼，蔣介石跟希特勒有什麼一樣呢？蔣介石與希特勒都是獨裁者，只是獨裁程度有差、殺人數量有差而已。

「介壽公園」與總統府只有一街之隔，在城市中心區有此綠樹成蔭的公園真是難得。不過，公園若能儘快改名，即可實現「地名正義」，白色恐怖的受難者們也不至於在地下仍然怒髮衝冠了。

小巧玲瓏的公園內，設有一尊國民黨高官林森的大型銅像，很遠就能望到。然而，林森跟臺灣毫無關係，國民黨敗退臺灣之前，林森就去世了。僅僅因為林森在蔣介石的控制下當過十二年國民政府傀儡主席，臺灣就有很多以之命名的街道，彷彿他為臺灣做出過什麼卓越的貢獻。實際上，林森在中國亦並無太大建樹，其主要功勞是先後跟在孫文和蔣介石屁股後面「跑龍套」。

「介壽公園」內最重要的設施不是臺灣年輕一代「大都不知其為何許人也」的林森銅像，而是高聳入雲、線條流暢的「白色恐怖政治受難者紀念碑」。林森塑像緊鄰紀念碑，兩者格格不入，為了凸顯紀念碑的價值，林森塑像有移除的必要。

紀念碑及週邊設施，由王立甫建築師設計。修建紀念碑時，施工方特意保留了周圍的老樹，讓其蔭蔽大地，園塑空間，甚至轉化「大樹公」的民俗信仰，以此守護民主、自由與人權等現代價值，可謂畫龍點睛、脫胎換骨之筆。

以「白色恐怖政治受難者紀念碑」為中心的整個建築設施，處處都有象徵悲劇的碎形與裂縫：在圓形水池上，有破碎形平臺；在弧形碑牆上，有開裂的不規則裂縫。看似不經意而為之，其實別具匠心。臺灣的歷史以及受難者的人生，不就是如此曲折破碎嗎？碑前設有水池，池水幽微，隱喻水準如鏡，映照時代眾生，反射歷史幽微，倒影公義之塔，體驗水的洗禮，又象徵族群和解。

紀念碑的主體是象徵公義的「光明之塔」，以正三角形象徵公義的價值從陷落的圓環中冉冉升起，臨凱達格蘭大道而高高矗立——此一曾經暗無天日的政治核心區，終於被公義的光芒所照亮。

「白色恐怖政治受難者紀念碑」落成之後，居然有一名所謂「風水大師」接受電視採訪說，紀念碑如同一柄長劍，刺破總統府的風水，恐怕對以後各屆總統不利。「風水大師」甚至說，這是當時即將卸職的陳水扁特意設計的「刺馬」陰謀。如此荒誕的言論，居然在電視上播出，居然也真有人深信不疑。臺灣尚未成為一個成熟的現代文明國家，其標誌之一就是此類「前現代」的占卜迷信長盛不衰，蠱惑人心。

我對怪力亂神的「風水」毫無興趣，我只相信，「白色恐怖政治受難者紀念碑」在總統府旁邊落成，讓臺灣的轉型正義邁進了一大步。臺灣不再是中國那樣的「殺人如此不聞聲」的文明沼澤地。

白色恐怖何以「白色」？

紀念碑的碑文，全文如下：

臺灣實施戒嚴期間（一九四九年五月廿日至一九八七年七月十四日）及其前後，有許多仁人志士遭受逮捕、羈押或槍殺，時間長達四十多年。此種慘痛事實形成恐怖氣氛，籠罩整個社會，成為臺灣人民揮之不去的夢魘，影響社會發展至深且鉅，史稱「白色恐怖」。

昔日威權體制下，統治者高高在上，迫害人權，剝奪自由，造成無數生命的隕落、家庭的破碎和種種不公不義，舉國上下遂長期處於不安與恐懼之中。一九九〇年代之後，在國人流血流汗，持續努力下，臺灣走出威權統治，逐漸形成自由民主的社會。

保障人權，追求社會公平正義，是民主國家所服膺的普世價值。我們不僅要追求歷史真相，追究責任，更應記取教訓，使執政者不再重蹈覆轍。因此建立紀念碑，祈願臺灣從此成為民主、自由、人權和正義的國家。

白色恐怖政治受難者紀念碑委員會謹立

二〇〇八年四月七日

國民黨政權在臺灣實施了世界上最長的「戒嚴時期」。一九四九年五月十九日，臺灣省警備總司令部發佈戒嚴令，該戒嚴令維持到一九八七年七月十四日為止，總共長達卅八年。在此期間，立法院通過《懲治叛亂條例》以及《動員戡亂時期檢肅匪諜條例》，擴充瞭解犯罪的構成要件，縱容情治單位機關介入公民的政治活動。國家公權力被濫用，民眾的基本權利失去保障。

據司法院透露，白色恐怖時期，政治案件多達六、七萬件，如以每案平均三人計算，受軍事審判的政治受難人，應當在廿萬人以上。僅以五十年代前五年為例，國民黨政府在臺灣至少殺害了數千名本省和外省的「匪諜」、知識分子、文化人、工人和農民，並將數千人判處十年以上有期徒刑直至無期徒刑。一九八四年十二月，最後兩個五〇年代的政治終身監禁犯林書揚與李金木，在坐滿卅四年又七個月的牢獄之災後，才被釋放出獄。

紀念碑上列出的「白色恐怖」的終止時間並不準確。一九八七年，政府宣布「解嚴」，並不意味著「白色恐怖」真正結束。一九九一年，廢除《懲治叛亂條例》；一九九二年，修正《中華民國刑法》第一百條，這才終結了言論叛亂罪的法律依據，在某種意義上可以視為「白色恐怖」進入歷史。

至於這段歷史為何被稱為「白色恐怖」，臺大歷史系教授陳翠蓮解釋說，這是借用法國大革命之後，波旁王朝復辟的時代，以波旁王朝代表的保守勢力，用暗殺、失蹤、逮捕等高壓手段對付革命分子，而波旁王朝的旗幟是白色，因此以「白色」命名那個恐怖的時代。臺灣史學界也借用此概念形容兩蔣時代的殘酷鎮壓，或許，這也是為了與彼岸共產中國的「紅色恐怖」相區隔。

在陳水扁執政的最後一個月，「白色恐怖政治受難者紀念碑」才竣工揭幕，有點「亡羊補牢，為時未晚」的意味。陳水扁親自出席竣工典禮並發表講話，但此舉無法挽救其頹敗的名望。若陳水扁在第一個任期內便促成紀念碑的建立和更多轉型正義專案的實施，人們或許更能相信他的誠意。

一個月以後，換上國民黨重新上臺執政。雖然馬英九多次出席在紀念碑前舉行的活動並代表國民黨向受難者道歉，但國民黨並無真心誠意去面對這段黑暗歷史。有一段時間，紀念碑及週邊設施無人過問，結果垃圾成堆，水池枯竭，一片狼籍，行人掩面而過。可見，有了紀念碑，並不意味著從此「萬事大吉」，後續的維護、整理工作，更是「路遙知馬力，事久見人心」。

我在紀念碑上長長的名單前徘徊。鮮活的生命，凝固成兩、三個字的微小的名字，而無聲的名字背後，又隱藏著一張張生動的容顏。他們的生命尚未全面展開，就如同燭光一般熄滅了；他們的悲劇，繼續在親屬身上延續。這座紀念碑，能否徹底終結那段不堪回首的歷史？

誰是死得其所，誰是無辜受難？

如今，白色恐怖政治受難者名單以刑罰類型分類（如槍決、徒刑等），我個人認為，未來應當改以案件性質（如中共地下工作者或臺獨運動者）為分類標準。更為重要的是，應當對以下兩大類別做出明確區分：一是罪有應得（國民黨的觀點）、死得其所（共產黨的觀點）的真共產黨人，尤其是在臺灣從事暴力顛覆活動的共產黨人；二是「冤假錯案」受害者，他們沒有幫助共產黨統一臺灣的意圖和行動，只是在時代背景的整肅鎮壓下，陰差陽錯地蒙上了「叛亂」的冤名。

二〇一四年，中共當局在北京西山興建了一座「無名英雄廣場」。據中共官媒報導，這個園區是為了紀念一九五〇年代赴臺並在白色恐怖時期犧牲的一千多名地下黨員，「他們是為了民族奮鬥，新民主主義革命與兩岸統一而犧牲的英雄」。碑石上有毛澤東寫的一首詩：「驚濤拍孤島，碧波映天曉。虎穴藏忠魂，曙光迎來早。」這裡的「孤島」就是臺灣；「虎穴藏忠魂」就是地下工作。所謂的「無名英雄」，不是真的「無名」，而是從事隱秘的情報工作，長期以來不見於中共的正史記載。

吊詭的是，中共的這座紀念碑上鐫刻著一千一百名犧牲的中共地下黨員名單，該名單上的很多名字抄襲自包括臺灣「白色恐怖政治受難者紀念碑」和其他研究資料中被槍決人士的名單。這份名單上不僅出現了國民黨內部派系鬥爭的犧牲者，還出現了如「泰源事件」中被處決的臺獨政治犯，這些人根本不是共產黨，甚至跟共產黨意識形態完全對立。

「臺灣民間真相與和解促進會遺書工作小組」在〈記憶的艱難〉一文中，討論到兩岸「一份名單，各自表述」的荒謬狀況，認為這是「訴說」白色恐怖相關歷史的「記憶的艱難」。「冤假錯案的人權受害者」或「投身革命的烈士英雄」這兩種簡約的、單一的論述，壓抑了多重、多聲的歷史事實。

我認為，真正的共產黨顛覆分子，不宜列入政治受難者名單。國民黨殺共產黨，共產黨殺國民黨，應當在國共內鬥的脈絡下檢視，雙方的被殺者都算不得人權受害者。臺灣的左派文化人如陳映真、藍博洲等人，只反對國民黨的威權統治，卻不反對共產黨的極權統治，甚至對共產黨的地下黨分子歌功頌德，影響了臺灣民眾對歷史真相的認知。尤其是那些在國民黨政府內黨政軍系統擔任職務的共產黨地下黨，雖然號稱為了共產主義烏托邦理想而奮鬥，但就職業倫理來說確實是叛國，在任何國家，包括西方民主國家，這樣的人都會被法律制裁。冷戰時代，美國處決了不少在美國政府內任職的蘇聯間諜，這不能歸屬於「人權迫害」的範疇。

國民黨在臺灣「肅清匪諜」的第一要案為吳石案。身為國防部參謀次長的吳石，確實是共諜。吳石的同路人吳仲禧撰文回憶說，抗戰勝利後，吳石出於對國民黨的不滿，投靠共產黨，並向共產黨提供許多重要情報，而且他本來有機會留下，卻自願去臺灣搜集情報：「一九四九年夏天，吳石赴臺灣前夕和我在香港最後一次相見時，我曾請他考慮選擇是否就此留下，轉赴解放區。他堅決表示，自己為人民所做的工作還太少，現在還有機會，個人赴湯蹈火，在所不辭。」承辦該案的負責人李資生在回憶文章中指出，吳石被捕後，一開始想用參謀次長的威嚴來嚇人，但當審訊人員出示證據之後，他立即坦白交待並表示：「我希望政府能夠法外開恩，原諒我的錯誤。」

吳石身為軍隊高級將領，因投敵叛國的行徑接受軍事法庭審判，是其理所當然的歸宿。吳石之流不能算是「政治犯」，他跟美麗島事件的受難者不能等量齊觀。若當時吳石未被逮捕，繼續為中共提供情報，臺灣的安全堪憂。當時國軍正從海南、舟山秘密撤退，近廿萬人的兵力移防，動員船艦之多，在國軍是史無前例的，如果吳石還在國防部做次長，這種移防計畫必為中共破壞而無法完成。然後，臺灣防衛空虛，未必能抵禦中共下一波的侵襲。中共若占領臺灣，不僅逃往到臺灣的國民黨及其附隨人員全部引頸就戮，就是跟中共本無關係的臺灣本省人也會生靈塗炭，超過二二八百倍的慘案必定在臺灣上演——中共之殘暴，遠勝於國民黨。臺灣本省人士，絕不能因為厭惡國民黨的苛政而對中共抱有一廂情

· 上圖：在紀念碑前常舉辦追思活動，近來也出現聲援中國政治受難者的活動

· 左下圖：公園內設有國民黨高官林森銅像，然而他跟臺灣毫無關係，國民黨敗退臺灣前，林森就去世了

· 右下圖：「介壽公園」與總統府只有一街之隔，不過，公園若能儘快改名，即可實現「地名正義」

願的期望，甚至由此將狼子野心的共產黨地下黨歸入白色恐怖政治受難者群體之中。

極具諷刺意義的是，二〇一五年，臺灣前陸軍少將許乃權，因涉及中國解放軍上尉鎮小江共諜案，被依違反《國家安全法》判刑兩年十個月。二〇一七年九月，許乃權出獄後，居然「依法」請領每個月至少七萬五千多元的退休俸。因為年金改革觸動軍公教階層的利益，既得利益者們掀起了反年金改革運動。九月三日，許乃權在金門參與該活動，頭上綁著「蔡英文下臺」的布條，手上揮舞著被他背叛的中華民國國旗，真個是：人權，人權，多少罪惡假汝名而行！

此岸已無政治犯，彼岸依舊是「紅色恐怖」

民主化之後的臺灣，已經沒有了「政治犯」。在「白色恐怖政治受難者紀念碑」前，常常舉辦追思悼念活動，也出現了聲援中國政治受難者的活動：數十名臺灣律師以反穿律師袍的方式，代表約千名連署抗議信的律師和各界人士，在此聲援中國人權律師，表達對被關押、逮捕、起訴、失蹤、失去人身自由的中國人權律師及活動人士的關注和支持。

臺灣自古以來就不是中國的一部分，臺灣民間社會聲援、支持中國人權律師，並非承認「中國問題即臺灣問題」，而是基於「人權無國界」的觀念，與支持其他獨裁國家的人權活動是一樣的。在白色恐怖時代，很多臺灣政治犯得到過國際人權組織的關注，如果沒有這種跨國關注，他們的命運肯定更加悲慘。今天，是到了民主自由的臺灣來關心和幫助獨裁國家仍在受苦的政治犯的時候了。我在臺灣訪問期間，與若干臺灣人權組織有過往來，也看到了他們為中國、北韓、古巴、伊朗、土耳其等國的良心犯不遺餘力地奔走呼號。

「白色恐怖政治受難者紀念碑」不僅定格歷史，更指向未來。前司改會執行長高榮志接受媒體訪問說，在「白色恐怖政治受難者紀念碑」前聲援中國人權律師，就是不讓臺灣經歷過的白色恐怖政治在中國人權律師和活動人士身上重演。「我們不希望中國政府正在打壓他們自己社會的良心和自己的未來，我們必須要站出來。我們的標題是『律師要有人權』，這是多麼卑微的請求。」

參與抗議活動的郭吉仁律師亦指出，在中國，律師不能正當地行事他們的權利，法制是一紙空文。「政府在迫害律師制度，司法制度和法律制度沒有律師的話，就是一言堂；只有政府在行使權力，沒有律師幫助人民伸張權利的話，那這個法律制度、法制制度都是假的。」

而臺北律師公會理事長黃旭田律師嚴正告誡中國政府，有維權律師的存在，是中國政府進步的機會。「我們今天看到，中國政府把維權律師當作一個國家好像非常不該存在的一部分，這完全是一個錯誤的、相反的方向，因為有維權的律師，才會讓中國社會進步。」

那一天，抗議者們發表了一份擲地有聲的聲明，呼籲北京當局給予被逮捕的律師享有不受無理逮捕、拘禁，受獨立、無私法庭的絕對平等、不偏而且公開的庭審，並且賦予他們在答辯中一切的權利保障，讓這些律師獲得公開審判的權利。

同時，參加聲援活動的臺灣律師及活動人士，對於中國維權律師不惜犧牲個人的職業及人身自由，為了改善律師的職業環境及尊嚴，追求保障人權以及促進中國的法制發展，堅守他們的理念奮鬥不懈，給予他們最高、最誠摯的敬意。

與會的數十名律師和活動人士高呼「捍衛人權無罪，違法逮捕有罪！」、「律師辯護無罪，違法逮捕有罪！」、「立即釋放！停止騷擾！遵守憲法！」

在臺灣的民主運動中，人權律師是中堅力量。中共正是處於對「臺灣經驗」的恐懼，加大了打擊人權律師的力度。當下中國的「紅色恐怖」比昔日臺灣的「白色恐怖」更加可怕，這種「紅色恐怖」蔓延到了「回歸祖國」廿年的香港。如果臺灣社會對中國的納粹化漠不關心，抱持「事不關己，高高掛起」的態度，那麼「紅色恐怖」有一天就會跨海而來，席捲臺灣。

我想，因著臺灣有這樣一批「愛鄰舍」的人權關切者，「白色恐怖政治受難者紀念碑」就不僅僅是一座承載沉重的歷史經驗的遺物，更是一盞照亮未來道路的燈塔。這座紀念碑不僅屬於臺灣，更屬於世界。◆

．以紀念碑為中心的建築處處象徵悲劇的碎形與裂縫，臺灣的歷史及受難者的人生不就是如此曲折破碎嗎？

白色恐怖政治受難者紀念碑

地址：臺北市凱達格蘭大道懷寧街
參觀時間：24 小時，自由參觀

他的雕塑將哀哭變為跳舞

蒲添生雕塑紀念館

第一次知道雕塑家蒲添生的名字，是在文青雲集的華山公園。那裡坐落著由「陽光」、「亭亭玉立」與「懷念」三件作品組合而成的「三美神」，三名裸女儀態萬千，神采奕奕，活力四射，宛如從泥土中甦醒且綻放的花朵。這是我在華人世界看到的極少數堪與古希臘人體雕塑媲美的作品。

我不禁好奇：誰是這組作品的作者？原來，作者就是臺灣現代雕塑的開山鼻祖蒲添生。這組作品創作於八〇年代初期，那時臺灣已處於解嚴前夕，七十多歲的蒲添生在長久的壓抑之後，終於展現出自由和自信的心境，以這組作品傳達出新舊時代交替的「解凍」的精神風貌。

不過，當時在國父紀念館舉辦「全國美展」，這組作品之一的〈陽光〉遭到館方以「裸體對國父不敬」之理由拒絕展出，因而引起輿論「色情與藝術之爭」。既然藝術創作無法為臺灣所接納，蒲添生的長子、正在法國留學的蒲浩明便鼓勵父親參加法國沙龍（Salon）選拔。牆內開花牆外香，蒲添生與兒子蒲浩明一起參加巴黎冬季沙龍，父子雙雙入選。直到廿多年後的二〇〇八年，〈陽光〉終於以她的原貌重返國父紀念館展出，見證了臺灣在解嚴前後思想文化與藝術觀念的重大變遷。

另一件蒲添生創作的公共雕塑，就是中山堂前的孫文銅像。這是戰後臺灣第一座由政府委託民間完成的塑像，也是第一件由臺灣本土藝術家完成的孫文銅像。銅像所在之處，是當年日本政府為紀念戰死臺灣的北白川宮能久親王所立紀念碑的位置；踏在孫文腳下的七米高基座，則是將位於西門町的臺灣總督府第四任民政長官祝辰巳紀念塑像銷毀後，餘下基座石材遷移而來。國民黨最善於搞偷樑換柱的把戲。

這尊孫文塑像背後還有更多的細節，正好呈現出臺灣現代歷史的曲折與荒謬：戰後，臺灣回歸「祖國」懷抱，蒲添生從日本返回臺灣，希望能為臺灣藝術發展效力。他興致勃勃地接受了塑造孫文像的任務，當時約定酬勞是廿萬元。誰知這座塑像完成時，二二八事件發生，蒲添生敬愛的岳父陳澄波遇害，他本人亦淪為「匪諜」的家屬。更不可思議的是，臺灣的物價飆升到四萬元換一元新臺幣，創作孫文像的廿萬元酬勞，最終只換得區區五元錢。

這樣一位單純耿介的藝術家，如何橫渡那個人心幽微、步步陷阱的白色恐怖時代？這樣一位赤子之心的藝術家，怎樣在權力凌虐藝術的惡劣環境下頑強求生？唯有到「蒲添生雕塑紀念館」才能找到答案。這間私人設立的紀念館，位於臺北市林森北路，是一棟具古典風格的日式建築，蒲添生在此居住及創作長達四十年之久。蒲添生的子女經過數年努力，將父親的故居建成了一座小型私人美術館。該館除免費開放民眾預約參觀，也免費借給社區團體舉辦活動，更創先例舉辦「盲人觸摸藝術」，讓盲胞藉由觸摸享受藝術審美的愉悅。

拐入鬧中取靜的小巷，很容易找到紀念館古色古香的大門，門邊掛著蒲添生之子、也是雕塑家的蒲浩明所題「蒲添生雕塑紀念館」門匾。按向門鈴，前來開門迎接的是蒲添生的幼子、紀念館館長蒲浩志。

陳澄波與蒲添生：去留肝膽兩崑崙

熱情奔放的蒲浩志，看外表就像是藝術家。他告訴我，他原來是學工程的，在電廠和捷運等單位工作過，退休後才重返藝術領域，將人生下半場奉獻給這間小小的紀念館。他既是館長，也是義務導覽，幾年來接待了成千上萬的參訪者。

進入紀念館的鐵門，映入眼簾的是小巧玲瓏而綠意盎然的庭園；庭園裡擺設著蒲氏雕塑家族三代人的作品，包括蒲添生、蒲浩明和蒲浩明之女蒲宜君的雕塑。藝術世代的交錯與傳承，青出於藍，各領風騷，歷歷在目。孩子們為了紀念母親，也就是陳澄波的女兒陳紫薇，在庭園內栽種各色紫薇花，還在石上刻了「紫薇」兩個字。

一九一二年出生於嘉義的蒲添生，為裱畫店老闆蒲嬰之子。他自小就展現出極大的美術天分，十四歲時的作品《鬥雞》獲得新竹美展首獎。受到鄰居林玉山去日本求學的影響，蒲添生對留學一直懷有憧

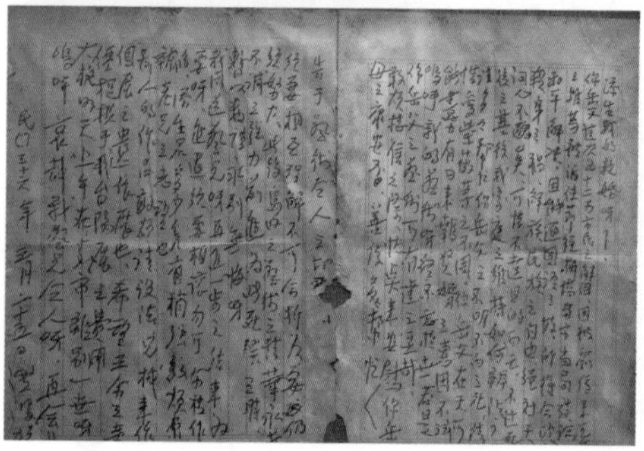

· 上圖：拐入鬧中取靜的小巷，很容易找到古色古香的紀念館

· 左下圖：就義前，陳澄波在獄中匆忙給女婿蒲添生寫信，交代家事也表達對臺灣藝術界的期望

· 右下圖：熱情奔放的蒲浩志最早學的是工程，退休後重返藝術領域，將人生下半場奉獻給這間小小的紀念館

憬，卻因家境不允許而無法實現。廿歲那年，蒲添生趁著幫父親收取裱畫生意尾款時「捲款」北上基隆，搭上前往日本的輪船，從此一去就是十年。在這十年間，蒲添生僅回國一次，靠著零星打工與父兄不定時的匯款勉力維生，並且在廿三歲那年，好不容易從考取的東京帝國美術學校（現武藏野美術學校）轉入被譽為「東方羅丹」的日本雕塑家朝倉文夫私塾門下。

蒲浩志告訴我，蒲家的孩子們從小耳濡目染父親的藝術涵養，男孩都在父親的工作室當學徒。父親走過這條漫長坎坷的藝術之路，深知其中的艱辛苦楚，雖然自己當年頭也不回地遠渡日本求學，卻不讓小兒子蒲浩志專攻藝術。繼承了父親藝術細胞的蒲浩志，本也有獻身藝術的念頭，在高中分組填志願時欲填文組，甚至為此偷偷選組後沒告知父親就上繳志願卡。怎奈愛子心切的父親找上教務主任，讓兒子重填志願，走上工程之路。

「或許爸爸覺得，家族裡有人（大哥蒲浩明）繼承衣缽就夠了，但我很傷心，為此大約有半年的時間不願意跟爸爸說話。」回想起半個世紀之前的那場父子之爭，蒲浩志語帶笑意地說：「但後來發現，念工程也滿有趣的，專業知識亦能用在發揚光大爸爸的精神上。」作為「編外雕塑家」，蒲浩志花費整整四年的時間，將父親經典的「運動系列」放大成巨型雕塑，加以銅綠質感的處理後，立於奇美博物館外草坪上。

我最感興趣的是蒲添生與陳澄波的關係。蒲浩志拿出一本紀念館編纂的《陳澄波與蒲添生：生命的對話》，邊翻邊介紹。一九三九年，蒲添生奉父命從日本返鄉探親，應嘉義木材商人蘇友讓之邀，為其雕塑胸像。像成之後，蘇友讓特別請好友陳澄波品評。陳澄波乍見之下，十分驚喜，讚揚說這是一件品質極高的作品，喜見當年他教過的熱血青年已蛻變為成熟的藝術家。愛才心切的陳澄波乃委請蘇友讓說媒，將愛女紫薇嫁給蒲添生。蘇友讓積極牽線，終於在當年底完成這件婚事。陳澄波在女兒成婚時，送女兒和女婿一張油畫，畫上有兩隻駱駝，用意是勉勵女兒女婿相親相愛，刻苦耐勞，直到永遠。

二二八事件爆發後，陳澄波受嘉義民眾推舉，居間調停，力挽狂瀾，卻由此惹上殺身之禍。一九四七年三月廿五日清晨，陳澄波一行人被雙手反綁，身後插著一面白旗，坐著軍車，像京戲中的土匪死刑犯一樣，押往嘉義火車站前廣場，遭到他所寄予厚望的國民政府當眾處決。

就義前，陳澄波在獄中匆匆忙忙給女婿蒲添生寫了一封信。這封信的字數比給兒子的信還要多，因為當時長子才上大學一年級，女婿比長子大十五歲，是家族的支柱。陳澄波在信中向蒲添生交代家中的事務，也藉此表達對臺灣藝術界的期望。在陳澄波心中，蒲添生不僅是呵護女兒及家庭的愛婿，也是在藝術路上惺惺相惜的同道。我在二二八國家紀念館內看到過這封因時間緊急而筆跡潦草的信件：

> 添生我的親婚呀，你岳父這次為十二萬市民之解圍，因被劉傳來先生之推薦被派使節，經機場與市當局談論和平解決，因能通國語之故，所得今次殺身之禍，解決民族之自由，絕對天問心不愧矣，可惜不達目的而亡。不過死後之善後，我家庭之維持，如何辦法？請多多幫忙。你岳父之不明不白之死，請惜愛紫薇等之不周，你岳父在天可能盡力有日來報，賢婿之惠因不淺，嗚呼我的藝術呀！終不忘於世者是，你岳父之藝術可有達之至哉。敢煩接信之際，快點來安慰你岳母之康安否，善後多多幫忙幫忙。
>
> 告于藝術同人之切望，須要相互理解不可分折為要，仍須努力，此後島內之藝術之精華永世不滅之強力前進，為此死際之時，暫以數語永別無悔呀。我同道藝兄呀，再進一步之結果，為要呀，進退須要相讓勿可分枝作派。添生君多少氣有稍強敬煩原諒老兄之志望也。
>
> 鄙人的作品敢煩請設法，見機來作個展之遺作展也，希望三分之責價提供於我臺陽展之費用。大概明天上午在嘉市離別一世呀。嗚呼哀哉我藝兄同人呀，再會！

此信夾雜華文和日文用法，語重心長，意猶未盡，情真意切，催人淚下。陳澄波明確表示，自己是為自由而死，問心無愧。他也深知女婿性情率真，血氣方剛，難以適應目前的黑暗時代，告誡蒲添生要恆久忍耐，不要重蹈自己的覆轍。

蒲添生不負岳父所託，與妻子白頭偕老，在藝術創作上更成就斐然。一九七九年，他冒險在臺灣最大的民間畫廊推出了「陳澄波遺作展」，讓被遺忘卅年的岳父的作品重新浮出檯面。當時，副總統謝東閔也來看畫展，蒲添生原想藉這個機會為岳父申訴冤情，當他企圖與謝東閔接觸說明時，身邊的維安人員很不客氣地將他架開，不讓他跟謝東閔有任何接觸，讓身為二二八難屬的蒲添生再次嘗到委屈與辛酸。

他為什麼給「黨國要人」塑像？

我與蒲浩志館長坐在由過去的客廳和飯廳改建成的作品陳列廳內聊天。這裡擺放有蒲添生較具代表性的作品，也設有放映設備，以影片的方式呈現蒲添生的生命歷程和藝術成就。蒲浩志回憶說，在這全家一起吃飯的時候，父親曾向孩子們介紹畢卡索、羅丹等雕塑大師，或是談起和日本老師朝倉先生次女的曖昧韻事，並打趣地看母親的反應。

客廳後面最大的一塊空間，是蒲添生的工作室。蒲添生生前親自設計、監工，採用檜木挑高七點五米建造的。室內上半四面迴廊，可以登上二樓俯視大型作品的製作成效。如今，這裡陳列了諸多蒲添生作品的原件。

在陳列室收藏的人物塑像中，有不少是黨國要人的塑像，包括蔣介石等人塑像。作為二二八難屬的蒲添生，為何替蔣介石這樣的獨裁者塑像？人們或許會發出類似的疑問。

面對這樣的問題，蒲添生曾經很實際地回答說：「我可還有六個孩子要養啊！」他忍辱負重為屠夫塑像，以此換取生存與創作的縫隙，這不正是臺灣人數百年來「身不由己」的悲劇命運嗎？

不過，即便是創作此類為了掙錢的「遵命之作」，藝術家雖有妥協的一面，也有不妥協的地方。一九六三年，中國國民黨中央黨部召開「吳稚暉銅像製作籌備會」，會中要求蒲添生製作一個小模型送審，通過後再委託製作，不合格則不予委託。列席會議的蒲添生聽後，立即拂袖而去。籌備委員之一黃朝琴追出來對他說：「你好大膽，裡面都是大官，你這樣就離開？」蒲添生回說：「他們是官大而已，對美術有比我懂嗎？憑什麼審查我的作品？」

當天晚上，黃朝琴奉命再去蒲家溝通，希望蒲添生至少做一個小模型。蒲問：「要有多小？」黃回答：「一吋也好！」蒲添生隨手找了一段木頭，刻出一尊小模型，以此模型鑄銅。黃朝琴帶回去，居然獲得評委一致好評。

黃朝琴再次上門，拜託蒲再做一個大一些的模型。蒲鬆口說：「說拜託，我就做，不要威脅我。」後來他很快製作了一座廿五公分的模型。當局和吳稚暉家人都同意委託蒲添生製作約四點五公尺高的吳稚暉銅像。

這尊吳稚暉銅像真實呈現出吳稚暉駝背的樣子，某些黨國要人對此不甚滿意。後來，于右任的銅像就不再請蒲添生製作了。

還有一次，黃朝琴委託蒲添生製作一對石獅子，擬放在臺北國賓飯店大門口，作為開幕吉祥物。開幕前，黃朝琴看過作品非常滿意，但蒲添生還要一修再修。黃朝琴忍不住，兩人吵了起來，一個說好了，一個說還沒有。蒲添生正色說：「你開幕是一小時，我的作品卻是一生。」最後，黃朝琴氣呼呼地說「不要了。」隔了一陣子，黃朝琴還是覺得蒲添生做的石獅子漂亮，又上門來歡喜搬去國賓飯店門口。

展廳陳列了兩尊蔣介石塑像，一尊沒有戴帽，一尊戴著帽子。「民族救星」戴帽子，還是不戴帽子，不是藝術問題，而是政治問題。蒲浩志講述了這兩尊塑像背後的故事：第一尊不戴帽子的塑像，創作於一九四六年，蒲添生在製作蔣介石戎裝塑像時，刻意不讓蔣介石戴上軍帽，他認為頭形的展現得以表達

· 左圖：紀念館更創先例舉辦「盲人觸摸藝術」，讓盲胞藉由觸摸享受藝術審美的愉悅

· 下圖：余杰訪問蒲添生紀念館，與蒲浩志館長合影（照片由余杰提供）

其個性。但在那個肅殺的年代裡，這樣的堅持可被視為違抗命令。前來驗收的官員態度蠻橫，威脅說：「要把你槍斃！」蒲添生回答說：「你槍斃就槍斃，這完全是藝術的表現。」最終這尊塑像也沒有戴上帽子。

第二尊戴著帽子的塑像，創作於一九七一年，負責該專案的軍方官員是軍閥出身，不聽蒲添生的解釋，一定要他塑造戴上軍帽的像，否則不予驗收。蒲添生不得不委曲求全，給蔣介石戴上帽子。兩相對照，人們都承認，還是不戴帽子的那尊銅像傳神。

至於自由創作的人物雕像，則顯示出藝術家自己的價值觀和喜好。早年，蒲添生在日本讀魯迅的《阿Q正傳》非常感動，便為魯迅塑像。一九四七年，他將二度創作的這件作品送去參加臺灣省美術展覽，不敢以魯迅為名，改名為《靜思》。結果，還是被人舉報，只好收回藏到櫃子裡。多年後，這件作品以《詩人》為名，與《亭亭玉立》、《懷念》一起入選法國沙龍。詩人微微頷首、撐頭思索的神情，唯妙唯肖展現了主角複雜的心緒，被譽為臺灣版的《沉思者》。蒲添生並不在乎魯迅是左派還是右派，他只是有所感動，就用雕塑來表達。有趣的是，蒲浩志擷取其中一部分，放大製成剩下頭和一隻手的全新的雕塑，更添其現代藝術的象徵風格。這件可以說是父子接力完成的「詩人局部放大像」，如今被擺放在臺南成功大學校門口。

蒲添生沒有忘記二二八失去親人的創痛。一九九一年，他創作了一件名為《自由與平等》的男體塑像，一手伸向天，一手指向前方。蒲添生說，一隻手代表自由，一隻手代表平等，作品的意涵在於期待臺灣的歷史走出死蔭的幽谷，邁向自由、平等的明天。近半個世紀以來，蒲添生遵從岳父的告誡，隱忍沉默；如今，他終於放開手腳，創作出《自由與平等》這樣無聲吶喊的作品，並清楚地表示：「這是二二八幽靈的控訴。」

那些可愛與可敬的女性

蒲添生的臥室，仍然保持了他生前的原貌。他生活規律，除了整天埋首於工作中，到了傍晚，便坐在喜愛的搖椅上品茶讀書，與坐在旁邊的妻子聊天。臥室一角，陳列著蒲添生閒暇作畫的筆墨等工具。當年，他放棄繪畫而選擇雕塑，繪畫成了「副業」，書架上還有一幅未完成的、給孫子畫的肖像。

蒲添生的作品中，藝術成就最高的當是女體雕塑。除了《春之光》、《三美神》等作品之外，「運動系列」尤其讓人驚豔。一九八八年，漢城奧運會上的女子體操表演，給了七十七歲的蒲添生新的創作靈感。本就對人體創作情有獨鍾的他，在看了深具動態美的體操後，創造了十件「運動系列」，以簡約流暢的人體線條呈現出藝術線條之美。

蒲添生的孫女、雕塑家蒲宜君在其碩士論文〈蒲添生「運動系列」人體雕塑研究〉中，深入研究了祖父的創作。文中指出，運動系列展現了東方的線條之美，具有單純、抽象、暗示等特色，將動態力量與平衡感藉由雕塑淋漓盡致地傳達出來。溜冰、平衡木、前後空翻、大迴旋……這些瞬間動作，凝結在蒲氏雕塑中，到現場一看，這些雕塑果然像是會呼吸似的，在虛實空間中跳躍、伸展、迴旋。蒲添生被這些靈巧優美的動作所吸引、所感動、所震撼，用雕塑的方式將其定格下來。這些作品背後，是藝術家對上帝所造之生命的珍惜與讚美，以及對那些蔑視生命、殺戮生命的獨裁暴政的厭惡與鄙視。在此意義上，蒲添生將二二八難屬的哀歌與眼淚，化為了歌唱與舞蹈。

蒲添生的最後一件作品，是健康幼稚園林靖娟老師的紀念銅像。一九九二年五月十五日，臺北市私立健康幼稚園師生搭乘的遊覽車，因為變壓器故障起火燃燒，火苗竄升迅速，全車小朋友驚恐地哭喊。林靖娟老師不斷抱起小朋友往車外送，為了救孩子，她忘了自己。最後，她手中環抱著四個幼兒，連同另外十六名小朋友和兩位愛心家長，被大火吞噬。她奮不顧身的行為，彰顯出無私無我的品格，也引起廣

· 上圖：「陽光」、「亭亭玉立」與「懷念」組合而成的《三美神》，是華人世界堪與古希臘雕塑媲美的作品

· 下圖：林靖娟老師紀念雕像

大的社會迴響。

當時，李登輝總統特別邀請蒲添生為林老師塑造一尊紀念像。然而，當時蒲添生已八十一歲高齡，創作大型塑像對他的體力來說是重大的挑戰。但他被林靖娟老師的大愛所感動，獲此邀約，當仁不讓，義不容辭，全心投入了持續四年的創作。

在創作林老師這件作品的第三年，蒲添生被檢查出患了胃癌，卻不願住院治療，一心只想完成作品。蒲浩志回憶說，父親因罹癌的緣故，在工作梯上抽筋、無力是常有的事。面對頑強的父親，在身邊的他也只能流著淚幫忙。

一九九六年五月十五日，蒲添生如期完成紀念像，兩星期後即溘然離世。林靖娟雕像高三點七米，左手抱著幼兒，右手伸向天空，流露出從容與慈悲的力量。主角的右手指尖還有一隻蝴蝶，象徵著主角破除苦痛，羽化而去。

一尊銅像凝聚了兩個素不相識卻又聲氣相投的生命。愛與藝術在此交匯融合，演繹成一曲凝固的讚美詩。◆

蒲添生雕塑紀念館

地址：臺北市林森北路9巷16號
電話：02-2321-3539
參觀時間：週二至日，每次五～廿五人，
兩小時導覽，請於一週前預約

L/BDR. WEST
LIEUT. WEST
SIGMN. WEST
SPR. WEST
SGMN. WEST
PVT. WEST
PFC. WESTACOTT
PTE. WESTBY
TPR. WESTCOTT
L/BDR. WESTCOTT
COX. WESTON
LAC WETHERBY
COL. WHALEY
LIEUT. WHEATLEY
GNR. WHEATLEY
GNR. WHEELER
SGT. WHEELER
GNR. WHEELER
WHELAN
WHISENANT
WHISKERD
WHITBREAD
WHITCOMBE
WHITE
HARRY
LEWIS
WALLACE
JACK
JOHN
GEORGE
PAUL L.
JACK W.
LOREN A
THOMAS
WILLIAM
ALBERT F
BENJAMIN
GEORGE
CHARLES
JACKSON
DAVID
USA
UK

在亞熱帶的島上，有淒風冷雨之地

金瓜石國際終戰和平紀念園區

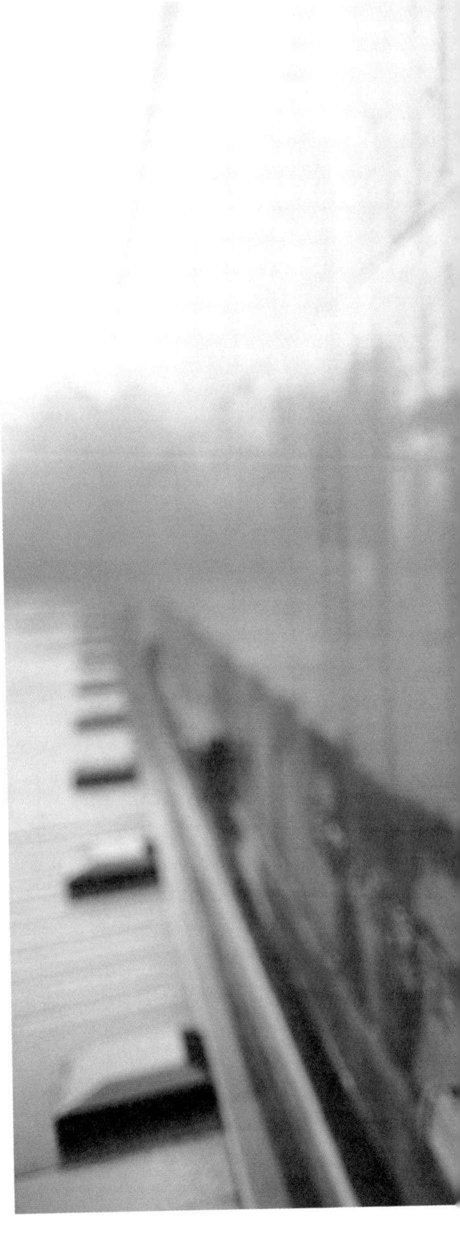

一般人到九份旅行，必選的項目有以下幾項：逛老街，探尋侯孝賢電影中的場景；參觀黃金博物館，摸一摸那塊碩大的黃金；仰望黃金瀑布，聆聽飛流直下的水聲。我也去了這些家喻戶曉的熱門點，但我首選的目的地卻是位於金瓜石附近的「國際終戰和平紀念園區」，在二戰期間，那裡曾是如煉獄般的盟軍戰俘營。

二戰期間，臺灣共有十六座戰俘營，地點遍及東南西北，關押人數前後約莫有四千五百人。金瓜石戰俘營（Kinkaseki Camp）是規模最大也最為人知的一處，其他還有位於木柵、新店、大直、花蓮等地的戰俘營。戰俘營中關押的戰俘，以英軍為主，也包括英聯邦的澳大利亞、紐西蘭、加拿大、南非以及荷蘭、美國的軍人。太平洋戰爭爆發之後，日本在東南亞戰場一路摧枯拉朽，所向無敵，從香港、菲律賓、荷屬東印度群島、馬來亞、緬甸，一直逼近英國控制的印度。日軍俘虜了數十萬盟軍官兵，從中挑選一部分送到臺灣關押和服苦役。那段歷史已被人遺忘。

到了勸濟堂牌樓，即可看到旁邊有一道往上的石頭階梯，走數十米可看到「國際終戰和平紀念園區」的指標。與之相距一箭之遙的黃金博物館，人頭攢動，摩肩擦踵——黃金很有吸引力，司馬遷在《史記》中說「天下熙熙，皆為利來；天下攘攘，皆為利往」，絕非虛言。而在「國際終戰和平紀念園區」，除了我們一行數人之外，再沒有其他任何一個參觀者。人們熱愛黃金，卻不願深究黃金開採的血淚史，尤其是那段國際戰俘被當作奴隸勞工驅使的幽暗歷史。對大部分未曾親歷過戰爭苦難的現代人而言，「戰俘營」似乎是一個過於遙遠和陌生的名詞，園區落成時也未見媒體有延伸報導與分析討論。對大部分沉溺於「小確幸」或「本土化」的臺灣人而言，當年被關押在臺灣的盟軍戰俘只是匆匆過客，他們不是臺灣人，臺灣人只關心在地事務就夠了，為什麼要去探究外國戰俘的命運呢？

然而，正如英國牧師約翰・多恩（或譯唐約翰，John Donne）在詩集《禱詞》中所說：「沒有人是孤島，每個人都是整片大陸的一部分，沒有人是完全的自己，而總是社會全體的一部分。當喪鐘為他人響起，你不要問喪鐘為誰而鳴，喪鐘是為你而鳴。」亦如中國先賢所云：「幼吾幼以及人之幼，老吾老以及人之老。」那些身不由己地被押解到臺灣來的盟軍戰俘，有的被折磨致死，埋骨於此；有的草間求活，熬到戰後獲釋回家的那一天；有的從此再未重返這一傷心之地，有的屢次回來緬懷逝去的戰友……無論如何，他們的生命中有一段結痂的歲月與臺灣重疊，並成為臺灣現代歷史的一部分。

對待戰俘的方式，彰顯文明之優劣

第一個與戰俘營有關的紀念物，是鑲嵌在地面一塊黑色正方形的、名為「永恆的和平與追思之火」的石碑。再往上走，可以看到一座一人多高的醒目紀念碑，碑身上方有戰俘艱辛勞作的浮雕。紀念碑以中英文刻著一段簡潔的紀念文字：

一千餘名英聯邦及同盟英勇的軍人在南洋被日軍所虜，於西元一九四二至一九四五年間轉送來此地銅礦及臺灣其它地區服勞役，受盡日軍殘酷折磨及凌辱，謹立碑愛悼戰俘永垂不屈之精神。

此碑文中，「愛悼」似乎是「哀悼」之誤植。刻碑者在製作過程中漫不經心，缺乏敬意，出現此種低級錯誤，真是讓人遺憾。

在紀念碑右側，即為戰俘營僅存的遺跡，一根斑駁風化的門柱和一小段頹敗的圍牆，在週邊群山環繞之下，格外顯得淒清冷寂，若非旁邊有解說文字，根本看不出這裡曾是一個規模龐大的戰俘營。

一九四二年十一月十四日，日軍戰俘船「英格蘭丸」載著英聯邦戰俘一千一百人，由新加坡駛抵基隆，其中有五百廿三名戰俘被送到金瓜石，之後在此從事採礦工作。後來在戰俘營當軍醫的加拿大籍戰俘本恩・惠勒（Ben Wheeler）少校，在十三日的日記中如此寫道：「星期五又是十三日，明天我們將下船。傷寒病人昨夜死去，我們將他海葬。現在只有一個人怕熬不過今晚。我懷抱希望，努力應付。情況不能再糟了。妮蒂，我第一次想到也許此生見不到你了。」十四日當天的日記是：「我們在傾盆大雨中登陸臺灣，行軍五公里到達臺北營後，遭受棍戮和叫罵，又在潮濕的寒風中奉命全身脫光，噴灑了消毒劑，然後發還濕衣，外帶木屐一雙。」

後來，逐漸又有幾批戰俘被送到這裡，戰俘最多時高達一千三百多人。當地居民以臺語稱這裡為「督鼻仔寮」，意思是「高鼻子的外國人住的營舍」。

由於日軍管理嚴苛，醫藥嚴重缺乏以及水土不服等因素，不少戰俘命喪於此。當時，戰俘們用木頭、竹子、芒草構築棲身的茅草屋。高山雪寒也只能短褲遮身，每天的食物為三百克米飯和幾片番薯葉，可謂衣不蔽體，食不果腹。從住處到礦口，他們每天上下一千七百卅步粗糙不平的石階；在超過攝氏四十度極度缺氧的礦坑裡，一個四人小組每天要採掘十六至廿四車斗礦石，如此強體力的勞動，摧毀了許多戰俘的身體健康，很多人再也沒有走出黑漆漆的坑道。

一九四五年初，金瓜石的戰俘們被遷移到新店龜山墾殖，生活條件同樣惡劣，直至戰爭結束。

對待戰俘的不同態度，顯示文明的高下與優劣。一般而言，民主自由的英美國家，對戰俘比較人道；極權主義的德國、日本和蘇俄，根本不顧及《日內瓦公約》，戰俘營宛如骷髏地。臺灣在二戰中加入日本一方，但日軍的殘暴不容美化。

對劫後歸來的本國被俘官兵的不同態度，同樣彰顯出文明的高下及優劣。國共兩黨皆持有「不成功、則成仁」的儒家專制主義思維，寧要被俘人員「光榮」地死去，也不要被俘人員「恥辱」地活下來。活下來的被俘人員，回歸後得不到起碼的尊重及福利保障，還要受盡羞辱和折磨。

歷史資料顯示，搶救各地倖存戰俘是戰爭結束時盟軍高層最為關注的當務之急。一九四五年八月十五日，日本宣佈投降；九月五日，美國艦隊抵達臺灣，計有二艘護航母艦、四艘護航驅逐艦；次日，英國艦隊亦抵達，計有一艘航空母艦、三艘輕巡洋艦、六艘驅逐與護航艦以及醫院船、油船等，一應俱全。

美軍不但派出戰機降落松山機場，還派陸戰隊直奔戰俘營搶救奄奄一息的戰俘。日本人恭順地提供一切協助，用火車將戰俘直接運到基隆港西岸的碼頭。四艦共接走約一千兩百名戰俘，在外海轉移到兩艘航空母艦上，開赴馬尼拉，然後準備回國。

美國艦隊在六日離開，緊接著英國太平洋艦隊特遣隊也抵達基隆港。八日，還有澳洲皇家海軍驅逐艦及紐西蘭醫院船抵達，專門為了救助剩下的九十名戰俘。

從英美國家將接送戰俘作為戰後首要任務，到根據真人真事改編的好萊塢電影《搶救雷恩大兵》，可見對軍人尤其是戰俘的厚待，乃是驗證一個國家的文明程度和人權保障的重要尺規。

臺灣警察是助紂為虐，還是雪中送炭？

一九四一年十一月十四日，是英聯邦的首批戰俘進駐金瓜石戰俘營的日子。每年十一月的第二個週日，「臺灣戰俘營紀念協會」都會在紀念公園舉辦追思儀式。該協會的創辦者並不是在地人士，而是加拿大籍的臺灣女婿何麥克（Michael Hurst）。廿多年前，何麥克成立「臺灣戰俘營紀念協會」，他平時做生意，稍有閒暇，便投入推廣臺灣盟軍戰俘營這段歷史的工作，是一名難得的有心人。

紀念這段歷史，需要釐清當時的臺灣人，特別是臺籍日本兵的罪過與善行，他們究竟是選擇助紂為虐，還是選擇雪中送炭？在大歷史大激流中，普通人只能隨波逐流，但每個人仍可在一定範疇內做出不同選擇——將槍口抬高一點，還是放低一點，後果截然不同。戰後，有一些參與虐待戰俘的臺籍日本兵，受到法律追究，甚至遭判刑入獄；不過，也有如同辛德勒那樣拯救囚徒生命的臺灣義人，受到各國

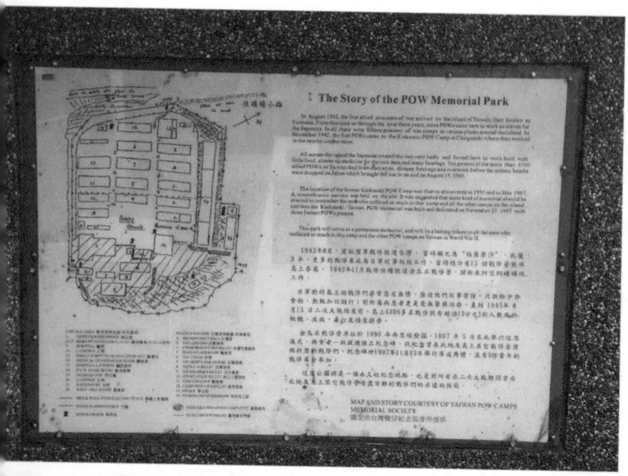

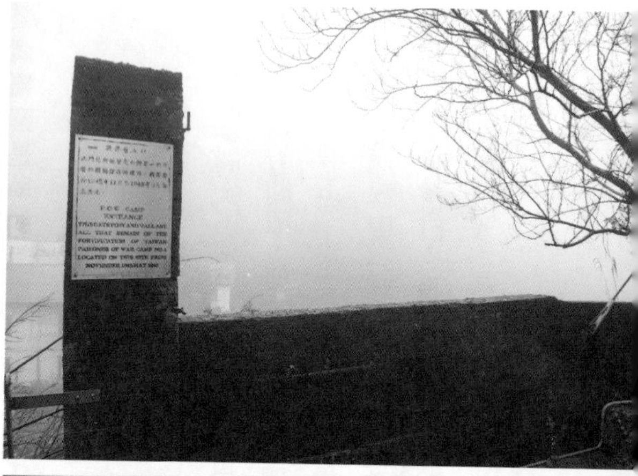

·「國際終戰和平紀念園區」在二戰期間曾是如煉獄般的盟軍戰俘營

政府和民間社會的表彰，甚至與受助者再度重逢，愛的光芒超越歲月的滄桑。

有一位在地文史工作者回憶說：「曾聽先母提起，昭和十八年（一九四三年）夏天，日本兵押解一批『阿凸仔』，從瑞芳步行至金瓜石，途經九份城隍廟時，適逢傾盆大雨，就在民宅的屋簷下休息，當地人見到疲憊不堪的『阿凸仔』，由於同情心趨使，趁日本兵不注意時，有人遞食物及飲水給他們。廿多年前，居然還有英國老先生特地前去九份尋找當年雪中送炭的人，聽說並沒有找到。」

何麥克在若干倖存者的回憶錄中也發現諸如此類的細節：日軍強迫戰俘到金瓜石的銅礦礦坑工作，一起工作的臺灣籍礦工，有時會趁警衛不注意的時候，把自己帶的飯菜分給戰俘們吃。雖然彼此語言不通，但心心相印。別小看這半碗飯菜，那時可能就是救命的糧食。

還有一名曾被關押在臺灣的最高級英軍戰俘也留下一段回憶。一九四二年，在被日軍圍困多日、彈盡糧絕之後，馬來亞英軍總司令白思華將軍（Arthur Percival）率領八萬聯軍投降。這是英國軍事史上最大規模的投降。此後，有差不多兩年多的時間，白將軍被日軍關押在臺灣幾個不同的戰俘營。一九四九年，白思華在回憶錄《馬來亞的戰事》（The War in Malaya）中有少許筆墨提及在臺灣被關押的經歷：

> 我們的抵達給當地的居民留下了深刻的印象，大量的群眾跑來湊熱鬧看好戲。但即使如此，多數人很明顯是同情我們的。畢竟大部分的福爾摩沙人都來自中國，因而鮮有對日本抱持好感者。我記得有一位福爾摩沙的哨兵曾經這麼對我說：我是支持蔣介石的！如果美國人登陸的話我會立刻丟下我的步槍投降！

白將軍的回憶錄，或許受到戰後意識形態氛圍的影響。但至少說明，當時有相當部分的臺灣人並不支持日軍的暴行，並對蔣介石政權抱有相當之期望——當然，他們不可能知道，蔣介石政權並不比日本人好到哪裡去，某些方面甚至更糟。

一場未曾實施的大屠殺

在黑色大理石製作的紀念牆上，記錄著當年戰俘的名單，紀念牆的樣式有點像華盛頓的越戰紀念碑。二〇一七年十一月十二日，有九名戰俘的家屬來到園區緬懷先人，來自英國的福倫（Louis Follon）到紀念牆尋找並擦拭父親名字上的雨水，也留下紀念照。這是福倫首度到臺灣找到父親的名字，宛如與逝去的父親在另一時空中重逢。在蘇格蘭風笛與長號聲樂中，此情此景，感人至深。

在戰俘營紀念碑的左右側，各豎立著一塊中英文解說的指示牌。解說文字如下：

金瓜石第一戰俘營

一九四二年十一月，日軍將馬來西亞及新加坡所俘擄之英國國協及同盟國軍人五百餘名運送來臺，監禁於此地異常惡劣的銅礦中做奴工，經歷病痛饑寒，並忍受日軍之凌辱及虐待，以致死者眾多。

一九四四年末期，日軍藉口為便利戰俘至礦場工作，從戰俘營後方通到礦場挖掘了一隧道，實際上這是準備大屠殺的陰謀。根據日軍司令部訓令，如美軍登陸攻打臺灣時，「將全部戰俘集中在隧道內殺害，不准留任何痕跡」。該訓令之原文一九四六年被戰俘調查當局查獲兩份，其中一份至今尚留於華盛頓美軍檔案中。上述陰謀由一位同情戰俘臺籍警衛秘密告知六名戰俘。

所幸美軍沒有攻打臺灣，戰後戰俘被遣送至臺北附近的集中營，直到日軍投降。此紀念碑的建立是為了追念監禁於此的戰俘與那些同情戰俘，見義勇為的臺籍人士。

時至今日，戰俘營遺址僅存的門柱及部份圍牆位於涼亭的右後方。

永誌不忘

發現這份大屠殺檔案的，是倖存戰俘之一的艾華士（Jack Edwards）。艾華士於一九四六年二月隨同調查人員重返戰俘營，發現戰俘營已淪為一片廢墟，由於國民政府不聞不問，木窗等建築材料都為貧困的當地人所拆走。即便如此，他們還是找到日軍軍官居住過的房舍，在成堆的垃圾中發現了一批珍貴史料。艾華士在其回憶錄中寫道：

> 有人在匆忙中犯了大錯，居然忘記將營區大文件燒毀。我們發現了沾滿泥土，但仍然完整、字體清晰可讀的證據。……翻譯員在許多檔案中，找到一張保存完整的書面命令，就是：假如盟軍登陸臺灣島時，要將全部戰俘屠殺。由於此地是找到證據的唯一地點，也由於這份公文，金瓜石戰俘營，因此在歷史上留名。

在這份名為「一九四四年八月一日臺灣戰俘營臺北總部日誌」的檔案中，明確記錄了關鍵時刻處理戰俘的方法：「無論是個別或集體處置，將以集體炸斃、毒煙、毒物、溺斃、斬首或其他方法，依當時情況而定。我們的目的是無論如何不能讓任何一人逃脫，要將他們全部毀滅，不留任何痕跡。」後來，營區司令官今村上尉等人在法庭作證時，也承認他們當初做出了大屠殺的預案。

幸運的是，美軍在太平洋上採取讓日軍意想不到的戰略，即麥克阿瑟所形容的「蛙跳」，美軍繞開日軍堡壘森嚴、可能造成重大傷亡的臺灣島，直接進軍硫磺島。然後，兩顆原子彈摧毀了長崎和廣島，也摧毀了日本負隅頑抗的戰鬥意志。日本天皇宣佈投降，駐守臺灣的日軍與中國、東南亞各地的日軍一樣，聽從天皇的命令放下武器。由此，戰俘營的囚徒們得以免遭大屠殺。

廣島和長崎的兩顆原子彈，對於日本人、尤其是這兩座城市的居民來說，確實是錐心之痛；但對於艾華士這樣的盟軍戰俘來說，則是一個「要感謝上帝」的好消息。從某種意義上來說，兩顆原子彈是「必要的惡魔」，是日本咎由自取的結果。

艾華士的回憶錄後來被翻譯成日文書出版。第一個翻譯是日本記者瀟野慎二，他在翻譯此書的過程中神秘地死於暴力襲擊，案情至今未偵破。川島女士繼續完成其未竟之業，並與艾華士一起重返金瓜石戰俘營考察，看到坑口已被鐵柵封住，有水從裡往外流，「山谷間吹起凜冽的寒風，我的雙行熱淚，頓時奪眶而出。」

在書的譯後記中，川島女士深刻反省了日本歷史教育的片面性：「當討論到日本的戰爭責任，就會顯示出日本政府不明確的特性。我對於第二次世界大戰，除了廣島和長崎被投擲原子彈、沖繩女孩悲劇外，其他一無所知。我當然也不知道日軍俘虜的事情。簡單地說，我所知道的第二次世界大戰，僅止於對戰爭的歌頌或日本人遭受的苦難，從未有人教導過我歷史的另一面。」由此，她探討了日本國民性的陰暗面：「日本人一般從不認為，需要將他們的想法準確地與他人溝通，他們不覺得語言的溝通有那麼重要，因此常常低估了溝通的力量。對抗亦是如此，一般人如果感覺不痛快或不安時，總是極力逃避。對抗可以說是一種不成熟的表現。更甚者，人們認為如果別人的不安，是由於他們的難題而引起的，他們則要對此負責。對抗會破壞寧靜的心理平衡，是每個成熟的日本人都應儘量避免的。因此，坦誠的陳述被視為對抗。但，令人遺憾的是，保持沉默，對於非日本人來說，他們不認為是成熟，反而被視為不可理解的、漠不關心和不留心。日本人之間，習以為常的猜測遊戲，在國際間起不了什麼作用。」

在此背景下，川島黑目美呼籲日本正視歷史，檢討罪責，回歸國際社會：「日本有許多機會，可以說出第二次世界大戰的真相，真誠地道歉並採取補償行動，但他們全部都錯過了。他們除了撫慰被傷害的人的悲痛感受，還必須獲得持續及全面向世人解釋的能力。他們必須瞭解，為了撫平日本人的情緒，同時又要成為國際社會被尊重的一員，不能將這些往事永遠地封鎖起來。」

這一番推心置腹之言，不僅是對日本人說的，也是對臺灣人說的。經過日本半個世紀的殖民統治，日本文化中優秀的和糟糕的部分，都一齊深刻地嵌入臺灣人的國民性之中。由於東亞固有的「恥感文化」，日本未完成對戰爭罪行的清理，臺灣未完成民主化之後的轉型正義。現在，是時候了！◆

・戰後，有一些參與虐待戰俘的臺籍日本兵，受到法律追究；不過，也有如同辛德勒那樣拯救囚徒生命的臺灣義人，受到各國政府和民間社會的表彰

金瓜石國際終戰和平紀念園區

地址：新北市金瓜石祈堂路40號旁
電話：02-2406-3270（九份遊客中心）
參觀時間：全年開放

鹿窟事件紀念碑
新北市政府

鹿窟事件紀念碑

鹿到哪裡去了？愛鹿的人到哪裡去了？

一九四二年五月二十七日清晨，地下抵抗組織的勇士們在布拉格成功狙擊了納粹德國蓋世太保頭子海德里希（Reinhard Heydrich）。一個星期以後，海德里希重傷死去。惱羞成怒的希特勒咆哮要採取大規模的報復行動，其中，最為殘酷的報復行動，就是將布拉格西北部的一個名叫利迪澤的村莊夷為平地（利迪澤大屠殺）。

利迪澤坐落在一個低矮的峽谷內，樸素的住宅沿著小教堂展開，村莊周圍布滿了大大小小的牧場和果園，村民們過著一種自給自足的生活，對政治興味索然。他們與暗殺事件毫無關係，卻不曾料到，人在家中坐，禍從天上來。在尚未找到暗殺者之時，村民成了替罪羊。黨衛軍地區中隊長弗朗克下令：遵照元首的命令，對利迪澤採取如下措施——將所有成年男性居民統統處決，將所有女性居民都關進集中營，將兒童集中到一起，送到德國接受洗腦教育。

那一天，整座村莊被包圍，一百九十九名男性被槍決，一百九十五名女性被送往集中營，九十五名孩童也被帶走——其中只有九人被判定「值得接受德國化教育」，其他大多數人從此「銷聲匿跡」。然後，整座村莊付之一炬，該炸的炸，該鏟的被推土機推平，瓦礫也被運走。家禽、寵物被射殺，墓地被掘開。這個村莊存在的痕跡消逝得乾乾淨淨。第二天，一篇早已擬好的稿子在廣播中播出：「在搜捕刺殺黨衛軍上將海德里希的兇手的過程中，有充分事實證明該村村民支持並給予這些兇手以幫助。……村莊裡所有的建築物現已拆除，該村的名字也被抹掉。」

希特勒的狂言沒有實現。戰後，利迪澤得以重建。一九四九年耶誕節期間，第一批房屋的鑰匙交到居民手中。六年後，山坡上友誼與和平花園亦對外開放。花環及鮮花構築的堤壩將老村的斷壁殘垣掩在其後，而一座座新房的紅色屋頂在清晨明亮的陽光下閃耀著光芒。捷克藝術家瑪麗亞・烏奇蒂洛娃用廿年時間完成了雕塑群像《利迪澤的孩子們》，將此一悲慘事件永久定格在歷史記憶中。

在臺灣，也發生過一起與「利迪澤大屠殺」相似的「滅村」事件，即「鹿窟事件」。白色恐怖受害者林樹枝多年研究鹿窟事件，用「屠村」之措詞來形容事件的嚴酷性。後來，鹿窟事件的前線指揮官、特務頭子谷正文也公開承認那是一場不必要的迫害，但他卻不認為該由自己承擔主要的罪責，也從未說出他曾經擄掠諸多當事人（包括多名幼童）作為個人奴隸勞工的真相。二〇一七年十月廿日，監察院首度發表「鹿窟事件」調查報告。報告指出，臺灣省保安司令部及保密局派兵在鹿窟、玉桂嶺及瑞芳曉基地展開一連串包圍、搜索及逮捕行動，意欲破獲共黨在北部地方勢力。僅在鹿窟就逮捕及訊問多達八百九十六人。一百卅五位被告受軍事法院判決有罪確定（鹿窟九十三人，曉廿五人、玉桂嶺十七人），其中四十一人被判處死刑（鹿窟廿八人，曉九人、玉桂嶺四人）。另有十九人因自新而交保密局運用者，其中六人未成年，淪為保密局總指揮谷正文私人奴僕，時間達四到六年不等。

監察委員高鳳仙、楊美鈴在兩份調查報告中指出，保密局在調查過程中對許多村民刑求，以木棍、竹棍、藤條、扁擔或槍托毆打，用鋼筆夾手、用針刺指甲、用夾子拔指甲，灌水、倒吊，有人被打到吐血或昏倒，有人因骨頭錯位而終生殘廢，有人被打到骨頭破碎而發瘋，其中廖河更在釋放後自殺，不少村民因被刑求而被迫說了不符事實的話。

鹿窟案被逮捕及審判人數眾多，堪稱白色恐怖時代第一大案。臺灣民主化之後，後續國家補償及冤獄賠償超過新臺幣七億元，也是賠償金額最高的政治迫害案件。

鹿窟不是「臺灣的井岡山」

小小的鹿窟村落，散布在石碇與汐止、南港交界海拔六百多米的山巔，山雖不高，卻可俯瞰臺北、基隆，頗有「一夫當關，萬夫莫開」的氣勢。去鹿窟，搭大眾運輸工具不方便，於是，由學者曾建元驅車，白色恐怖受害者及研究者洪維健帶路，一行三人結伴出發。

我在前一年參訪「臺北二二八紀念館」的時候，有幸結識了正在那裡佈展的洪維健。年近七旬的洪維健，從小在監獄中長大：父母因「中共中央社會部」被抓的時候，母親已經懷有身孕。他告訴我：「一九五〇年，待產的母親，在軍法處面對幾乎每天都有人被槍決的恐怖氣氛，她惶恐的心情，透過血液，也讓我先天就充滿恐懼。十一月卅日，母親羊水破了，趕快保外送鐵路醫院，生下我。我這些年不停地查閱資料，就是希望更加清楚當時的殺戮真相，也讓老蔣、小蔣的殘暴面目，清晰攤在世人眼前。」其實，洪維健的父母並非「匪諜」，只是參加了來臺的共產黨人士開辦的「實用心理學補習班」，才無辜捲入，一家三口，坐牢時間加起來超過卅年。

我好奇地詢問：「那麼，是怎樣的機緣讓您開始研究鹿窟事件的？」

洪維健回答說：「我這個白色恐怖的受害者，大概也是這個世界上唯一至今念念不忘鹿窟事件的文史工作者，因為，鹿窟事件的女性受害家屬，也曾經送去『生教所』，我四歲半到十歲，就在生教所，認識了幾個阿姨。其中一個，私下告訴我，她來自山上。我後來才知道，所謂山上就是鹿窟。從那以後，我就留心收集鹿窟的資料。我想，她們的悲慘人生，不該就這麼被忽略，那個已經消失的鹿窟舊址，那個哭泣的寒村，還在淌血，還在抽搐。」

很快，我們離開鬧區，進入鬱鬱蔥蔥的大山。山路崎嶇難行，沿途的行人稀少。五〇年代初，鹿窟約有兩百戶人家，一千四百多人。山上耕地少，以種植包種茶或番薯為主，絕大多數村民是礦工。從清末到戰後半個多世紀，這裡是有名的茶葉產地，種茶人家相對富裕，在鹿窟事件中成為特務和士兵敲詐的對象。從一九五二年十二月廿九日軍隊上山抓人，直到一九五三年三月廿日部隊撤離，數百名特務和士兵住在山上民宅中，居民被迫供應其食宿，苦不堪言。特務和官兵們則視為山居度假，樂不可支。經過這番折騰，鹿窟地區的茶葉產業就衰敗了。

為什麼國民黨當局要對這個偏遠的小村莊下毒手呢？據安全局等機構的資料顯示：一九四九年六月，

· 上圖：在臺灣也發生過一起與「利迪澤大屠殺」相似的「滅村」事件，即「鹿窟事件」

· 下圖：小小的鹿窟村落散布在海拔六百多米的山巔，山雖不高，卻可俯瞰臺北、基隆在中國本土的國共內戰已到決勝關鍵，中共臺灣省工作委員會受命伺機內應。中共臺灣省委書記蔡孝幹主持會議，選定鹿窟為「北區武裝基地」，計畫成立「臺灣人民武裝保衛隊」，九月指派陳本江等人上山勘察。陳本江等人透過關係和鹿窟村民建立交情，並陸續上山「建立基地」。中共企圖將鹿窟基地建成「臺灣的井岡山」，在中共攻臺時裡應外合。

然而，鹿窟並不是「臺灣的井岡山」。所謂「武裝基地」，只是徒有虛名而已。鹿窟基地的武器不多且性能不佳，國軍繳獲的武器，除了少許土制彈藥外，只有一支槍，甚至不能擊發子彈。隊員多為教育程度不高的村民，且軍事訓練不足，大部分人連什麼是共產黨都弄不清楚。此前有傳言說「鹿窟菜廟前每天升降五星旗」，但實際情況是：鹿窟的「五星紅旗」是人們自己畫的，谷正文指揮大軍掃蕩搜出紅旗後，譏笑說「連星星有幾個角都畫錯了。」

「鹿窟事件紀念碑」設在路邊的一個轉角處，並不十分顯眼，若非多次到此的洪維健大聲喊停車，稍不留心車就開過去了。

平臺倚山而建，其碑體為曲折凹陷的白色不銹鋼板，宛如一把過度使用之後變形的鋼刀，卻猙獰地伸向湛藍的天空。紀念碑的設計說明指出，這是「象徵著舊事件本身的橫遭扭曲，隱隱透露當年的屈打成招，含冤莫白」。鋼板下方基座是一刀刀在堅硬的混凝土地面上敲鑿刻出，象徵受難者所承受的無邊無際的痛苦。

在盛夏熾熱的陽光下，我揮汗如雨地閱讀「鹿窟事件紀念碑」的碑文：

一九四七年，二二八事件爆發。一九四九年，國民政府撤退來臺。政局動盪不安，厲行威權統治，肅殺氣氛瀰漫全臺。

一九五二年十二月廿九日凌晨，軍警包圍鹿窟山區，逮捕被疑為中共支持的武裝基地成員之村民，至三月三日為止。其間因案波及，於二月廿六日至瑞芳圍捕，三月廿六日又至石碇玉桂嶺抓人。前後近四個月，牽連者二百多人。經判決死刑者已知卅五人，有期徒刑者百人，是一九五〇年代最重大的政治案件，史稱鹿窟事件。

鹿窟村民被捕之後，多移送鹿窟菜廟（今光明寺）。未經對質查證，即以刑求逼供所得自白或他人供詞，加以定罪，造成無數冤魂和牢獄折磨，以致家破人亡，傷痛欲絕。

今日立碑，除追悼冤屈，緬懷往事，更要記取當時任意逮捕判刑，蹂躪人權的教訓，共同攜手為建設臺灣成為民主法治、公平正義的社會而努力。

臺北縣政府二〇〇〇年十二月廿九日

碑文簡潔洗練，勾勒出事件的來龍去脈。但是，與大部分紀念白色恐怖歷史的碑文一樣，該碑文並未點出加害者的名字及責任。碑文譴責「當時任意逮捕判刑，蹂躪人權」，卻少了關鍵的主語——「究竟是誰任意逮捕判刑，蹂躪人權呢？」這個問題的答案很簡單：罪魁禍首就是以蔣介石為首的國民黨獨裁政權，具體實施者是彭孟緝、蔣經國、谷正文及為其驅使的軍警、特務系統。

一九五三年一月十六日，鹿窟案正快馬加鞭地炮製過程中，整個村莊籠罩在血雨腥風中，那天晚上蔣介石約胡適共進晚餐，談了兩個小時。胡適那時大概並不知道鹿窟案，但在當天的日記中寫道：「臺灣今日無言論自由。第一，無人敢批評彭孟緝；第二，無一語批評蔣經國；第三，無一語批評蔣總統。所謂無言論自由，是『盡在不言中』也。」胡適日記中提及的三人，正是鹿窟冤案的炮製者。沒有言論自由的下一步，也就是沒有法治、人權和人身保護。

從菜廟到光明禪寺：「臺灣新語」的實踐

沿著紀念碑再往上前行，數分鐘即可抵達光明禪寺大門。洪維健告知，國民政府派軍隊掃蕩鹿窟村之後，特意改稱光明村至今，取其大放光明之意。而昔日囚禁、刑求村民的「菜廟」，也改稱光明禪寺。

這種「用改名掩蓋歷史真相」的辦法，是中華儒家以及共產黨和國民黨都熱衷的把戲，比起希特勒將希迪澤村「從地球上抹去」的「一根筋」想法似乎更為高明。共產黨將南蒙古改稱「內蒙古」，暗示只有這一部分蒙古是「內在」於中國的「神聖不可侵犯的領土」，而蒙古共和國則是「外蒙古」，當年中國承認其獨立，並非「分裂國家」的賣國行徑。因此，習近平可以在中共十九大上臉不紅、心不跳地宣佈「不容許一塊國土分裂」。然而，在我看來比「分裂國土」更加惡劣的行徑，是言語、精神的分裂乃至對立。

國民黨亦不甘落後。蔣介石改日治時代的「草山」為「陽明山」，以避免人們產生其敗退臺灣、「落草為寇」的「惡意聯想」。「草山」本為樸素簡約之名，形象地描述出山頂「風吹草低見牛羊」的草場美景；而「陽明山」之名來自蔣介石崇拜的明朝大儒王陽明，體現出蔣介石濃得化不開的儒家專制思想，對臺灣人而言，更具文化殖民主義的意涵。

國民黨將鹿窟村改名為光明村，將菜廟改名為光明寺，實在是「此地無銀三百兩」。國民黨自以為給臺灣民眾帶來光明世界，其實它才是黑暗使者，給臺灣帶來世界上最長的戒嚴時期。國民黨定義的光明與黑暗，跟臺灣民眾定義的光明與黑暗恰好是顛倒的。由光明禪寺這個欲蓋彌彰的名字，我聯想到另一個名字——紅蓮寺。暴君雍正所青睞的紅蓮寺，與獨裁者蔣介石賜名的光明禪寺，倒是一對「孿生兄弟」。喬治・歐威爾在小說《一九八四》中揭露，獨裁者為了對民眾實行洗腦，發明了一套歪曲現實世界的「新語」系統，比如用和平來掩蓋戰爭，用自由來掩蓋奴役，國民黨將菜廟改名為光明禪寺，就是

「臺灣新語」的實踐。

我們從山門進入光明禪寺，倒頗有「曲徑通幽」的感覺。首先看到一個周圍樹影橫斜的池塘，洪維健說，當年在此做田野調查時，有老人告知，鹿窟之名來自於這個池塘，有鹿到池塘邊上喝水，村子便以鹿窟為名。本來這裡是一處充滿詩情畫意的世外桃源，卻因為共產黨地下黨和國民黨軍警先後到來，讓此處淪為血肉橫飛、哀哭切齒的人間地獄。

原來的大殿已經頹敗，重修的廟宇位置稍往後挪移。洪維健告誡說，要小心狗，且廟宇的管理人員對非信徒來訪並不歡迎。果然，犬吠之聲此起彼伏，出來了一位鄉土氣的中年婦人，詢問我們來意，看到我們手上有照相機，眼神中充滿警惕。洪維健笑稱，我們只是一般遊客，隨便走走，不會拍照。對方這才點頭而去。我們繞到一旁，洪維健告知原來的廂房現在是一塊空地，而昔日的廂房正是關押囚徒之地。他又指出當時軍方安置電線、發電機等設施的地方。小小寺廟，軍警密佈，想到當年的場景，不禁心驚肉跳。

當年的菜廟，因其為鹿窟村的信仰中心和最大的公共建築，成為軍警的指揮所以及拘押和審訊無辜村民之處。十二月廿九日一早，摸黑出門的農夫、礦工們，一個個莫名其妙地先在路上被捕，然後被送往菜廟。村民分別被關在幾個廂房中，一間擠了五、六十人，只能勉強蹲坐。當時是冬天，山上的夜晚很冷，充當刑場的正殿不時傳來哀嚎，很容易讓人精神崩潰。有人從菜廟被釋放後，回家便上吊自殺，一些受難者多年後接受訪問時，回憶這段經歷仍心有餘悸。

更為惡劣的是，負責此案的特務頭子谷正文公器私用，將若干未被判刑、只是抓到保密局接受「感化」的當事人當成家奴使用。當時還是小學五年級學生的陳久雄，就成了谷家隨喚隨到的「小奴才」。陳久雄控訴說，不只是他被谷正文奴役，好幾個鹿窟小孩和婦女，也要在谷家做雜役，包括煮飯、燒菜、養狗、養雞、養魚、養蜜蜂。陳久雄經常幫谷正文「載狗」到長安西路跟買主收錢。陳久雄並未經

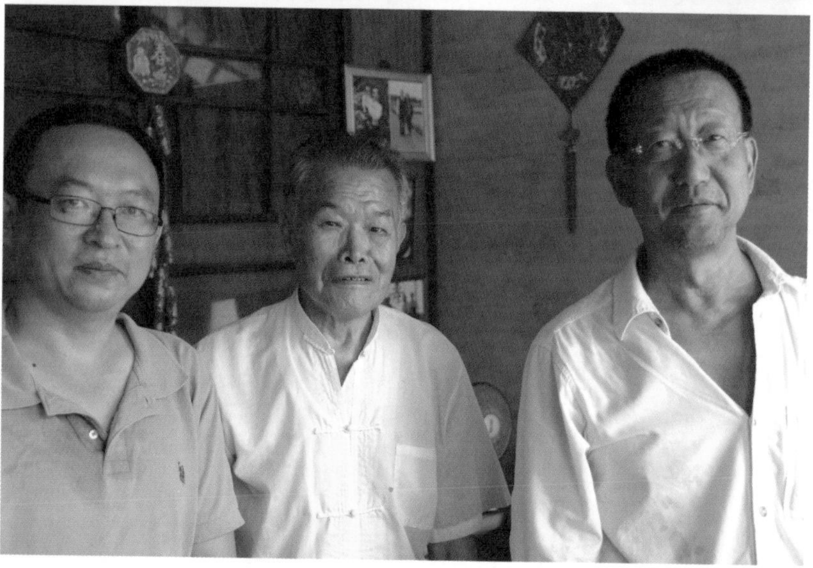

・上圖：余杰與當年最年幼的政治犯、紀錄片導演洪維健在紀念碑前合影。（編按：在陪同余杰赴鹿窟考察半年多之後，臺灣最年輕的政治犯、紀錄片導演洪維健（出生六十八天即隨保外生產的母親入監），因積勞成疾，於二〇一八年四月一日猝逝，得年六十八。）（照片由余杰提供）

・下圖：（左起）余杰、鹿窟事件受難者李石城、洪維健（照片由余杰提供）

過正式判決，就被關了將近八年，十八歲才偷偷逃離谷正文的住宅。谷正文公然延續奴隸制，其上級蔣經國偏偏視而不見，或許這就是主子對走狗的獎賞。

哪個是人，哪個是獸？

參觀完光明禪寺之後，洪維健突然說：「或許今天可以去探訪鹿窟事件當事人之一李石城老先生。」他說，李老先生居住在山下的村子裡，打電話未打通，不妨直接上門看看李老先生是否在家。

此前，我已讀過李石城撰寫的《鹿窟風雲》一書，能見到親歷者，當然求之不得。我們驅車下山，在一條蕭瑟的小街道旁邊停好車，來到一扇低矮的小門前。來開門的，果然是李石城老先生。

在簡陋的小客廳內坐定，老先生告知，他剛剛動過一個手術，正在康復之中。雖是大病初癒，卻精神矍鑠，還自豪地說：「今年八十三歲了，前段時間到醫院檢查骨密度，醫生說我的資料跟四、五十歲的人一樣好。」

老先生說，他曾經聽也是鹿窟事件受難者、被判刑十二年的姐夫蘇金英說過，「臺灣第一才子」呂赫若遇難的經過。蘇金英親手將逃亡途中被山上的毒蛇咬死的呂赫若埋葬在景美溪的水邊。呂赫若之死，或許正當其時，否則鹿窟案發，他必定被捕，被刑求，被虐殺。與其被同為人類的獨裁者所殺，還不如被毒蛇咬死——蘇俄詩人阿赫瑪托娃在長詩《安魂曲》中哀歎，在那個肅殺的時代，她已經分不清楚「哪個是人，哪個是獸」了，或許，人比獸更惡毒。

李老先生向我們描述了當年在菜廟遭受酷刑的經過：谷正文比佛祖大，一下子把聖域變成絕境，將大廳變成活地獄，讓人求生不得，求死不能，「狗官叫打手把我綁在長板椅上，腰綑得很緊，胸部也綁，大腿綁得最緊，然後把後腳跟用一枝板子撐起來，足跟下面再墊一塊木板，人被捆九十度曲角已很難受了，再將腳後跟墊起來，每墊幾分，不但腳筋快要斷裂的感覺，背部筋也抽得很痛，那種痛像萬蛇啃咬，全身無處不痛，尿都滲得褲襠濕濕的，這種又酸又痛的狀況持續，正是叫天天不理，叫地地不應，真是無法再忍耐下去了。」

鹿窟事件的悲劇在於，國民黨將若干無辜村民屈打成招為「共產黨」，也就是說，以反共為「核心價值」的國民黨，自己製造出大量共產黨。李老先生說，當時大多數村民並不知道外來的共產黨人士的背景，村民們相信他們是逃難才上山的，「聽大人說，他們都參加過二二八。」村民稱這些人為「匿山仔」，意思是「躲到山裡來的人」。只有少數鹿窟村民因對國民黨不滿而加入「組織」，但大多數被捕受難的都是無知村民，包括老幼婦孺。

不過，談及臺灣的未來，李老先生卻反對臺獨，寄望於「一國兩制」。或許，早年的左派思想薰陶，讓他對「祖國」抱有一廂情願的想像。他沒有台灣重要的獨立運動者及歷史學者史明那樣親赴「解放區」看到光明之下的黑暗的經歷，也就不可能達到史明那樣與共產中國決裂的精神高度。我尊重卻不贊同他的觀點，一時之間，卻也不便與之辯論。

李老先生在獄中有機會管理圖書，並向前輩獄友學習文化，其回憶錄流暢生動，讓人讀來歷歷在目。李老先生也擁有驚人的記憶力。洪維健介紹說，他父親在一九五二年移監綠島，先後在島上待了將近十二年，跟後來送到綠島的鹿窟受害人必然認識。因此，他經過爬梳張炎憲老師的口述史，追蹤判決檔案乃至個別查訪，追出廿九人名單。後來，聯繫上另外一位研究者陳思婷小姐，找到廿一個有照片、十九個沒有照片的受害人。他把這個詳細名單稱之為「鹿窟在綠島」，再把名單轉請李石城老先生過目。老先生竟然說，這四十個人，幾乎百分之九十五，他都知道或者認識。於是，洪維健趕緊找老先生做訪談，請他逐一敘述每個受害人的生平、家世、受害經過。這份史料，對將來更加深入研究鹿窟事件，絕對非常有幫助。

二〇一七年十二月廿八日，監察院舉辦鹿窟事件村民見面會。目前仍健在的受害村民中，最年輕者為鹿窟村長陳啟旺之女陳政子，當年只有十二歲，現在已高齡七十七歲，最高齡的村民陳皆得更已逾九十三歲。受難者和家屬們相聚在監察院，憶及沉痛往事，盼能平反歷史，落實轉型正義，不要再重蹈覆轍。人們期望，在今天的鹿窟，除了「鹿窟事件紀念碑」，還能有一個「鹿窟事件紀念館」，記載每一個受難者的名字和故事，讓每一個熱愛自由的人來到這裡，就像回家一樣。◆

．鹿窟事件的悲劇在於國民黨將無辜村民屈打成招為「共產黨」，也就是說，以反共為「核心價值」的國民黨，自己製造出大量共產黨

鹿窟事件紀念公園

地址：新北市石碇與汐止、南港交界處，舊莊街二段與碇南路二段交岔口
電話：02-2641-1111（汐止區公所）
參觀時間：全年開放

琉球漁民慰靈碑

沒有公義，哪來和平？

和平島琉球漁民慰靈碑

早就聽說基隆和平島有一座「琉球漁民慰靈碑」，但第一次上島時，尋尋覓覓數小時都沒有找到。第二次去和平島，雖有在地朋友帶路，也走錯了幾次才找到目標。

我們的車先是錯誤地開進臺灣國際造船公司基隆廠內，結果意外地發現一個計畫外的景點：中央研究院與西班牙考古團隊合作挖掘的四百年前西班牙古教堂遺址。在這塊面積約半個籃球場大的挖掘區域內，考古學家發現了四具遺骨，透過DNA鑑定，證實為歐洲人，而遺骨的擺放姿勢，似歐洲傳統的宗教習慣——古時歐洲將傳教士遺體埋葬在修道院。由此判斷，此地極有可能是西班牙人占領時期所建的古教堂遺址。至於西班牙人一六二六年所建的聖薩爾瓦多城，或許就在附近。

繼續開車進入公園，沿著和平島海岸線漫步，可以看到獨有的海蝕地形。由於終年受到東北季風吹襲以及海浪拍打侵蝕影響，加上和平島海岸屬於沉降海岸，造就許多奇岸怪石的景觀，如海蝕平臺、海蝕溝、海蝕崖、風化窗、海蝕洞、蕈狀岩、獅頭岩、熊頭岩等。

其中，千疊敷為豆腐岩地形，岩石常年受海潮侵蝕，變成一塊塊方形的岩石，遠望活像一片片梯田林立散布，蔚為奇觀。萬人堆位於和平島北端的岩岸，因常年受海蝕風化，形成許多奇石，貌似浴池、花瓣、梳粧臺等，分佈散落四周的石頭，又如同人頭一般，稱為萬人堆。還有一處蕃字洞，洞長廿多米，傳說為鄭成功攻退荷蘭人時，荷蘭人的最後據點，蕃字洞內石壁留有古荷蘭文字。

最後，我們在遊客中心附近的海岸邊找到了「琉球漁民慰靈碑」。這是一尊琉球打扮的漁民乘坐獨木舟出海捕魚的塑像。主角頭上纏著布條，赤裸上身，腰間亦纏布條，全身上下肌肉健壯，強悍如古希臘雕塑中的人物。他昂首挺胸，左腳踏在船頭，右腳穩步船內；左手手持標槍，右手指向前方，彷彿看到前方有大魚，即將投出標槍，發出致命一擊。他的臉上綻放著自信的笑容，臉龐如佛像般圓潤豐滿。

在紀念碑的揭幕儀式上，日本人安泉正祥揭開了一個小秘密：碑上石像的人物原型是他的叔公內間長三。一九〇五年，內間長三從琉球到臺灣捕魚，留在臺灣約四十年，並傳授臺灣漁民一種「射魚」技術，正是石像上男子所做的動作。內間長三跟臺灣人（尤其是島上的居民）的感情很好，當時日本警察嚴禁他們將魚貨賣給臺灣人，但內間長三默允臺灣人取走，為此被警察逮捕，他向警方解釋，這是朋友之間的默契給予而非買賣，才獲得釋放。由此可見，當時島上臺、琉居民情誼深厚，親密無間。當地老一輩亦回憶說：「內間長三因為教和平島人所有海面上跟海面下的打撈技術，包括如何抓龍蝦，我們稱他『海大王』。」這尊塑像見證了不同族群在和平島上和諧相處的歷史，如《聖經》所說，「弟兄和睦同居，是何等的善，何等的美。」

和平島在清朝前期稱「雞籠嶼」或「大雞籠嶼」，為北臺灣最早有西方人足跡的地方，也是基隆最早有漢人入墾所在之一。一八七〇年，為了要與東北方海上的「小雞籠嶼」區隔，改名為「社寮嶼」。因為島上最早的原住民為凱達格蘭族的巴賽人，這個名字的意思是「凱達格蘭人大雞籠社房舍聚集之島嶼」。

一九四九年之後，社寮島被改名為和平島。為什麼要改名呢？原來，國民黨是要掩飾二二八殺戮。二二八期間，社寮島成為一處殺戮現場。國民黨繼承了儒家文化中說謊、偽造歷史的悠久傳統，以及從蘇俄學來的現代極權主義統治模式，國民黨很會取新名字，將殺人之地改名為「和平島」，是何等理直氣壯，冠冕堂皇。此類改名，在白色恐怖時代的臺灣數不勝數，比如「鹿窟事件」發生地，以前叫做鹿窟村，後來被改名為光明村；關押和刑求無辜者的「鹿窟菜廟」後來被改名為「光明禪寺」。國民黨以為改了名字，後人只知道新名字，就遺忘了曾經發生過的事情。

國民黨的企圖贏得了相當程度的成功。長期的黨國洗腦教育，讓大部分臺灣人不知道和平島背後的斑斑血淚。這就如同歐威爾在《一九八四》中描述的「新語」，是大洋國統治者發明的一種蓄意削弱表達能力、壓制異見聲音的工具。最具代表性的三句「新語」，就是大洋國家喻戶曉的三句口號：「戰爭即和平，自由即奴役，無知即力量。」歐威爾指出：「只要思想是建基於語言，語言的簡化和控制就是簡

· 上圖：日治時代，琉球與臺灣都是日本的殖民地，兩地來往更是頻繁

· 下圖：「雞籠嶼」是北臺灣最早有西方人足跡的地方，之後被改名和平島，因為國民黨要掩飾二二八殺戮

化和控制思想。」所以，人們理應意識到，轉型正義當然包括地名正義，因為沒有正義的和平，實質上就是屠殺的遮羞布。

基隆屠殺，琉球人成為「附帶傷害」的犧牲品

琉球與臺灣的交往源遠流長。到了日治時代，琉球與臺灣都是日本的殖民地，兩地來往更是頻繁。早期社寮島住著很多琉球人，琉球漁民來附近海域捕魚時就住在社寮島，就像臺灣漁民去琉球捕魚時就住在琉球群島一樣。日本戰敗前後，據統計，居住在臺灣的琉球人大約有一萬四千名。臺灣警備總部在一份接收報告指出，到一九四六年四月底為止，首批被遣返的琉球僑民為五千人，還有近九千人滯留臺灣，等待遣返。

和平島漁港是臺灣北部最大的琉球人聚落，人數最多時，定居的琉球漁民有六百多人。二二八事件中，和平島估計還有卅多名來不及被遣返的琉球人，他們因為不會講中文，大部分成為槍下冤魂。社寮島為基隆造船工業的集中地之一，有兩家船寮並有大量造船工人出入。一九四七年三月八日下午二時，基隆要塞司令部部隊配合國軍登陸，為肅清街頭，實施兩小時的密集射擊，造成民眾死傷甚多。憲兵第廿一團登陸後，基隆要塞司令部部隊會同登陸部隊，在基隆市區進行掃蕩。部隊主力則向臺北地區推進，沿途見到民眾聚集之處則予以掃射，也造成多人死傷。

三月九日，國軍第廿一師登陸，基隆奉令恢復戒嚴，並在隔天依照命令展開綏靖工作。

三月十一日，國軍前往社寮島進行無差別掃蕩並逮捕民眾，除了逮捕約卅名琉球人，還連同數十名當地船寮的臺灣籍工人和居民一起帶走。

三月十三日，部分民眾遭遇部隊槍擊喪生。然而，只有七、八人的屍體在海邊被家屬尋獲，其餘大部

分的人就此失蹤。其中，已知失蹤者姓名的有呂金士、劉新富、林西田、杜源昌、藍金旺等人，且僅有住在社寮島的劉新富留下照片。另外，船老闆吳北王、吳明新父子在遭逮捕後獲得釋放，不過與之同批逮捕的十一人中，共有九人遭到處決。

那是一場跨越族群的屠殺，不是外省人屠殺本省人那麼簡單；僅就和平島的情況，更準確的描述應當是：國民黨軍隊屠殺臺灣人、外省人、原住民和琉球人，所有具備「潛在危險」的人等。

基隆文史工作者潘江衛表示，和平島海邊是二二八事件發生地之一，大約有卅多名琉球人在此罹難，還有部分人從此失蹤。當時，剛好有一個新竹人跟四個琉球人出去，也被槍殺了。

本來安分守己、向海洋討生活的琉球漁民，不幸成了這場大屠殺「附帶傷害」的犧牲品。或許，琉球人的日本人身分就是其「死亡烙印」。在國民黨軍隊眼中，說日語的人是必須殺掉的敵人。八年抗戰期間，國軍一直是日軍手下敗將，屢戰屢敗，狼狽不堪。直到抗戰最後一年，還發生了讓世人恥笑與震驚的「豫湘桂大潰敗」，重慶政府控制的小半個中國的疆域和人口，又丟失了將近三分之一。蔣政權的腐敗無能，由此暴露無遺。如果不是美軍在太平洋戰爭中獲勝，對日本投擲兩顆原子彈，日本宣佈接受波茲坦宣言，無條件投降，單靠國軍的力量，哪能取得抗戰的勝利？或許，長期在日軍陰影下憤懣怨恨的國軍官兵，這一次終於找到了報復的機會，可以對手無寸鐵的日本人（包括自甘為皇民的臺灣人）開槍了，而且得到上峰的許可是何等愜意。然而，他們的作法比日軍在戰爭期間對中國平民的殺戮還要惡劣——因為戰爭已經結束了，包括琉球居民在內的日籍平民，並不具備任何的反抗能力。

猶抱琵琶半遮面的碑文

這座「琉球漁民慰靈碑」是在二〇一一年設立的。據當地文史工作者指出，本來紀念碑要命名為

「二二八死難琉球漁民紀念碑」，但當時基隆市長和議會議長都是國民黨人，當然不願看到國民黨的暴行被揭露，就威脅說如果用這個名稱將不准設立紀念碑。最後，琉球受害漁民難屬和當地支持者們只好妥協，採用「琉球漁民慰靈碑」這個中性的名字設立紀念碑。從這個小小的細節就可以看出，臺灣民主化已經卅年了，轉型正義卻多麼艱難，遇到的阻力有多麼巨大。

在紀念塑像背後，有中、日文的紀念碑文，敘述建立紀念碑的緣由，原文如下：

> 一九〇五年前後，琉球人遷居至基隆，形成一處多達五百六十人的聚落。臺灣人提供琉球人居住的地方，琉球人也相對地將捕魚、造船和修理漁具等漁業技術，毫不吝惜地教導給基隆居民。臺灣人曾經和琉球人互相合作，宛如兄弟姊妹般生活在一起，這是一個光輝燦爛且令人驕傲的史實。琉球聚落雖已消逝在戰火與重建的過程中，基隆居民費時勞心，收集起分散在社寮島（今和平島）附近的西班牙人、荷蘭人、原住民和許多琉球人的遺骸，連同對琉球人的記憶，祭祀在萬善公廟內。琉球各界有志之士為感謝基隆市民祭祀其先祖，藉此機會表達感謝之意，並祈求兩國千秋萬世之和平，故立本座石像於此。
>
> 二〇一一年十二月一日
>
> 琉球漁民石像建立籌備會會長 名城政次郎
>
> 發起人 許光輝、石原地江

碑文簡單敘述的歷史，是臺灣四百年歷史的縮影。西班牙人、荷蘭人、日本人都曾到達和統治過臺灣或臺灣的一部分，這些外來者給臺灣帶來現代文明，也都留下殖民統治的暴行。不過，就臺灣民間而言，因為本來就是一個移民社會，對不同族裔並無歧視，人們將島上發現的不同族裔的遺骸一併收集埋葬和悼念，這種胸懷宛如大海一樣寬廣無垠，也是臺灣人作為海洋民族的優勢。

此碑文沒有寫出來的文字，比寫出來的文字更多。在這篇碑文中，沒有一個字提及二二八屠殺，似乎這個紀念碑跟二二八毫無關係。然而，二二八是該紀念碑存在的根本原因。在這篇碑文中，也沒有列出遇難者和加害者的名字，他們都在歷史中消失得無影無蹤。在這篇碑文中，琉球聚落消失的原因被寫成是「戰火與重建」，其實這一區域並未經歷太多戰爭的洗禮，美軍並未直接攻打並登陸臺灣及其週邊島嶼，而是跳過臺灣，直奔琉球。社寮島的琉球人聚落是在戰爭結束之後的和平年代被國民黨軍隊摧毀的，如果硬要說這是一場戰爭的話，那就是逃亡中的中華民國政府對臺灣不同種族住民的一場「無差別戰爭」。

我當然理解立碑者的一片苦心，在一個由國民黨所控制的城市，要書寫並發布一篇揭露真相、聲張公義、譴責元兇的紀念碑文幾乎毫無可能。國民黨官員會用各種合法的手段讓建立紀念碑的計畫胎死腹中。妥協是必須的。

儘管如此，我仍然認為，與其發佈這樣一篇掐頭去尾、語焉不詳的碑文，不如留下一座「無字碑」，反倒更能啟發後人自己思考歷史與現實的脈絡。

灣生尋父記

站在這座紀念碑前，我想起了「灣生」青山惠昭的水彩畫──《和平島追思父親》。

一九三三年，青山惠昭的父親青山惠先從日本到基隆社寮島居住，後與從琉球來的女子渡慶次美江結婚。一九四三年，獨子青山惠昭出生於社寮島上的琉球人聚落。青山惠先在兒子剛滿五個月大時被日軍徵兵赴越南打仗。

一九四五年，日本戰敗，國民黨政府接收臺灣，三歲的青山與母親被遣返回日本，在父親的老家鹿兒

琉球漁民慰靈碑

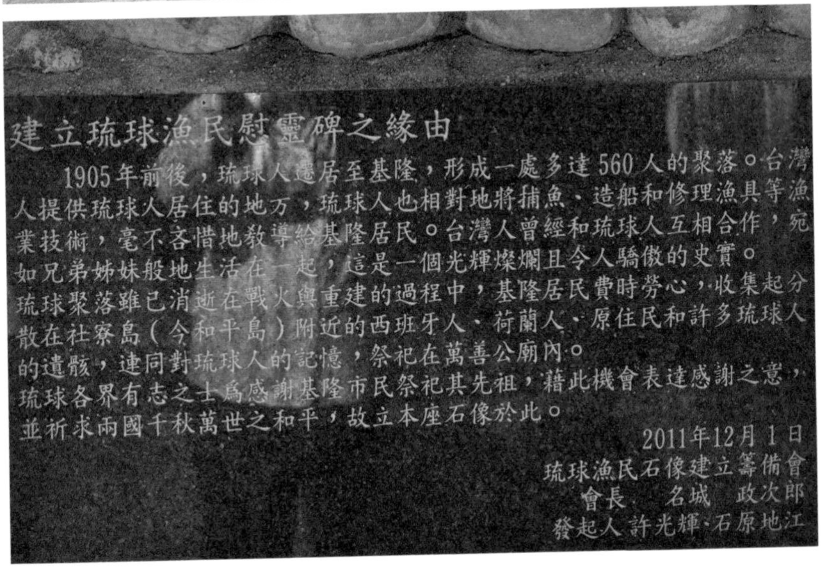
建立琉球漁民慰靈碑之緣由
1905年前後，琉球人遷居至基隆，形成一處多達560人的聚落。台灣人提供琉球人居住的地万，琉球人也相對地將捕魚、造船和修理漁具等漁業技術，毫不吝惜地教導給基隆居民。台灣人曾經和琉球人互相合作，宛如兄弟姊妹般地生活在一起，這是一個光輝燦爛且令人驕傲的史實。
琉球聚落雖已消逝在戰火與重建的過程中，基隆居民費時勞心，收集起分散在社寮島（今和平島）附近的西班牙人、荷蘭人、原住民和許多琉球人的遺骸，連同對琉球人的記憶，祭祀在萬善公廟內。
琉球各界有志之士爲感謝基隆市民祭祀其先祖，藉此機會表達感謝之意，並祈求兩國千秋萬世之和平，故立本座石像於此。
2011年12月1日
琉球漁民石像建立籌備會
會長　名城　政次郎
發起人 許光輝、石原地江

· 上圖：作者與琉球漁民慰靈碑合影（照片由余杰提供）

· 下圖：這是跨越族群的屠殺——國民黨軍隊屠殺臺灣人、外省人、原住民和琉球人島縣大島郡等候父親從戰場歸來。

由於戰後初期資訊不通，遠在南洋的父親青山惠先並不知道妻子和孩子已被遣返回日本，乃於一九四七年三月乘船返回基隆尋找妻兒。誰知，他剛到社寮島家中，就被二二八事件的餘波波及，在社寮島八尺門漁港附近被國民黨軍隊攻擊，就此生死未卜。根據同船倖存者小橋川氏指出，他與青山惠先等人乘船抵達基隆港時，突遭武裝部隊襲擊，青山被抓走，有可能在社寮島千疊敷一帶遭到殺害。

後來，青山惠昭花費了大半生找尋父親，卻毫無結果。這是一個大時代的暴風驟雨中普通人家的悲劇。

一九五〇年，青山惠昭一家搬到美軍占領下的沖繩居住，那裡是母親的故鄉。然而，青山和母親卻被登記為非琉球人，受到差別對待。後來，青山惠昭走上美術創作的道路，還曾從事印刷出版業。

一九九三年，青山惠昭向日本法院提出父親作為「臺灣二二八事件」犧牲失蹤者的訴訟。一九九四年，青山惠先「失蹤宣告」審判確定。

二〇〇七年二月，青山惠昭在被遣返回日本六十一年之後，第一次回到出生地臺灣，參加二二八事件六十周年紀念儀式。一個甲子之後，部分公義遲遲來臨。在此之後，他赴臺十多次，追尋父親當年的足跡、參加追思活動以及繼續司法訴訟。

二〇一三年，青山惠昭向二二八事件紀念基金會申請六百萬元賠償。基金會理事長與行政院拒絕受理，理由是受害人是日本人，日本與中華民國政府並未簽署處理此類事件之相關互惠條約。於是，青山惠昭只好提出跨海訴訟。

二〇一六年二月十七日，臺北高等行政法院認為，二二八條例對「受難者」並無規定專指中華民國國民，判決青山惠昭勝訴，二二八基金會應核發青山惠昭六百萬元，但仍可上訴。同月廿四日，基金會宣布放棄上訴，青山惠昭勝訴確定。之後，青山惠昭等廿多人回到和平島祭拜。青山對媒體表示，他要繼續協助其他兩個類似遭遇的人打官司，爭取最後的正義。

青山惠昭沒有找到父親，連屍體或骨灰也沒有找到，但他總算找到了遲來的正義。這座琉球漁民塑像，既是內間長三，也是青山惠先，又是所有不幸在二二八屠殺中遇難的琉球人。在臺灣轉型正義的光譜中，不能缺少這個人數微少的族群。◆

· 和平島奇特的自然景觀

琉球漁民慰靈碑

地址：基隆市平一路360號
電話：02-2427-4830
參觀時間：每週一至日，
上午8:00至下午7:00

「臺灣的嘴巴」會說話嗎？

基隆港西岸碼頭倉庫

我少年時代的夢想是當一名無拘無束的水手，從這個港口駛向那個港口，在離岸與靠岸之間，告別與重逢，眺望與思念，還有比這更自由的人生嗎？在中國西南內陸的四川長大，我奔跑在山巒與平原間，與樹為友，只見過小小的河灣，直到廿歲才見到浩瀚無垠的大海。大海對我來說，是自由、文明和冒險的同義詞——我在高中時代看到電視政論片《河殤》，不禁熱血沸騰——《河殤》的主旨是呼喚「海洋文明」，在八十年代，知識分子不能直接言說民主、人權、憲政這些「敏感詞彙」，只好籠而統之地以「海洋文明」、「藍色文明」來代替。

我喜歡大海，也喜歡港口和碼頭，在那裡聽汽笛的長鳴、海鷗的尖叫、潮水的呢喃，在那裡看朝陽的升起、夕陽的落下、船隻的出入、討海人剛毅的面龐以及豐富的漁獲，一切如詩如畫，也如宏大的交響曲。我喜歡臺灣的原因之一，就是臺灣是一個美麗的島國，隨時能與港口、碼頭、沙灘、燈塔相遇。在港口與碼頭，必有朋友在等待，老朋友或者新朋友，悄然現身，再迅速隱去。多少陰晴圓缺、悲歡離合在此上演，多少眼淚與微笑在此流淌與綻放。

近代文明，就從港口和碼頭發端。西班牙、葡萄牙、荷蘭、英國和美國，每一個全球性的大國和每一種普世性的文明，都是以海洋貿易的繁榮、海軍的崛起和海權的確立為標誌。臺灣從幽暗的古代歷史中脫穎而出，從帝國的邊緣一躍成為東亞的中心，不也是如此嗎？若不能理解海洋文明，未曾洞悉港口和碼頭的興衰，就讀不懂臺灣的近代史。

基隆是北臺灣最古老的港口之一。我常常在一些古地圖、航空照片、寫真帖、繪葉書、舊照片等圖像中，窺見日治時代基隆港及其街市的建築之美：火車站、稅關、銀行、會社、出張所、郵便局、電信所、市場、醫院、郡市役所、燈塔、棧橋、倉庫等，每一棟建築都東西合璧，實用而典雅。如今，老建築大都蕩然無存，有的毀於戰火，更多的毀於國民黨政府「去殖民化」的城市規劃——他們去掉的往往是那些最美的歷史建築，興建的偏偏是最醜的「克難建築」，難怪有人感嘆說，自由人跟專制政權之間首要的分歧，就是審美上的尖銳衝突。張愛玲不願留在中國，就是不能忍受穿千人一面、極端醜陋的「毛式」幹部服，也不能忍受從延安流行而來的、粗俗不堪的秧歌。

日治時代，基隆港初具雛形。臺灣總督府完成了基隆至高雄縱貫鐵路的建設，鐵道縱貫臺灣西部，臺灣島嶼的邊界概念逐漸形成。基隆港和高雄港是縱貫鐵路起點和終點，兩座港口連接鐵路，是臺灣內部走向世界必經的節點。二十年代末、三十年代初，日本殖民當局陸續在基隆港興建了八座碼頭倉庫。其中，西二碼頭倉庫興建於一九三二年，西三碼頭倉庫興建於一九三四年，這兩座碼頭倉庫正是基隆火車站和基隆港口的連結點。當時，西岸碼頭倉庫為全臺灣唯一的客貨兩用碼頭，設有行人天橋連接，以方便旅客在基隆港的客輪與通往臺灣各地的鐵路之間轉乘。一九二三年，日本皇太子裕仁（日後的昭和天皇）巡視臺灣，即由此地登陸。

這八座倉庫是臺灣重要的聯外門戶，被歷史學者稱為「臺灣的嘴巴」。這些倉庫的特色為：上層是客運設施、下層是貨運空間。其建造工法是以鉚釘銜接鋼樑，其鋼骨採炮彈鋼材建成，具有不腐蝕、不生銹的優點，耐高壓及強震。每支鉚釘的距離都是七釐米，工法十分細膩。歷經改朝換代與時代轉變，其中六座倉庫已被拆毀，目前只剩下西二、西三兩座。此兩座碼頭倉庫，每座倉庫一、二樓面積達四千九百三十平方米，可堆放近七千五百五十五噸貨物。

我們來到基隆港，尋覓這兩座差點被拆掉的古老倉庫。汽車的導航儀中偏偏沒有倉庫的具體位置，在港區轉了一大圈才找到。西岸碼頭倉庫避免了被拆毀的厄運，卻尚未進入整理、改造的階段可作為未來的文創園區，其開放時間亦遙遙無期。我們詢問一位守衛，他連連搖頭，不願搭理。我們希望入內參觀，他表情嚴肅地斷然拒絕，彷彿那裡是一處戒備森嚴的軍事基地。中國國有企業的看門人，往往也是這副「有權不用，過期作廢」的傲慢嘴臉。

我們只好在外面觀賞和拍照。西岸碼頭倉庫為藍白相間的外牆，簡潔流暢的外形與碧海藍天非常契合。歷經九十年風吹雨打，這兩座倉庫雖略顯老態，卻完好無損，且更有滄桑韻味。日本人修建房舍的用心可見一斑，即便是碼頭倉庫也做百年之計，絕不敷衍塞責。這種認真的精神是華人世界所望塵莫及的。

歸去來兮之地

看過電影《KANO》的人，一定對影片中的背景——「基隆港西岸碼頭倉庫」印象深刻。無論是曾勝利登臺殖民的日本軍人，還是離鄉至甲子園爭光的寶島少年，都是從這個基隆港的門戶進出，港西碼頭是他們第一眼或最後一眼回望的陸地風景。

在現實世界裡，基隆港西碼頭忠實地見證了臺灣鑲嵌進現代東亞版圖的最狂飆與混亂年代。一九四五年，日本戰敗投降，中華民國政府接管臺灣，國軍部隊搭乘美軍運輸艦由此處抵臺，他們發現，經過日本半個世紀的統治，這個島嶼與其說是中國的一部分，不如說是日本的一部分，人們的語言、生活方式都日本化了。而才從中國戰場與日軍生死搏鬥的國軍官兵，對這一切當然也看不慣。隔閡與猜忌，從登陸的那一刻便埋下了危險的伏筆。此後，在臺日本人被強制遣送回國，也由這裡開船。遣返時，國民政府規定，日僑每人最多只能攜帶三件行李，總重不能超過卅公斤，「灣生」牧野光博清楚地記得那悲哀的一幕：「父親把桌子翻過來，在桌腳的地方，然後把我媽的縫紉機拆解，還有所有想帶回去的東西統統塞進去，然後用布捆起來。外面再加防水，重到根本不知道搬不搬得動，這就當成一件。」他們就這樣從西碼頭登上回日本的輪船。

一九四九年，因國共內戰失敗撤退來臺的國軍部隊、國民黨官員及各類難民，多數也是在此登陸。原本要從上海開往基隆、途中不幸沉沒的太平輪，其目的地就是西二、西三碼頭，至今在碼頭上還有一塊太平輪遇難者的紀念碑。當時，齊邦媛與先生羅裕昌也在基隆港等船：「我們一大早坐火車去等，到九點卻不見太平輪進港，去航運社問，他們吞吞吐吐地說，昨晚兩船相撞，電訊全斷，恐怕已經沉沒。太平輪海難，前因後果至今六十年仍一再被提出檢討，我倆當時站在基隆碼頭，驚駭悲痛之情記憶猶如昨日。」

一九五四年一月廿五日、廿六日、廿七日，韓戰被俘後選擇來臺的一萬多名「中國人民志願軍」官兵，分成三批抵達基隆西碼頭，再轉往大湖、下湖、楊梅等地。「義士」們揮舞著青天白日旗，迎接他們的臺灣軍民則扛著孫中山、蔣介石的巨幅照片。細心的人們留意到，領著歡迎人群站在岸邊的蔣經國，正在擦拭眼中的淚水。作為國民黨事實上的軍情系統主管，他完成了一項影響臺灣命運的任務。同樣心情激動的還有蔣介石：一月廿三日，接到傷病戰俘先期乘軍機平安抵臺的報告後，這位敗退臺灣後飽受失眠症困擾的六十七歲老人安睡了九小時。第二天，蔣介石在日記中寫道：「實為今年來最安眠之一夜也。」在日記中，蔣介石把此事稱為「五年以來精神上對俄鬥爭之重大勝利。」

一九五五年二月，基隆港西碼頭又來了一批人，比前一年中國戰俘人數多出幾乎一倍。他們衣衫襤褸，神情複雜，既因為失去祖祖輩輩生活的家園而傷感，又為即將在臺灣開始新的人生而充滿期待。他們就是國民黨宣傳機構所說的「義無反顧」、「摧家毀舍」撤離大陳島來臺的「大陳義胞」。當時，在美國的強大壓力下，蔣介石不得不同意撤離浙江省臺州灣外海的大陳列島上的軍民，再由美國海軍第七艦隊護航運送到臺灣。由此，蔣介石失去了故鄉浙江的最後一塊土地，中華民國所控制的區域不再有「浙江省」。而扶老攜幼的大陳居民，先在基隆港上岸，而後在基隆停留大約一至兩個星期，政府按漁、農、工、商等志願名額協助登記職別，再陸續安排分發安置到全臺灣各地，包括臺北、桃園、宜蘭、花蓮、臺東、高雄、屏東等縣市，他們的後代更是散布到臺灣的每一個角落。

歷史總是充滿荒誕的情節：那些不願離開臺灣的人，卻被強制離開臺灣；那些不願來臺灣的人，被強

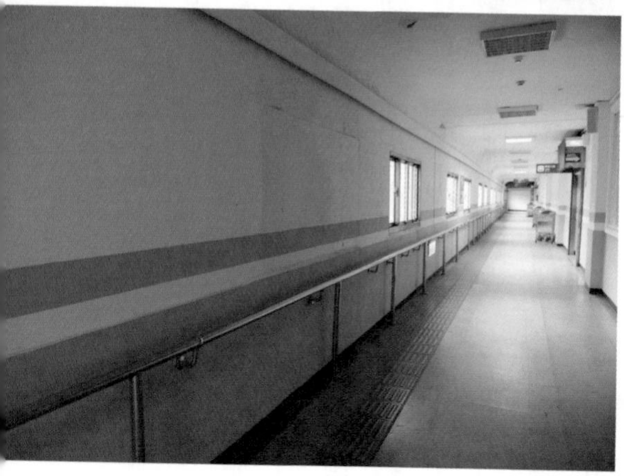

· 上圖：基隆是北臺灣最古老的港口之一，現在亦可窺見日治時代基隆港街市的建築之美

· 下圖：基隆西二、西三倉庫見證許多重大歷史事件，卻一度被畫入都更區域，面臨被拆除的命運

迫來到臺灣。很多時候，個人並沒有選擇的自由和權利，如汪洋中的一條船，身不由己，隨波逐流。

大海是屠殺最好的掩護者

「月有陰晴圓缺，人有悲歡離合」，在西碼頭上演的人生悲喜劇，比莎士比亞的戲劇還要曲折離奇。如果說西碼頭是一位早已見怪不怪的老人，卻仍有讓他怒髮衝冠、哀哭切齒的一幕出現：一九四七年，二二八事件爆發，劉雨卿率領國民革命軍整編第廿一師，奉蔣介石的命令，分成兩支，從基隆與高雄登陸，對臺灣進行武力鎮壓與清鄉。北方分支部隊就由基隆西碼頭登陸。

劉雨卿本非蔣介石的嫡系人馬，而是四川軍閥手下的雜牌軍。在國共內戰中，整編廿一師旅部及所轄兩個團已在江蘇遭共軍殲滅，後來經過重組，戰力更為低下，奉命戍守淞滬地區，不過是當炮灰的命運。當時，蔣介石的精銳部隊正在前線與共軍鏖戰，聽到臺灣傳來警報，只好派這支雜牌軍到臺灣鎮壓。蔣介石清楚知道，二二八並不是一場精心組織的武裝起義，對付這場只有烏合之眾的暴動，派一支雜牌軍即綽綽有餘。

根據劉雨卿的回憶，他在三月五日即已接奉蔣介石的命令：「師屬各部應立即準備赴臺。」次日，劉雨卿飛抵南京謁蔣介石，蔣面授機宜，並發給六百枝手槍。這是自一七八六年臺灣林爽文起義時福康安派軍中精銳「四川屯番」軍團到臺灣鎮壓之後，又一次從中國四川派鎮壓部隊來臺灣。這批川軍在船上被灌輸說，臺灣人是無惡不作的暴徒，甚至就是日本的皇民餘孽，下手不須留情！這些士兵在戰場上與日軍廝殺多年，被如此洗腦之後，自然是摩拳擦掌，磨刀霍霍向臺人！共產黨在六四屠殺前夕，也是如此對進北京城屠殺民眾的軍隊如此洗腦。由此，人身上獸性的一面被喚醒。

廿一師的北方分支部隊登陸之後，立即對基隆民眾展開血腥殺戮，《朝日新聞》的調查報告稱之為

「血的大肅清」。副官處長何聘儒參與了來臺「平亂」任務之後，在回憶文章中描述說：「三月八日午前，四三八團乘船開進基隆港，尚未靠岸時，即遭到岸上群眾的怒吼反抗。但該團在基隆要塞部隊的配合下，立刻架起機槍向岸上群眾亂掃，很多人被打得頭破腿斷，肝腸滿地，甚至孕婦、小孩亦無一倖免。直至晚上我隨軍部船隻靠岸登陸後，碼頭附近一帶，在燈光下尚可看到斑斑血跡。」

臺灣史學者楊逸舟，根據一位原基隆市民敘述軍隊登陸基隆後的情形，這樣描述：「登陸的士兵對著碼頭工人與苦力，未加任何警告就突然用機槍掃射，瞬時有數十名、數百名的工人應聲倒下，悲鳴與號聲四起。市民見狀，便亂奔亂竄，慢一步的人就成為槍口的獵物。惡魔突然降臨，橫掃市街，死傷者倒在路面，到處皆是……」。楊逸舟又記述：「數百名被認為暴徒的人們，足踝被貫穿鐵線，三五人一組被拋進海中。有時，十數人一組，用鐵線貫穿手掌，有的已氣絕，有的半氣絕，統統捆成一團，拋入海中。不數日，無數的無名屍像海綿似地吸飽海水，浮上海面，漂到海邊來。」

臺灣史學者李筱峰在〈基隆二二八屠殺〉一文中指出，楊逸舟的敘述與「臺灣旅滬六團」的報告情節完全吻合。旅居上海的六個臺灣同鄉團體，於事件中組團回臺瞭解調查，提出〈臺灣旅滬六團體關於臺灣事件報告書〉，列舉許多殘酷無倫的屠殺方法，其中關於基隆部分這樣記述：「基隆軍隊用鐵絲穿過人民足踝，每三人或五人為一組，捆縛一起，單人則裝入麻袋，拋入海中，基隆海面最近猶時有屍首。」

「基隆港大屠殺」隔天，很多遇難者的屍體在海邊浮起來。有一些好心人把屍體拖上岸，放在基隆火車站前面的廣場上，用草席把受難者蓋起來，等著讓家屬認領，若沒有人來認領的，就埋在基隆市南榮公墓。

九死一生的林木杞是被綁在九個人一串中的第九個，在士兵開槍射殺前，被前面八具屍體的重力扯落海中，貫穿手掌的鐵絲也被扯掉。憲兵馬上走近開槍，結果沒有射中，他僥倖逃過一劫。他耐心等到憲兵走了後，才從水裡掙扎上岸，奇蹟般生還。此時他已全身傷痕，爬向南榮公墓，躲了三個月，用山中的藥草簡單療傷，餓了就靠過路人給的食物果腹，待身體復原差不多後，才從山中出來。他從此精神衰弱，見到軍警就哆嗦，很害怕去基隆海邊，鐵絲穿過手掌的傷口，傷痕至今隱隱可見。

每棟歷史性建築都要遭遇火災嗎？

「都市更新」是一個具有「臺灣特色」的新興詞彙，比起具有中國特色的「強迫拆遷」、「城市改造」，似乎溫文爾雅。但是「都更」所達成的結果同樣可怕：那些具有歷史價值和文化意義的老建築，紛紛成了「都更」的犧牲品。

二〇一三年，基隆市政府通過都市更新案，決定拆除西二、西三兩座碼頭倉庫，在此興建包含海運客務中心與港務辦公設施的「新海港大樓」。臺灣港務公司基隆港務分公司原定在次年二月九日拆除西三倉庫，再拆西二倉庫。

開拆日隔天，馬上引起基隆地方文史工作者以及「C二三行動聯盟」到現場陳情抗議。接著，「C二三行動聯盟」與畫家王傑、馮光遠和作家張典婉等人於立法院召開記者會並要求重審文資審議。文化部同意重審文資審議。此決議一做出，原有希望保留的西二碼頭倉庫，在清明節清晨卻無故發生火警，所幸此火災只是燒毀了大廳內的少數物品，並無損老建築的整體結構。這是臺灣文化古蹟保護與都市更新的拉鋸戰中常常出現的荒誕情節：很多剛剛著手保護文化遺產，突然毀於莫名大火，臺北蔡瑞月舞蹈社、高雄鳳山海軍招待所，無不如此。火當然不是自動燃燒起來的，必定是有人故意縱火。縱火者是誰？或者說幕後的黑手是誰？就是從拆掉老房子、興建新房子中得益最大的那些人。

二〇一四年六月，基隆文化局召開文資審查會決議，將西二碼頭倉庫列為歷史建物完整保存，西三碼頭倉庫在「都更」區外適當地點做重要構件保存。這一決定未能讓民眾滿意，各界人士再度展開陳情和抗議。基隆市長選舉期間，候選人林右昌發表了「整個城市都是我們的博物館、美術館」的文化政策競選廣告，誓言要將基隆打造成人文之都、藝術之城，他本人也現身抗議現場，支持保存兩座倉庫的呼聲。

基隆市議員蔡適應在接受媒體訪問時指出，保留西二、西三碼頭倉庫是最好的選擇。許多國外著名的港口，在內港的區域都保留原來紅磚倉庫作為休憩區域，西班牙巴塞隆納港、荷蘭阿姆斯特丹港、鹿特丹港都是如此。再新穎的地標性建築，總有被取代的時候，相反，具有歷史的事物，如酒愈陳愈香。臺灣大力推展文創產業，像西二、西三碼頭倉庫這樣具有歷史價值的老建築更需要被保留下來，作為文創產業基地。文創必須有想像的場域來支持，想像的事物如果沒有歷史的場域，是沒辦法激發出創意思維的。

二〇一五年四月十日，基隆市政府推翻原決議，宣佈西三碼頭倉庫全區保留，並規劃將西二、西三碼頭倉庫劃為文創產業專用區使用。此事件總算暫告一段落。

我期待著，下次來基隆西岸碼頭倉庫，這裡已成了創意產業基地和歷史文化遺址。「臺灣的嘴巴」當然要大聲向人們說話。◆

．蔣介石失去了故鄉浙江的最後一塊土地，扶老攜幼的大陳居民先在基隆港上岸，
而後陸續安排分發安置到全臺灣各地

基隆港西岸碼頭倉庫

地址：基隆市港西街12、14、16、18號
參觀時間：不開放參觀

30
套房出租

風能進，雨能進，國王不能進

大埔張藥房

最早知道苗栗大埔事件，是在網路上聽到一首說唱風格的歌曲，由「乾哥」製作，「六文錢」演唱：

有具挖土機從田裡開過剷除農地
有個老農看著田地鏟過阻止挖土機的前進
然後他哭著吶喊著　地是我的生命
別繼續前進　收成還有一季

有個縣長得知抗議老農自殺尋死
馬上連絡電視臺　請求不要深入老農的故事
有個網友看到這則新聞馬上po
譴責縣長炒地圖利的留言馬上多
有個民眾　看戲般看這新聞
新聞簡單帶過　帶過之後又是重播
有個記者　對死者的家人窮追不捨
問說：「老農死了，會不會覺得不捨？」
而有個立委　則是把這件事當亮點
法醫在現場發現老農死前的留言
上面寫著：「我要以死來作為抗辯。」
兇手不只一個　死者不只一個

無罪的加害者　合法的被害者
法律何時開始如此模糊對待著
受傷的人不只一個　傷害的人不只一個
有些傷看不見的　人如此彼此對待著
老農生前常常去的藥房上了版面
有個貴婦覺得無聊　就把報紙翻面
他兒子覺得強拆　不公失去正義
貴婦警告兒子不准上街去抗議

這個藥師看著自己的店強制搬走
公文日期緊迫還要負擔大筆費用
他回到家裡發現臉書留言加油打氣
有個留言寫著：「幹！惡霸政府！賤！」
藥師瞭解為何老農被逼走上絕路
因為他居住的地方擋了人家財路
藥師想：「好吧，決定要上臺北抗議。」
隔天白天看著手機傳來的新聞
一群警察圍著藥房　讓怪手拆遷
有評論說偷襲太狠　實在很討厭
這個縣長　看了電視一直在暗爽

他心想：「這根本是天賜良機的突襲戰。」

藥師走向磚牆　但步伐非常勉強
他無奈面對強制拆遷而心情沮喪
各地聲援的學生　他們控訴不義
強拆突襲　民眾根本無法防禦
他想起自己家的藥房　開了好多歲數
怪手拆毀卻片刻瞬間就結束
他自認和朋友相處得很好　做善事沒少
但強拆之後太大打擊都睡不好
有天下午他邊哀怨自己邊走到了河邊
他感覺到自己的一切已經被吞食
隔天發現他冰冷的躺在排水溝渠
報紙頭條寫著　受害又多一個
有些指紋沒留下
那致命傷沒多大
而死者不說話
正義公平已落下

大埔事件在近年來臺灣的公民運動中占有重要地位。因此，苗栗大埔張藥房那個「怪手屠殺」的現場頗有參訪的必要。

友人曾建元驅車帶我前往大埔，他是苗栗人，對於苗栗地方政府多年來從未被翻轉的事實感慨良多。或許，需要更多太陽花之後覺醒的青年一代回鄉深耕，才能瓦解國民黨長期形成的既得利益共同體。苗栗是臺灣經濟比較落後的縣市，偏偏地方官員好大喜功，造成巨額財政赤字。諸多政府匆匆上馬的大型建築門可羅雀，此種場景倒是在中國十分普遍。

我們來到大埔，這是一個沒有太多特色的小鎮。昔日抗爭的現場，位在兩條馬路夾縫中的小小三角形地帶，張藥房的建築已拆毀了一半，剩下的一半像是戰爭之後的廢墟。

牆壁上畫著色彩絢爛、形象誇張的漫畫，走近了仔細一看，原來是四個人物——拆遷案發生時負有不可推卸的責任的四名主要官員：總統馬英九、副總統吳敦義、行政院長江宜樺、苗栗縣長劉政鴻。

那是苗栗大埔強拆案一周年時，廿七歲的畫家劉宗榮在臉書上號召網友，到被強拆的張藥房原址畫下此四人的頭像，以紀念死去的張藥房拆遷戶老闆張森文。在「捍衛苗栗青年聯盟」的支持下，活動人士們在被拆遷的張藥房舊址上搭起鷹架，五個藝術家從白天畫到黑夜不停歇，白牆上畫上馬英九、吳敦義、江宜樺以及劉政鴻畫像—是逼死拆遷戶張森文的「四大惡人」。一左一右還畫上兩隻怪手以及國民黨黨徽。整個創作過程攝影紀錄，發布在社群媒體上，希望社會不要忘記大埔案。畫家劉宗榮一邊畫一邊說：「我們把整個大埔事件的加害者畫在牆面上，因為大埔強拆滿一周年，想要做一個悼念。」張藥房主人張森文的遺孀彭秀春指出：「整個大埔徵收的不公，他（藝術家）的看法都在這個牆上了。」

大埔事件，有了歌曲，有了繪畫，藝術成為追求社會公義的重要武器。

我在漫畫前駐足良久，為臺灣的言論自由感恩與喝采。在中國，不要說在公共場合畫官員具有諷刺意味的頭像，就是畫一張空椅子，也會遭到「被失蹤」的命運。二〇一七年十二月，居住在法國里昂的旅法畫家胡嘉岷與法國妻子在深圳的一個建築雙年展上畫了一幅作品：一把孤零零的空椅子，椅子後面是象徵牢房的鐵柵欄。這件作品暗指在中國監獄中病死的諾貝爾和平獎得主劉曉波。當局立即拆毀這幅作

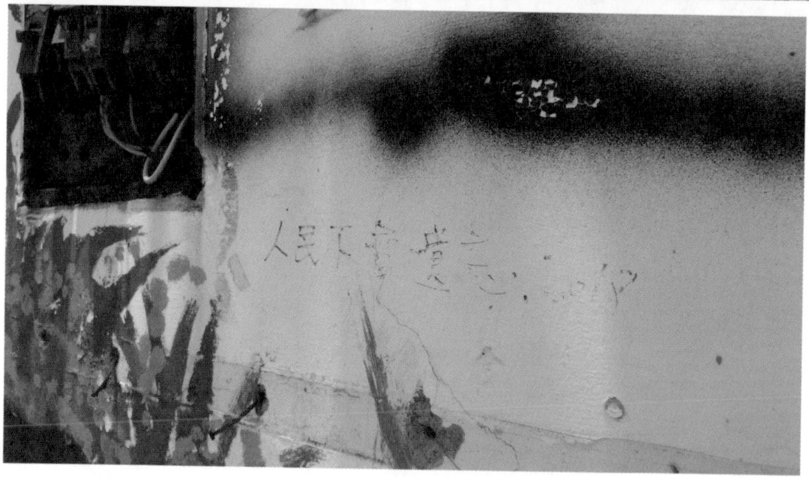

· 上圖：有了歌曲，有了繪畫，藝術成為追求社會公義的重要武器

· 下圖：或許需要更多覺醒的青年回鄉深耕，才能瓦解國民黨長期在苗栗形成的既得利益共同體

品，兩位作者被便衣警察用暴力架走，而法國駐華使館對此保持沉默——人權必須讓位於貿易的利益，中共用貿易綁架了大部分西方國家。

臺灣與中國是兩個截然不同的國家：臺灣早已成為言論自由度亞洲排名第一的現代文明國家，而中國的網路自由排名是全球倒數第一，文明的臺灣當然不能被野蠻的中國暴力統一。如果共產黨統治臺灣，將比國民黨殘暴一百倍，張藥房的悲劇將遍及每一條街道，每一個社區。

「今天拆大埔，明天拆政府」

別小看小小的張藥房的意義與價值。大埔土地正義運動是太陽花學運的先聲，臺灣學者彭仁郁在〈反叛中建構的主體：三一八運動的象徵秩序傳承〉一文中指出：「發起三一八學運的青年世代（如黑色島國青年陣線、捍衛苗栗青年聯盟、反媒體巨獸青年聯盟等，各團體成員有相當程度的重疊），在此之前已經參與了不少各種社會議題的抗爭運動。此外，透過批踢踢、臉書等網路媒體，陸續加入支持行動的年輕人當中，不少先前就開始關注環境正義（如反核、反美麗灣、反國光石化）、居住與耕作的土地正義（如樂生、文林苑、大埔、灣寶、士林王家、華光社區、紹興社區都更案等）、言論自由（如反旺中媒體壟斷）、軍中人權（洪仲丘案）等議題。」

大埔事件由來已久。二〇一〇年六月九日，苗栗縣長劉政鴻以擴建「新竹科學園區竹南基地」之名，動用警察圍住大埔農地，怪手開進稻田，毀壞了即將收成的稻穀。古代中國，一代梟雄曹操因為士兵損毀了農夫的莊稼而「割髮代首」，沒有想到現代社會的行政官員居然連帝制時代的獨裁者都不如。公民記者「大暴龍」將政府粗暴毀田的影片傳上網，激起了農民的憤怒，也團結了民眾的行動。

七月十七日，三千農民夜宿凱道，這是繼一九八八年「五二〇農民運動」後，臺灣農民最大的一次集結。

因為上街抗議，馬政府不得不命令苗栗地方官員趕緊收手，劃地還農。但其後續措施換湯不換藥：雖然徵收面積縮小，仍造成農戶朱阿嬤飲農藥自盡，黃福記等大埔四戶依然面臨拆遷的命運。

大埔民眾多次北上抗議，馬政府不理不睬，甚至暴力驅離。將人當人看，是馬政府的恩賜；不把人當人看，是馬政府的常態。

二〇一三年七月十八日，當大埔四戶及聲援民眾在凱道再次陳情、控訴內政部區段徵收違法之際，劉政鴻趁著這一「天賜良機」，強拆位於公義路上的張藥房。劉政鴻一定學過孫子兵法，知道瞞天過海之計。

群眾的憤怒無法遏抑，八月十八日，再上凱道，一度占領內政部。參與者有大埔自救會與農陣、苗栗灣寶、崎頂自救會、苑里反瘋車、關廠工人連線、滅火器樂團等，以及徐世榮、廖本全等長期關注土地正義議題的教授。來自全臺各地的憤怒民眾亦到場聲援。

大埔案的抗議活動，最初只有百千人參加，但在八月十八日的大集合中，總統府前聚集了四萬多人。張藥房的女主人彭秀春說：「我知道不是只有我一個受害，有更多人受到政府不公義的對待，我的心情雖然跌落至谷底，但我知道不能被擊倒，因為跟我相同處境的人一樣很多，我要擦乾眼淚，勇敢的走出來，我希望我是被不當徵收的最後一個受害者。」

抗議活動的組織者將這場運動定義為「公民不服從運動」，他們號召人民：「今天拆大埔，明天拆政府。」這是一個生猛又火爆的口號，「拆政府」的「拆」字，是對政府強迫拆遷行動的反抗，隱然有「小型革命」的含義。政府是民眾授權建立的，如果政府的所作所為變成殘民以逞，那麼民眾就有權利「拆掉」政府。

這場運動彰顯了三重價值。首先，「八一八」大埔反拆遷運動一度占領內政部，宛如太陽花學運占領立法院的預演。參與者從近代世界各國的「公民不服從運動」中汲取精神資源，如美國梭羅的「公民不服從」概念、印度的聖雄甘地和美國的金恩博士的和平非暴力不合作運動，他們與歷代反抗者站在一起，並不孤立。

其次，這場運動勇敢地提出「明天拆政府」的訴求，參與者並不因為始作俑者是苗栗的地方官員劉政鴻，就將其限定在反抗地方政府的層級上，而是一定要揪出支持地方政府的中央政府的黑手。運動中呈現出「毫不忌諱反政府」的立場，讓馬英九政府驚慌失措，民心盡失，也預告了二次政黨輪替的到來。

第三，運動的參與者不僅捍衛土地權和住宅權，更捍衛普世人權。民眾在政府面前固然是弱勢群體，但民眾若有足夠的決心和勇氣，便能凝聚成如捷克反對派領袖哈維爾所說的「無權力者的權力」，用非暴力抗爭的方式戰勝政府的暴力機器。這場運動雖然沒有真的拆掉馬政府，卻喚起了青年一代的公共關懷和公共參與決心。

以「萬人自首」對抗馬政府的「冷暴力」

家是一個什麼樣的地方呢？在英國《大憲章》傳統中，家是一處「風能進，雨能進，國王不能進」的地方，它象徵著私有產權神聖不可侵犯。在任何一個法治國家，首先必須保障財產權，才能保障基本人權。

大埔案的當事人曠日持久地被捲入一場希望渺茫的抗爭，長期緊繃的神經總有一天會斷裂。二〇一三年九月十八日，不堪困擾的張藥房主人張森文離家出走，次日被發現死在住家附近的排水溝。張森文留下的一句遺言是：「我能怎麼辦，我命一條而已。」

其實，張森文的處境比中國那些被強迫拆遷者好得多——中國失去土地和家園的民眾，在現有法律框架內根本找不到維權的支點，更不可能上街遊行抗議，甚至連基本的人身安全都得不到保障。中共政權利用黑社會的力量完成整個拆遷過程，二〇一七年冬季北京驅趕數百萬居住在城市邊緣地帶的「低端人口」毫不手軟，失去住所的民眾淒淒惶惶如難民。有一些拆遷戶流亡美國，在美國繼續其漫漫維權路——在習近平訪問美國時，就有拆遷戶奮不顧身地衝到習近平的座車下面，以死抗爭，最後演變成中美兩國敏感的外交事件。不過，包括住宅在內的私有財產有嚴格的法律保障的美國人，看到新聞報導該事件時，完全無法理解這樣的事情怎麼可能發生？——中國跟歐威爾筆下的「動物農莊」有什麼差別呢？

當然，並不能因為中共政權「更壞」，就對馬政府的「次壞」無動於衷。在極權主義的中國，拆遷戶面對的是赤裸裸的國家暴力機器；在民主自由的臺灣，拆遷戶面對的是學者徐斯儉所形容的「國家冷暴力」：「我們國家號稱民主政權，政府動輒高舉依法行政，但是藏在這種民主和法治背後的，卻是更可怕的『冷暴力』。之所以更可怕，因為往往比威權政體赤裸裸的暴力還更難察覺，更具欺騙性，甚至看起來更有正當性。這種國家的『冷暴力』往往打著所謂『發展』、『公共利益』和『法治』的幌子，但實際上使用人民通過民主選舉賦予他們的權力，勾結尋求暴利的開發商，透過法律和政策的諸多細節，用看不見的『冷暴力』遂行了對人民財產的活生生掠奪。」

「八一八拆政府」行動發生後，馬英九政府態度強硬，內政部長李鴻源更是揚言要「法辦」有關人士。樂團人街頭陣線發言人林羿含在臺南的家有警察光顧，警告她已被「列管」；臺北市民陳敬學也接到地檢署書記官電話通知，要他到法警室報到。不過，在民主化卅年的臺灣，馬政府要想重新上演白色恐怖的劇碼，畢竟心有餘而力不足；民眾更不會被這些小動作嚇倒，社運人士在網上發起「萬人自首」行動，徵集參與者的簽名。馬政府看到了民間蘊藏的巨大力量，不得不有所收斂。

司法機關也不完全惟馬政府「馬首是瞻」。二〇一四年一月三日，臺中高等行政法院一審宣判，判決

· 大埔事件在近年來臺灣公民運動中占有重要的地位

張森文、朱樹、黃福記及柯成福四拆遷戶勝訴。廿八日，內政部決定不上訴。

然而，悲劇已經發生，逝去的生命再也追不回來。遲到的正義，已然是殘缺不全的正義。作為不正義一方的苗栗縣長劉政鴻，依然富甲一方，顧盼自雄。這又是一場沒有加害者被懲罰的悲劇。

城市有歷史，公民有記憶

民進黨執政之後，大埔事件峰迴路轉。蔡英文政府的首任行政院長林全，在其卸任前一天，沒有忘記解決張藥房的重建問題：當初他承諾的苗栗大埔張藥房「原地重建」，經內政部都市計畫委員會（簡稱都委會）審議通過，張藥房原址用地，由道路用地變更為建築用地。張藥房老闆張森文的遺孀彭秀春說，很感謝林全院長的積極協助。

此前，內政部城鄉發展分署已經將計畫書圖送達苗栗縣府。苗栗縣府召開縣都委會審議通過，將計畫書圖報內政部都委會。縣府表示，待縣府地政處完成後續土地返還作業，彭秀春可依法申請重建，張藥房原址面積為廿三平方公尺（約六點九坪）。

縣府指出，內政部都委會對於張藥房重建後的路口交通安全，也十分審慎。要求張藥房原址旁仁愛路限速卅公里，未來仁愛路西行禁止右轉公義路，公義路南向禁止左轉仁愛路；若有須改進，也請交通道管機關依流程自行辦理相關交通管理措施。

在二〇一八年元旦前幾天，大埔受害者張藥房等戶都已拿到土地權狀。他們可以蓋回來了，尤其張太太家全毀，更是新生的開始。大埔強拆從二〇一〇年拆稻子到二〇一三年拆屋，到二〇一七年底終於正義之權狀發出，還回土地，這是多麼漫長的路。假如把二〇〇一年縣政府開始醞釀竹南基地，漸漸構成對居民的強拆陰影也算進去，時間就更長了。

評論人倪國榮指出：小英實踐了她的諾言，之前她允諾，她做她能做的，現在她做到了。臺灣從沒有地目用途能更改回來，還人土地，能夠成功落實的事，現在活生生就在眼前，真是奇蹟。「大埔事件發展到權狀發出，陰雲破開，我們不吝給予掌聲，因為這是臺灣人權里程碑，是以痛苦轉化出來的民主的榮光，至於大埔事件始作俑者的追究，就是轉型正義該做的下一回合分解了。」

這是一個並不十分圓滿，卻總算是「亡羊補牢」的句號。未來，張藥房將在原址完成重建。那時，人們雖然不能再來欣賞畫在牆上的巨幅「四大惡人」的漫畫，但是張藥房主人表示，在新建成的張藥房的一角，將展出相關的紀念文物。歷史不應當忘記大埔事件中的每一個抗爭者。

城市自有其歷史脈絡，公民也自有其記憶的權利——張藥房不僅僅是一個服務社區的小小藥房，從某種意義上說，張藥房本身就是一處臺灣民主運動的聖地。◆

大埔張藥房

地址：苗栗縣竹南大埔公義路與仁愛路之間

大臺中
二二八紀念碑
縣長廖永來題

失蹤的春天的日曆

國光公園二二八紀念碑

槍聲在黃昏的鳥群中消失
失蹤的父親的鞋子
失蹤的母親的鞋子
在每一碗清晨的粥裡走回來的腳步聲
在每一盆傍晚的洗臉水裡走回來的腳步聲
失蹤的母親的黑髮
失蹤的女兒的黑髮
在異族的統治下反抗異族
在祖國的懷抱裡被祖國強暴
芒草。薊花。曠野。吶喊。
失蹤的秋天的日曆
失蹤的春天的日曆

詩人陳黎的這首《二月》，是我很喜歡的一首關於二二八屠殺的詩歌。溫馨而平靜的日常生活突然被血腥恐怖的屠殺打破，失蹤的不僅是鞋子和黑髮，甚至還有日曆。「在祖國的懷抱裡被祖國強暴」，這是兩岸民眾都曾經經歷過的慘劇——如果將「二月」改為「六月」，它又變成一首關於六四屠殺的詩歌。

二二八屠殺發生在臺灣，六四屠殺發生在北京；二二八屠殺的兇手是國民黨，六四屠殺的兇手是共產黨。國民黨和共產黨是孿生兄弟，都是列寧式的獨裁政黨。國民黨只學到列寧主義的皮毛，「獨裁無膽，民主無量」，才被學到列寧主義的精髓、「青出於藍而勝於藍」的共產黨打得抱頭鼠竄，逃亡到孤島臺灣，又將一腔怨氣發洩在無辜的臺灣人身上。國民黨殺不了占據整個中國的共產黨「匪諜」，就把臺灣人當作「匪諜」來對待，殺人如草不聞聲。兩岸民眾都太不幸了，此岸遭遇國民黨，彼岸遭遇共產黨。

有一年，有一些中國流亡人士在美國首都華盛頓的中國使館外面舉行紀念六四屠殺的活動。我應邀出席並發言。當我剛講到，我們要紀念六四屠殺，也要紀念二二八屠殺以及新疆屠殺、西藏屠殺，因為所有的屠殺都是出於同樣的邪惡，下面有人發聲打斷，譴責我「分裂祖國」。我知道，某些經歷過六四屠殺的所謂民運人士，是鐵桿的國民黨粉絲和蔣介石粉絲以及大一統粉絲。他們一面譴責共產黨的屠殺，同時卻讚美國民黨的屠殺。這不是精神錯亂又是什麼呢？我憤而反駁說：「你們不讓人說話的作法，跟共產黨使館裡面的那些人有什麼區別呢？」我寧願成為這群人的敵人，也要紀念二二八和白色恐怖的受難者，也要跟捍衛住民自決權的臺灣朋友站在一起。即便未來中國民主化了，臺灣人照樣不願意跟你們統一，你們怎麼就不能明白這個最簡單的真理呢？

這幾年，我到臺灣中部地區訪問諸多民主景點，早已淡出政壇的廖永來常常幫我奔波聯絡，甚至親自陪同我參訪。我們成了無話不談的朋友，也成了親愛的主內弟兄。我從來沒有將他當作政治人物看待，他在本質上是一位文人和詩人，政治或許只是他曾經的「兼職」而已。不過，廖永來在地方首長任內，確實做出了不少政績，比如高美濕地，比如這座位於國光公園的二二八紀念碑。

當昔日臺中市和臺中縣分治的時候，這座紀念碑就是臺中縣的二二八紀念碑。在二二八事件當中，臺中縣受害者及受難者共有四十九位。為紀念他們，臺中縣政府於二〇〇一年在國光公園興建了「臺中縣二二八紀念碑」。這是遍布臺灣各地的幾十座二二八紀念碑中較晚落成的，卻是我見過的最具設計感、最用心的一座紀念碑。

「蓮花座」與「折紙鶴」

此前，謙卑的廖永來並沒有主動向我推薦在他任內建好的「臺中縣二二八紀念碑」，直到我主動向他詢問時，他才欣然帶我前去。

紀念碑比我想像的宏大得多，不是單一的一座碑體，而有一大一小兩座，處於公園遙遙相對的兩邊。紀念碑本體以象徵「慈悲與博愛」的不銹鋼「蓮花座」來襯托紀念講臺，與象徵「和平」的不銹鋼「折紙鶴」遙遙相對於群眾廣場之一段，以象徵臺灣鄉土愛的番薯藤造型來塑成避雷針。

「蓮花座」與「折紙鶴」之間為一個可容納兩千人的綠地斜坡大廣場，紀念講臺以「追思壇」形成一個可供戶外音樂演奏的圓形音樂臺。「蓮花座」、「追思壇」、「群眾廣場」所形成的空間，宛如一座希臘戶外廣場，「蓮花座」的不銹鋼板儼然是一面音響反射板，可將音樂臺上的音樂，傳達到廣場上的每一個角落，夜間的投光照明，以間接反射的方式打亮蓮花座，有如一朵出淤泥而不染的蓮花，藉以紀念二二八事件的英靈。

我們來到「蓮花座」下，廖永來介紹說，紀念碑的主體高廿二點八米，該數字與二二八事件發生日契合。碑身的造型酷似一瓣盛開的蓮花，象徵受難者品格高潔，純潔無瑕。蓮花在東方文化中是君子的隱喻，宋代學者周敦頤在《愛蓮說》中寫道：「予獨愛蓮之出淤泥而不染，濯清漣而不妖，中通外直，不蔓不枝，香遠益清，亭亭靜植，可遠觀而不可褻玩焉。」在二二八事件中受難的先烈，不正是如此嗎？

而精巧靈動的「折紙鶴」紀念碑，則給參觀者帶來憂傷而期盼的感受。紙鶴象徵和平，始於廣島原爆受害者佐佐木禎子。原子彈爆炸時，年僅兩歲的佐佐木禎子和哥哥、母親及祖母正在距離原爆點只有一點六公里的家中。上六年級時，佐佐木禎子被診斷患了白血病，她相信日本的一個民間傳說「折千隻紙鶴就能實現願望」，就用人們送來的藥品和禮品的包裝紙折紙鶴。可惜，一九五五年十月廿五日，在折了六百四十四隻紙鶴後，十二歲的佐佐木禎子還是去世了。她的同學們替她完成了剩下的紙鶴。在禎子的同學們的呼籲下，一九五八年，廣島和平紀念公園建成一座兒童紀念碑——「向世界分享悲哀和對和平的希望」。後來，美國西雅圖和平公園也有類似的銅像。臺中的這座紀念碑的設計靈感，顯然也是受其啟發。

廖永來特別告訴我，黑色大理石製作的、鐫刻著紀念碑文的碑石，也與其他二二八紀念碑很不相同。除了受難者名單之外，以碑文本身而論，其他所有的碑文都是平實的敘事體，唯有此碑文為抒情的詩歌體。或許，因為廖永來本人也是一位優秀的詩人，他才放膽邀請文學教授楊翠女士以詩歌的形式來撰寫這段碑文。楊翠的祖父楊逵是臺灣現代文學的先驅，也是積極的社會活動家，在臺中地區二二八事件中，亦在前線奔走呼號，後來因此坐了十年黑牢。由楊翠來執筆紀念碑文，可謂珠聯璧合。「二二八紀念碑文」全文如下：

這是一方冰涼的石碑
森寒的歷史影像竄動其間
一九四七年
血腥風暴　漫天席捲
島嶼記憶凍結在史上最寒冷的春天
歷史曾經受傷
二二八事件鏤刻臺灣傷痛
糾結著猜疑與仇恨　鮮血與淚水
生離與死別

這是承載臺灣之痛的石碑
因為哭泣　嬰兒得以成長
因為痛苦　生命得以延續
因為二二八　臺灣得以學習
悲憫與寬恕
這是召喚臺灣之愛的石碑
因為傷痛　島嶼失憶
因為回憶　傷口開花
這是一方長出綠芽的石碑
凝看這方石碑
撫觸歷史傷痛
請你
擎起向陽的雙臂
打開柔軟的心地
讓記憶的溫度關注其間
讓二二八英靈停止歎息
這是一方溫暖的石碑
受苦的靈魂　將永存公義的天空

・溫馨而平靜的日常生活突然被血腥恐怖的屠殺打破，失蹤的不僅是鞋子和黑髮，還有日曆

美，或者不美；敬畏，或者敷衍

臺中地區市縣合併之後，在大臺中，除了這座二二八紀念碑，還有位於靜宜大學文學院內的二二八紀念碑、位於東峰公園的二二八紀念碑（今名臺中市二二八紀念碑）。據不完全統計，臺灣各地有廿多處二二八紀念碑。

遺憾的是，二二八紀念碑數量頗多，佳作卻不多，甚至有若干座淪為不為人知、人跡罕至的荒蕪之地。學者陳香君在《紀念之外：二二八事件・創傷與性別差異的美學》一書中評論說：「不想提、不想再記得或事實上想遺忘的強烈慾望，或許可以說明為什麼二二八紀念碑、紀念館演變成荒蕪的聖壇，以及影響了戰後至今臺灣社會受難者和其他人的普遍社會、文化和心理狀況的創傷效應仍持續延續，皆未得到一貫的認真檢視。」紀念，不是形式主義地「完成作業、交卷了事」。

如果將東峰公園的二二八紀念碑與國光公園的二二八紀念碑做一對比，就能看得一清二楚。前者碑體為石質，黯淡且粗陋；碑座卻用閃亮的不銹鋼打造，上下兩部分一點也不協調。就美學層面而論，該紀念碑絲毫不具美感。後者從大處看宏偉雄厚，從小處看精美內斂，與整座公園的風景融為一體，堪稱一件兼具美感、歷史感以及綠色生態與鄉土環保理念的傑作。成功大學建築系林憲德教授指出，以生態環保設計而論，該紀念公園具有三大特色：首先，基地全面透水設計，基地全部地表為透水性鋪面設計，安置有十七處滲透井，可補注地下水，以達到「基地保水」、「水土涵養」的功能；其次，生物多樣性設計，公園內廣植楓香、樟樹、欒樹、杜英等原生喬木，亦讓鳥類昆蟲得以繁衍其間；第三，大量使用生態建材，儘量減少使用混凝土。

那麼，在同一座城市中，興建時間相距僅幾年的兩座紀念碑（紀念公園），為什麼竟有著天壤之別呢？

我想，最關鍵的是主事者和設計者在美學素養和藝術水準方面的巨大差異。

我在美國參觀過若干歷史紀念碑，如二戰紀念碑、韓戰紀念碑、越戰紀念碑及諾曼地登陸紀念碑等，大都為簡潔、深沉、凝重、質樸的不朽之作。紀念碑或紀念物，必然有其象徵性，但又不宜凝聚過多象徵意涵，如國光公園二二八紀念碑具有「蓮花座」與「折紙鶴」兩個象徵意涵，畫龍點睛，恰到好處，讓參觀者一目了然；反之，臺北市的二二八紀念公園內的二二八紀念碑，集中十多種象徵意涵，一般人無從辨別和領會，這是公共紀念裝置最大的失敗之處。

當然，美國也有失敗的公共紀念裝置。位於華盛頓黃金地帶與傑佛遜紀念堂、華盛頓紀念碑、林肯紀念堂僅有一箭之遙的馬丁・路德・金恩石像，這雕像具有強烈的蘇聯現實主義風格，我一看還以為到了莫斯科。果然，其作者為來自共產黨中國、擅長雕刻毛澤東像的雕塑家雷宜鋅。

雷宜鋅是崇拜毛澤東的知青一代，其精神結構與習近平如出一轍。當美國輿論出現質疑聲音時，雷氏居高臨下地回應說：「在我心目中，馬丁・路德・金恩是一個很了不起的人。他和毛澤東有很多接近的地方。毛澤東很支持馬丁・路德・金恩，我們中國人從小就讀馬丁・路德・金恩的《我有一個夢》。中國為了支持馬丁・路德・金恩還舉行了浩大的聲援儀式，北京街頭還有遊行。毛澤東寫了兩篇文章支持馬丁・路德・金恩。」

雷氏說出的或許正是歐巴馬這樣的左膠的心聲，雷氏成功拿到這個重要設計案，跟西方左派猖獗、對華採取綏靖政策的文化氛圍分不開。西方左膠一邊猛烈批判希特勒，一邊熱情擁抱毛澤東，這是何等荒誕的「政治正確」。

還有一個重要原因：美或者不美的背後，也有主事者和設計者心態的差別——若是敷衍塞責，草草回應民意，作品不可能具有美感，也經不起歷史的考驗；若是對二二八受難者及其家屬懷有敬意，對歷史與公義具有強烈的責任感，作品自然具有相當的美感，不僅能得到民眾認可，也能長久屹立在大地上。

．左上圖：「臺中縣二二八紀念碑」的造型酷似一瓣盛開的蓮花，象徵受難者的品格高潔

．左下圖：余杰與已淡出政壇的廖永來合照

．右下圖：象徵慈悲與博愛的紀念碑處於國光公園遙遙相對的兩邊

廖永來告訴我，當年興建紀念碑和紀念公園困難重重，最後完成的設計是要彰顯此種理念：二二八事件是血和淚的痛苦記憶，以寬諒、慈悲、關懷的心來紀念，但不能忘記這教訓帶給族群與同胞之間的傷痛，未來民主化的過程還需要更多的包容，才能讓社會更和諧、更進步。

欲滅其國，必先滅其大腦

我站在紀念碑前默默祈禱，想起不久前友人送來的一本書，這是友人的母親高陳雙適的口述史《靜待黎明》。

高陳雙適女士的父親陳炘，是臺灣近代金融業的先驅，也是大臺中地區最著名的二二八受害者之一。戰後初期，與陳澄波等臺籍菁英一樣，陳炘對祖國抱有美好幻想，希望在未來臺灣的建設中貢獻力量。在二二八事件中，他並未參與反政府活動，卻無辜被捕，從此生不見人，死不見屍。

高陳雙適如此描述父親被捕的場景：「當警察粗暴地衝進家門之際，父親穿戴整齊，迎面向會議桌走來，他是那麼鎮定與沉穩，以至於我們完全沒有意識到毀滅居然就在眼前！父親慢慢靠近我們，逐一注視每個小孩，我哪裡知道這竟是父親今生最後的凝視！在一左一右兩個警察催促下，父親緩步走到樓梯口，臨下樓前，父親突然回過頭，看幾秒鐘站在我們旁邊的母親後，對著大家說：『要聽媽媽的話。』然後轉身和那幾個警察朝一樓走去。」

毫無疑問，跟許多二二八中「被消逝」的臺灣本土菁英一樣，陳炘死於國民黨政權的蓄意謀殺。放任士兵在街頭槍殺抗議者是一回事，指派特務和官兵按照名單上門搜捕並殺害臺籍菁英又是一回事；前者勉強可以用被共產黨打敗的國民黨風聲鶴唳、以為處處都是敵人的心態來解釋，後者就只能說明蔣介石等國民黨高層早已制訂了詳盡的屠殺計畫——必須砍掉臺灣人的大腦，才能對臺灣實施有效的統治。這就跟蘇俄與納粹德國聯手瓜分波蘭之後，製造「卡廷慘案」一模一樣。史達林認為，唯有殺掉波蘭的菁英階層，才能讓波蘭永遠站不起來，並臣服於蘇聯的奴役之下。

一九四〇年三月五日，在蘇聯共產黨中央委員會政治局做出秘密決定的基礎上，蘇聯士兵將早已關押在三個戰俘營的兩萬兩千名波蘭戰俘殺害。那些行刑人員站在戰俘身後，用手槍對著他們的後腦開槍。這些戰俘絕大多數都是波蘭菁英分子：波蘭軍隊中的軍官和警官、波蘭國家政要以及知識分子，其中包括教授、醫生、律師等。次年，納粹德國對蘇聯宣戰，迅速占領了此前蘇聯控制的波蘭地區，發掘出被害人的遺體。但蘇聯官方拒不承認，堅稱大屠殺是納粹德國的作品，與蘇聯無關。二戰之後，蘇聯在波蘭扶植了一個傀儡政權。在這一時期，凡是要求澄清卡廷事件真相的人，不僅會被視為與蘇聯為敵，同時也被視為與波蘭人民共和國為敵。為此，戰後的波蘭就一直籠罩在卡廷事件的謊言之下。

一九八九年至一九九一年，蘇聯東歐共產黨集團漸次崩潰。波蘭經歷了民主化過程，揭露卡廷事件真相的呼聲越來越高。俄羅斯被迫解密了卡廷事件的大部分秘密檔案，其中包括一九四〇年三月五日蘇共政治局會議紀要中做出的《關於槍殺波蘭戰俘命令的決定》，那上面有史達林的親筆簽名。

二〇一〇年四月十日，波蘭共和國前總統列赫・卡臣斯基（Lech Aleksander Kaczy ski）乘專機飛赴俄羅斯參加紀念卡廷慘案的活動，不料飛機不幸墜毀，卡臣斯基與同機的九十五人全部罹難。前一天，卡臣斯基已經準備好了他的講稿，講稿是這樣開頭的：「七十年過去了。他們被打死——事前他們雙手被捆綁——子彈從腦後射進，為的是少流血。後來——他們帶鷹的制服與扣子與他們一起——被埋在深坑裡。……」他也嚴厲譴責了蘇聯和波蘭共產黨政權長期對真相的壟斷與歪曲：「卡廷謊言是試圖歪曲歷史的非常重要的一部分，歷史學家稱之為波蘭人民共和國的漫天大謊。受害者家屬公開表示悼念的權利被剝奪，受難者家屬為緬懷自己的親人哭泣的權利被剝奪。一個強大的極權帝國站在謊言一邊，波蘭共產主義當局的國家機器站在謊言一邊，為卡廷慘案說真話的人們付出了非常高昂的代價。」不過，這篇沒有演講的講稿以樂觀和充滿希望的筆調結束：「卡廷悲劇以及與卡廷謊言的鬥爭，對下一代波蘭人來說，是一個非常重要的經歷，因為這是我們歷史的一部分，是我們記憶和民族精神的一部分。同時也是整個歐洲歷史和世界歷史的一部分。這一歷史教訓涉及每一個人，也涉及每個國家，涉及人類文明的過去和將來。卡廷慘案將會讓人們永遠銘記，人民和國家都有可能受到被奴役、被毀滅的威脅，永遠銘記謊言有很強的欺騙性。卡廷慘案同時也將會證明，人民和國家終會——甚至在最困難的時刻——選擇自由和捍衛真理。」

卡臣斯基墜機事件，真相撲朔迷離，有人懷疑是俄羅斯獨裁者普丁命令特工策劃的陰謀。無論如何，卡臣斯基一行成為卡廷事件最新的殉難者，他們為追究真相付出了生命的代價。臺灣人會像波蘭人那樣，不依不饒地追尋歷史的真相嗎？

有人忘卻，有人記憶。幸運的是，臺灣畢竟還有陳炘、高陳雙適以及楊逵、楊翠這樣不屈不撓的家族。高陳雙適從父親陳炘那裡承續了基督信仰，《聖經・詩篇》廿三篇中的經文帶給她無盡的安慰：「我雖然行過死蔭的幽谷，也不怕遭害，因為你與我同在；你的杖，你的竿，都安慰我。在我敵人面前，你為我擺設筵席；你用油膏了我的頭，使我的福杯滿溢。」在長達半個多世紀的信仰生活中，她靠著讀經、禱告和教會生活，一次比一次更明白主的真理之路，也更清楚上帝對父親生命安排的奧妙，在百歲高齡的時候，高陳雙適如此寫道：「二二八的錯誤已經發生，我試著去接受人的不完美，我回到信仰與愛裡勇敢面對不合理，更期盼父親的受難與犧牲能為大家帶來省思，記取教訓。」在這個意義上，苦難是化了妝的祝福，上帝沒有把失蹤的父親還給女兒，甚至也沒有把父親失蹤的鞋子尋回來；但是，上帝賜予苦難中的人們以信心，讓他們「住在耶和華的殿中，直到永遠」。◆

· 精巧靈動的「折紙鶴」紀念碑，給參觀者帶來憂傷而期盼的感受

國光公園二二八紀念碑

地址：臺中市大里區永隆路與興大南路交叉口
參觀時間：全年開放

人如何管理天上的飛鳥和海中的魚兒？

高美濕地（高美野生動物保護區）

臺中市公布了大甲溪流域十大景點票選，高美濕地保護區名列第一。高美濕地不僅在臺灣家喻戶曉，也被國際旅遊網站譽為「一生至少必遊一次的絕景」，尤其是清晨與夕陽西下、潮水上漲時，水面宛如一面明鏡，映照著色彩斑斕的天空，再加上各類海鳥翩翩飛舞，形成海天一色、如夢如幻的畫面。

據媒體報導，日本某沐浴乳廠牌看中了高美濕地的美麗景色，特別邀請日本知名演員竹內結子前來現場拍攝廣告，透過純淨水面及豐富野生動物呈現大自然的天然樣貌，呼應產品貼近自然的特色。在該產品發表會上，竹內結子高度稱讚高美濕地景色夢幻，更在介紹影片中特別將這次商品廣告夢幻拍攝地點「臺中高美濕地」呈現給日本民眾。日本國內有很多美不勝收的海濱，若非高美濕地有其獨特之處，他們又何需千里迢迢前來跨國拍攝？

高美地區位於臺中清水區最西北的區域，緊鄰大甲溪與臺灣海峽，其範圍包括今日的高美、高東、高西、高南及高北等五里。最初，這裡大部份是大甲溪的河床地，後來漢人進入屯墾，逐漸繁榮起來。依據清朝道光十二年（一八三二年）《彰化縣誌》記載，高美原稱「高密」，因為這一地區的海灘深度能將撐船的竹竿整支吞沒下去，在臺語發音上，「高」與竹竿的「竿」發音相同，「密」則有淹沒的意思，故稱「高密」。而「高美」一名是日治時期所改的稱呼，或許是日本人認為「美」比「密」更好聽吧？或許因為中國山東有高密的地名而要避免與之同名。

我到過臺中很多次，周邊的景點古蹟基本上都去過了，偏偏沒有機會去高美濕地。高美濕地對我而言，如同一名「但聞其名、不見其人」的深閨美人。因此，一直對高美濕地懷著濃濃的念想。

潮水湧來時，在高美濕地呼喚劉曉波

二〇一七年七月十三日，我的良師益友、諾貝爾和平獎得主劉曉波被中共政權虐待致死。「出師未捷身先死，長使英雄淚滿襟」，噩耗傳來，我痛不欲生，如同自己的肢體殘缺了一部分。

二〇一二年一月十一日，我離開中國之後，常常在夢中與精神上的兄長劉曉波相聚。我們宛如昨日一般，圍著一口熱氣騰騰的四川火鍋，大塊吃肉，不喝酒而喝可樂──可樂是曉波最愛的飲料，他一個人可以喝完一大罐。我跟劉曉波說話都有些口吃，我們的妻子在旁邊嘲笑我們。那樣的場景，在當時何其平常，如今卻如此寶貴。我無法相信，從此以後再也見不到曉波了。從夢中醒來，淚水早已打濕了一片枕頭。

做賊心虛的中共當局，當時繼續軟禁劉曉波的妻子劉霞，誘使劉曉波無情無義的哥哥劉曉光簽字同意將其遺體火化並立即「海葬」。中共當局害怕，無論劉曉波安葬在中國的哪個地方，劉曉波的墓地會變成自由人聚集的「聖地」。所以，中共當局一定要將劉曉波挫骨揚灰，讓其「死無葬身之地」。

然而，中共的陰謀詭計不會得逞。作為基督徒，我相信《聖經・啟示錄》中的話：「於是海交出其中的死人，死亡和陰間也交出其中的死人，他們都照各人所行的受審判。」《聖經》又說：「因為我們眾人必要在基督臺前顯露出來，叫各人按著本身所行的，或善或惡受報。」此刻與大海同在的劉曉波，在未來的某一天，必將破浪而出，按照他所做的事情，就是在「最小的弟兄」身上踐行的愛的真理，而得到上帝從天而來的恩惠與獎賞。

如今，在與中國一海相隔的臺灣，在民主自由的臺灣，我能用什麼方法來紀念曉波？我該選擇哪個美麗的海濱紀念曉波？

老友廖永來從臺中打來電話，邀我去高美濕地一遊。他說，在那裡可以眺望中國，也可以追思曉波。

於是，我們從繁華的臺中市區驅車出發，一個多小時即抵達空曠的高美地區。一邊是青翠的稻田，一邊是遼闊的海岸，一路上有看不完的風景。

停好車，經過一排面朝大海的店鋪，即可發現一條向濕地中央延伸的木頭棧道。此時，潮水還未漲起來，濕地如淺淺的沼澤，在深色的淤泥和沙堆中，可以看到各類忙忙碌碌的螃蟹。

步行十多分鐘，我們走到棧道盡頭，然後脫去鞋襪，光腳下到濕地之中，淺淺的海水僅僅掩埋了腳踝。

朋友早就準備好竹竿和書法家寫好的「悼中國民主烈士劉曉波」大字的白色布條。我們將竹竿豎起來，白色布條迎風招展。我用手在額頭搭起涼棚，眺望海峽對岸若隱若現的中國大地。那是一個匪徒肆虐的國度，警察是黑社會，軍隊是劊子手，而我親愛的朋友劉曉波托體於大海，終於自由了。

為什麼同樣是一片海岸，在這邊的海岸上，我可以自由地悼念殉道者，哭泣與呼喊；在那邊的海岸上，海祭曉波的朋友們，僅僅是撒下一束鮮花，就一個接一個地遭到警察的抓捕？據維權網二〇一八年一月一日報導，因「海祭劉曉波案」遭廣東警方抓捕的詹惠東（網名：校長），其家人於當天收到刑事拘留通知書。詹惠東的罪名為涉嫌「聚眾擾亂公共秩序」，目前被關押在廣東江門新會看守所內。企業家詹惠東因參與悼念諾貝爾和平獎獲獎者劉曉波的海祭活動，已數月遭警方追逃。此前，湖北獨立作家黎學文亦遭當局羈押，他在火車站被中共的臉部識別系統辨認出來。黎學文在兩個月前已經寫好聲明書：「第一，作為一個少年時代便開始讀曉波先生著作的人，我深受其思想和精神的影響，我自願悼念曉波先生，既出於對精神導師的尊敬與緬懷，也是對當局迫害曉波先生的抗議。無論當局對我如何打壓，我無悔於我的參與，我堅信我無罪。第二、我不會寫悔過書，也不願接受任何對我的非法、非人道的迫害。我身心健康，如萬一在押期間發生與此有關的損傷，均乃酷刑和迫害所為。」廣東當局已針對「海祭劉曉波案」抓捕、刑拘了十二名民主人士。

· 上圖：不同的制度，不同的國家，連海水的溫度也不同；余杰與臺灣友人在高美溼地眺望中國，追思劉曉波（照片由余杰提供）

· 下圖：各類海鳥翩翩飛舞、沼澤地上忙忙碌碌的螃蟹不同的制度，不同的國家，連海水的溫度也不同。

周圍的遊人看到白色布條，走過來跟我們說話。好幾位萍水相逢的臺灣遊客都表示，他們知曉劉曉波的悲慘遭遇，由此更看清了中國的真面目，臺灣豈能被這樣一個殺人不眨眼的「黑暗帝國」所「統一」？

夕陽西下，海浪翻湧。潮水上漲，逐漸到了小腿，到了膝蓋。海巡人員招呼遊客上棧橋。一轉眼功夫，剛才還是無邊無際、螃蟹橫行的濕地，現在全被潮水淹沒，成了大海的一部分。這個動態變化的過程，真是高美濕地的奇異之處。

太陽一點點逼進海平線，飛得最高的海鳥，彷彿飛入金燦燦的陽光之中。古人說，「夕陽無限好，只是近黃昏」，那太過悲觀了；我卻要說，黃昏之後一定是黎明，在未來那個最明亮、最澄淨的黎明，我必將與曉波重逢。有高美濕地為證，有潮水為證，有飛鳥為證，有海魚為證，我一生都將為著那個黎明早日降臨而努力。

非民主決策的「十大建設」帶來的環境災難

根據一九七一年國際通過的拉姆薩公約（Ramsar Convention）中關於「濕地」的定義，濕地是指「不論天然或人為、永久或暫時、淡水或鹹水，由泥沼、泥澤、泥煤地或水域所構成之地區。包括低潮時水深六公尺以內之海域」。此一定義包括甚廣，至少有「內陸濕地」及「沿海濕地」兩大類。就「沿海濕地」而言，包括海岸沼澤、泥質灘地及紅樹林沼澤等不同類型，是隨著海洋潮汐運動而存在的濕地生態體系。高美濕地就是一處典型的沿海濕地。

日據時期的高美，日本人除了設立學校，也開闢高美海水浴場。當時，昭和巴士早已在清水的高美路上來回馳騁，運送前來浴場遊玩的民眾。一九六七年，高美燈塔的建立，增添了一處地標景觀，使高美海水浴場的遊客熱潮達到巔峰。

國民黨政權遷臺後，尤其是蔣經國執政時代，大力推動臺灣的工業化。一九七六年，臺中港正式完工啟用，雖然促進了經濟發展，卻對當地自然生態系統影響甚大，高美海水浴場泥沙日漸淤積，遊客稀少，終告關閉。

臺中港為蔣經國時代的「十大建設」之一，由於臺灣進出口長期仰賴高雄港與基隆港兩港，兩港無法負荷，船舶等待時間增加，政府在淡水、臺中、蘇澳選址後，決定以臺中市梧棲區為新港港址，命名「臺中港」。臺中港建設初期以「兩個十年計畫」為名，希望發展為兼具商、漁、工業等功能的多功能人工港。

包括臺中港在內的「十大建設」模式，來自於蔣經國在蘇俄期間學到的「計畫經濟」。十大建設固然為臺灣經濟的飛騰打下堅實基礎，但其決策和建設的過程毫無民主討論和環境評估的過程。當時任行政院長的蔣經國宣布「十大建設」時，財政部部長李國鼎居然一無所知。「十大建設」完全是蔣經國一人決策的結果，是其上位所需要的「政績工程」。李國鼎盡力配合籌措財源，包括向沙烏地阿拉伯籌款，但事後李私下以「好大喜功」、「浮誇」形容這種「蔣式公共建設」。

一方面，「十大建設」也留下種種後遺症。特別是「蔣式公共建設」所帶來的破壞環境的災難，多年以後才被臺灣社會所體認到。臺灣的民主化過程，也包括環境保護意識的覺醒以及環保團體對政府決策的監督和批評。今天的臺灣，不再有蔣經國式的非民選的政治強人，也不再有憑藉政治強人一拍腦袋就一言九鼎地做出決策的「十大建設」。政府的每一項重大經濟政策，都要經過國會的討論、媒體的爭鳴以及民間社會、壓力團體的檢視，政府不再可以「為所欲為」。

在當初轟轟烈烈的「十大建設」中，還有核能發電廠一項。或許蔣經國不會想到，被當成其文治武功來炫耀的核電廠，讓臺灣這座小島處於嚴峻的生存危機之中。作家宋澤萊的預言式小說《廢墟臺灣》中的情節，並不完全是虛擬的。卅年後，「反核」成為臺灣民間反對運動中一個繞不開的重大主題。

臺中港讓高美海水浴場走入歷史。這片似乎被廢棄和遺忘的海濱，卻成為巨無霸般的商家和企業眼中的肥肉：國際巨頭拜耳計畫在此設廠，海渡發電廠也計畫在高美濕地南側興建。他們承諾將給當地帶來無限商機及就業機會，讓農夫和漁夫一躍成為現代企業中的工人。

上有政商團體的金權交易，下有只看重眼前利益的在地人士的鼓吹，高美濕地會成為一處煙囪雲集的工業區嗎？高美濕地會從此永遠消失嗎？當煙囪高聳、機器轟鳴之際，還有候鳥抵達、魚蟹嬉戲嗎？

只有一個高美濕地，只有一個臺灣，只有一個地球

二〇〇四年九月廿九日，在中央研究院動物研究所、東海大學生物系、臺中縣政府農業局、高美地區民眾及民間保育團體的努力之下，「高美濕地」正式由臺中縣政府公告劃設，所劃設面積約為七百零一點三公頃。「高美濕地」的生態特色由此得到了定位，有了法律的保護。

在地環保人士黃朝洲在臉書上發布的「高美濕地大事紀」記載：決定高美濕地命運的重要會議於一九九八年元月十六日舉行，臺中縣長廖永來親自主持這場「搶救高美濕地，維護保育淨土」座談會。參與單位包括省農林廳、特生中心、中華鳥會、科博館、牛罵頭文化協進會及臺中縣自然生態保育協會等。

會議由東海大學林惠真老師簡報，介紹高美多樣的自然生態。與會清華大學曾晴賢、中山大學邱文彥、中興大學薛攀文及長期駐守高美的保育人士黃朝洲均表示，臺中火力發電廠之外，又要加建海渡電廠，對於該區居住環境、水文及自然生態將造成嚴重衝擊破壞。當時任職台中縣長的廖永來於會中裁

示，甘冒被扣上反商帽子，即刻函請行政院，將高美濕地劃設為野生動物保護區。

環保人士黃朝洲感嘆說：「高美能殘喘至今，廖永來前縣長厥功至偉，與會人士也貢獻了一份力量。廖永來是唯一邀請我參與重要會議的縣長，儘管我對高美生態環境瞭若指掌，他之後的黃仲生、胡志強從未諮詢過我任何高美事，林佳龍上任後至今亦相同。」

我與廖永來的結識，完全是「以文會友」：我在羅文嘉主持的水牛出版社出版了廿年前的處女作《火與冰》的臺灣版，廖永來讀到此書後很欣賞，託他跟我聯繫。我知道廖永來早年參與過民主運動，當選過臺中縣縣長，我更知道他是詩人，還得過吳三連文學獎。果然，我們一見如故，成了無話不談的朋友。在我們交往的幾年裡，廖永來也受洗成為基督徒，我們又成了親愛的主內兄弟。

雖然廖永來已卸下臺中縣縣長的職位多年（臺中行政區劃更改，縣市合併，臺中縣亦不復存在），但很多朋友仍以「廖縣長」相稱，可見他在短暫的任期內政績不錯，深受民眾愛戴。不過，我曾直截了當地對他說：「幸虧您現在是一介布衣，我們才能自由自在的交往。如果您現在還是縣長，恐怕我就只好敬而遠之了。因為以我的個性，不願趨炎附勢，不願跟官員有太深的交往，如此才能保持自己的獨立性。」

此前，廖永來曾陪同我走訪過大臺中地區的好幾處民主地景，他從未建議我將「高美濕地」列入其中，也從未在我面前誇耀過他在拯救高美濕地上的功績。這是他謙沖淡泊的個性。其實，「高美濕地」能夠「虎口脫險」，是他不可忽略的一大政績，也是造福子孫萬代的好事。

直到這次，為了悼念劉曉波的緣故來到高美濕地，廖永來才告訴我，當年為了救下高美濕地，簡直如同打一場硬仗：一九九七年，為了港區、海線居民的身家安全，成功的打贏了「反拜耳（TDI）與建案」一役之後，又繼續「反海渡電廠」。最後，海渡的燃煤發電案自行撤案。連續三年時間，一連串政治力量與媒體的圍剿抹黑，財團與地方派系的威逼利誘，讓廖永來成為「箭靶」。即便千夫所指，他也撐下來了，就為了一個簡單的信念：「人類可以在摩天大樓上種樹，美化天際線的景觀，卻無法在大樹上蓋摩天大樓。」

我們在木頭棧道上漫步，廖永來邊走邊說：「經濟發展太誘人，果實更甜美；反之，環保生態，花草魚鳥，又沒選票、產值、GDP，我們卻能傻傻地拒絕誘惑，義無反顧地堅持這個簡單的信仰與價值。」我們與一個個歡樂的家庭擦肩而過，與他們一起分享天父創造的美好世界。廖永來說，莫名的悸動與自豪，洶湧而來，「還好，我當年擋下來了。」

是啊，這也是劉曉波的精神信念所在。劉曉波說，在中國當一名異見人士，就是要有坐牢是一種「職業」的心態。愚公可以移山，精衛可以填海，小小的螞蟻為何不能擊敗龐然的大象呢？有時，「簡單的堅持」需要付出一生的代價，稍有鬆懈，就會被歷史的潮流衝得七零八落。很多當年在天安門廣場上跟劉曉波併肩作戰的同仁，後來都放棄了初衷，或被招安，或成為逍遙派。

保護自然與保護人權息息相關，都不是輕省的擔子。在這個意義上，廖永來、劉曉波和我都是同路人。或許，將來某一天在高美濕地的堤岸邊，可以安置一張小小的「空椅子」，向這種「簡單的堅持」致敬。

高美濕地的夕陽如黃金般燦爛。廖永來說：「堅持，很簡單；但要用毅力來續航，有點難，甚幸，我們都堅持下來了，才得以看到高美濕地的美麗夕陽。」走在民主深化路上的臺灣和正在追求民主的中國，都需要這種「簡單的堅持」。◆

· 高美濕地的清晨與夕陽西下、潮水上漲時，水面宛如一面明鏡

高美濕地（高美野生動物保護區）

地址：臺中市清水區大甲溪出海口高美濕地
電話：04-2656-5810
預約導覽：市話04-2611-1566、
手機0905-637-555
參觀時間：高美濕地的周邊環境、堤岸無時間限制。木棧道開放時間為上午8:00到下午6:00。建議到訪前先至高美濕地官網查詢海水潮汐時間或木棧道開放時間。

南投縣二二八事件烏牛欄戰役紀念碑

以卵擊石的最後一役

烏牛欄戰役紀念碑

在南投縣埔里鎮愛蘭橋頭，有一座紀念「二七部隊」在一九四七年發起的「烏牛欄戰役」的紀念碑。紀念碑設置的地點是戰鬥發生地愛蘭橋頭，昔日晃晃悠悠的吊橋已改建為平穩公路橋，七十年過去了，除了週邊陸續新建起的密布的房舍，山川景色依舊。

當我們抵達現場時才發現，幾條不同方向的公路，將紀念碑和小花園分割在路的一側，沒有提供給行人通過的斑馬線，若遵守交通規則，永遠無法過去；若是開車過來，附近也沒有設置停車位。我們將車停在很遠的地方，在公路邊上等候許久，看到各方都沒有車輛疾馳而過，這才戰戰兢兢地穿越公路，整個過程相當驚險。

這就是臺灣某些政府部門設置紀念館和紀念碑時常犯的嚴重錯誤。官員們以為只要設立了紀念館和紀念碑，就完成了轉型正義的任務，卻不考慮紀念館和紀念碑的空間是否開放和安全，更不在乎紀念館和紀念碑能否最大限度地被公眾所看到和所認知。很多紀念館建成後，由於後期缺乏基本的管理、維護和運作，不幸淪為人跡罕至的「蚊子館」；很多紀念碑建成後，就如同這座「烏牛欄戰役紀念碑」，被公路所限制，被其他建築所遮蔽，難以讓人近距離地參觀和憑弔。

不過，在臺灣諸多二二八事件紀念碑中，烏牛欄戰役紀念碑讓人眼睛一亮，也不枉我們「冒著生命危險」前來觀看。

我看過很多二二八紀念碑，設計和修建草率而粗陋，讓人感到政府似乎沒有用心。有的又「用力」過度，如臺北二二八紀念公園的那一座，居然附加十多種象徵寓意，簡直可以寫一本小冊子來闡釋，讓普通參觀者不明就裡，一頭霧水。

這座二〇〇四年設置的烏牛欄戰役紀念碑，由雕刻家白滄沂創作，作者也因為這件作品在全國天雕藝術參展比賽中得名。所謂天雕，就是保持原木雕形態及紋理，不動一斧一刀，以其天然、自然的樣貌取勝。創作者取材於天然朽木，用一片殘缺的帶有滄桑感年輪的朽木為底，再製作模子，翻鑄為青銅。

最簡單的設計，往往能得到最佳的視覺效果和藝術衝擊力。該雕塑的寓意是「圓而不圓」，所謂「起煙於寒灰之上，生華於已枯之木」，看似一個大圓輪狀，卻有殘缺腐朽的部分，象徵人的生命被暴力摧殘卻始終「焚而不燬」，亦對應著「二七部隊」部隊長鍾逸人回憶錄的書名《火的刻痕》。就藝術性而言，這座紀念碑遠勝於臺中市新落成的那一座「二七部隊紀念碑」。

「烏牛欄戰役紀念碑」碑座上鐫刻有碑文：

一九四五年八月終戰，臺灣欣喜脫離日本殖民統治，殷盼國府仁政，詎料接收臺政的行政長官陳儀，歧視臺民，不恤民情，剛愎自用，官紀敗壞，加以物價飛漲，民生凋敝，官民關係如鼎沸，大有變起旦夕之勢。至一九四七年二月廿七日，臺北因查緝私煙，打傷女販，誤殺路人，當局處置失當，民變因起，迅即燎原臺島，本縣各地紛起回應。

縣境最激烈之戰役，為三月十六日由臺中青年學生組織之二七部隊與國軍廿一師在埔里烏牛欄（愛蘭）的會戰，學生軍奮勇迎戰，但兩路受敵，彈盡援絕，奮戰竟日終於當晚十一時許埋藏武器後散逸，事稱「烏牛欄之役」，亦是二二八事件最後一役，旋臺灣戒嚴近半世紀，清鄉鎮壓牽連無辜，人權受嚴重箝制。

二二八事件，是臺灣人民追求民主自由歷程之共同記憶，本府結合歷史與藝術，設置「圓而不圓」紀念碑，象徵全民心靈寄望之和平，與互相依存的族群融合。祈這塊土地上之子民，體諒當年環境特殊，引為殷鑒，放眼未來，用愛與寬恕，療撫傷痕，追求公義，尊重人權，守護民主臺灣永遠和平。天佑南投！

南投縣長林宗男　謹志　二〇〇四年四月吉日

鍾逸人：二七部隊的命名者

在簡單的碑文背後，隱藏著許多動人的生命故事。

二七部隊的當事人，存世者屈指可數，鍾逸人是最具傳奇性的一位。我們前去拜訪他時，九十六歲高齡的鍾老先生自己開著一輛手排檔的老舊豐田車出來給我們帶路。我告訴兒子說：「爸爸、媽媽和你的年紀加在一起，都沒有這個爺爺大！」兒子將眼睛睜得大大的，大概他從未見過如此高齡且身手敏捷的老人。

鍾老先生住在獨門獨院的別墅中，一個人打理院子、花園和池塘。他忙來忙去，給我們切了一大盤西瓜，一邊吃西瓜，一邊跟我們聊陳年往事。早年，鍾逸人留學日本，結交左派同學，閱讀日文的左派書籍，包括周佛海的《三民主義的理論體系》，那時「祖國」的書讓他覺得稀罕和寶貴。他最推崇的人物是西鄉隆盛和甘地，在宿舍裡掛著這兩個人的肖像。日本特高課將他抓去關押七天，然後強迫他參加日本陸軍，擔任後勤人員。

戰後，鍾逸人回到臺灣，在嘉義辦報。臺北發生二二八事件，鍾逸人和作家楊逵在臺中倡議召開市民大會，獲民眾熱烈響應，有近千人參加。大會決議進行遊行示威，眾人旋即抵達錦町派出所，在成功解除警方警備武裝之後，扣留所有槍枝彈藥，和平占領警察局。

緊接著，鍾逸人整編了臺中多個民間武裝團體，駐紮於臺中的干城營區。四月三日下午四點，他在大會上宣佈：「茲將『民主保衛隊』取消，成立『二七部隊』。」因為二二八事件發生在前一天的廿七日晚上，為了糾正陳儀顛倒是非的說法，強調紀念血淋淋的「二二七」之夜臺灣同胞被慘殺的日子，將部隊命名為「二七部隊」。二七部隊有黃信卿為首的埔里隊，以何集淮、蔡伯勳為首的中商隊，以呂煥章為首的中師隊，李炳崑為首的建國工藝學校學生隊以及黃金島（本名黃圳島）為首的警備隊，其後並有

· 上圖：鍾逸人贊同民主自由價值，是「二七部隊」的命名者

· 下圖：余杰一家拜訪鍾逸人前輩。余杰告訴兒子光光，爺爺的年紀比我們一家三口加起來都要大呢（照片由余杰提供）

民眾陸續加入。

鍾逸人因為有領導才能，能說會道，且在日本軍隊中有軍事經驗，被眾人推舉為「部隊長」。這支數百人的部隊，軍官大都是昔日的臺籍日本兵。鍾逸人在回憶錄中說：「本部隊的編制、軍紀、口令乃至配備一律按照日本陸軍的制度。在大家都不太會說自己的母語——臺灣話，也不會說北京話的時候，這種規定尤其需要。何況所有隊員，過去都受日本嚴格軍事教育，依照日軍的口令，較能適應。」不過，這支數百人的軍事力量，實際上並不具備多大的戰鬥力，他們的裝備很差，只有日軍留下的廿多支九九式步槍。

即便如此，因為官兵身穿日本陸軍和飛行團軍服，謠傳說有不少在南洋身經百戰的日本軍人加入，使得前來鎮壓的國軍廿一師頗有忌憚，沒有像在其他城市那樣大開殺戒，後來追蹤到南投埔里，亦步步為營，不敢貿然進軍。鍾老先生講到這裡，朗聲大笑，笑聲震動屋宇：「蔣介石說他打敗了日本，其實他是日軍的手下敗將，他心中很害怕日軍！」

鍾老先生特別提及，他在二七部隊成立時，提出大部分參與者的政治訴求：希望國民政府准許臺灣能如愛爾蘭之於英聯邦那種地位。這一點相當重要，以前二七部隊常常被說成是共產黨在臺灣的地下黨所策動、領導的，是相信共產主義理念的人為主體。鍾老先生則指出，雖然他早期受左派思想影響，但後來並不認同共產黨的理念，而贊同民主自由價值。那時，他們並無臺灣獨立的想法，但像愛爾蘭那樣高度自治是一個很好的選項。

我忽然想到在中國被譽為「自由聖女」的林昭的思想淵源——林昭的父親彭國彥在東南大學的畢業論文，就以《愛爾蘭自由邦憲法述評》為題目。彭國彥與鍾逸人的人生並無交集，但他們都是熱愛自由的人，在毛澤東極權統治的中國和在蔣介石威權統治的臺灣，其命運必然是悲劇性的：彭國彥在女兒被捕之後服毒自殺，鍾逸人則入獄十七年。

黃金島：烏牛欄戰役的指揮者

鍾逸人並未隨二七部隊撤退到埔里山區，烏牛欄戰役的指揮者為時任二七部隊警備隊長的黃金島。我有幸採訪到九十二歲高齡的黃金島老先生。黃老先生居住在臺中郊區一間公寓的一樓，與其中一個兒子同住，以便隨時照料。黃老先生講流利的日語和臺語，不會說普通話，由他兒子和同行的友人幫助翻譯。

黃老先生說，他是日本海軍士官學校畢業生，在南洋戰地親歷過戰爭的洗禮，後來駐守日本橫須賀軍港。日本戰敗之後，他回到臺灣，二七部隊成立時，因為有豐富的作戰經驗，被任命為警備隊長，負責訓練一百多名學生兵，並維持市區秩序。

當廿一師進軍臺中時，為了避免造成平民傷亡，二七部隊移師南投埔里，希望依託山區的複雜地形，與國軍正規部隊對抗。然而，實力懸殊，這是一場不可能取得勝利的戰爭，但他堅信，「英雄不在於他比任何人更勇敢，而是他能堅持到最後五分鐘！」

烏牛欄之戰爆發的那天清晨，送到防守線的飯糰已經冰冷，黃老先生在烏牛欄南側附近的農家，找到一位原在海南島認識的軍屬，請他把飯糰搬到屋裡去蒸熱。正在此時，外面響起槍聲，黃老先生立即帶領同行的兩位弟兄往外衝，從此再也沒有機會回到那間屋子，至於那些飯糰，更沒有口福了。

溪北山巒上二七部隊此起彼落的槍聲，造成國民黨軍隊的誤判，以為二七部隊的防守線部署在溪北，先頭部隊於是聚集到溪南，正好集中在黃老先生等人駐守的山巒底下的窪地。位於國軍正上方的黃金島，甚至聽到國軍官兵發出的嘈雜聲音，遂依聲音判斷扔下四顆手榴彈，重創國軍先頭部隊。

國軍試圖往東包抄，遭二七部隊軍火網擊退。因國軍已有不少傷亡，且不瞭解二七部隊實力，更害怕其中有身經百戰的日本兵，不敢輕率猛攻，逐漸往南沿著山壁向東迂走，試圖包圍二七部隊。

・上圖：黃金島在南洋戰地親歷過戰爭的洗禮，是「烏牛欄戰役」的指揮者

・下圖：余杰訪問烏牛欄戰役前輩黃金島，九十二歲高齡的黃老先生會講流利的日語和臺語（照片由余杰提供）

雙方鏖戰一整日，國軍陣亡十一人，受傷九人；二七部隊戰死四人，彈盡援絕。由於援軍遲遲不到，黃老先生擬定突圍求援計畫，有一位士兵在山壁開槍吸引敵軍注意力，他則迅速跑過吊橋。多年以後，黃老先生在回憶錄中描述此九死一生的時刻：「雖然橋面只有一百公尺左右，但感覺特別長，那時我腦中只是不斷叫自己往前衝。衝到橋尾後，心中浮起緊張又興奮的感覺……這種突圍成功的快感，直到半世紀後的今天，仍難以忘懷。」

當黃老先生趕往總部所在的武德殿，才發現主要領導人已不知去向。他只好再返回前線，對堅守陣地的最後一批戰士展開救援行動。十七日凌晨，倖存的二七部隊戰士，在黃老先生的安排下，趁著天黑，化整為零，突出重圍。

在臺灣中南部的武裝鬥爭中，以二七部隊抵抗最久。廿一師在此戰役中投入二千四百八十名官兵，而抗暴軍不到四十名。若以國共內戰動輒數十萬軍隊血腥廝殺的規模而論，此役實在算不上是「戰役」，但它是二二八事件期間唯一形成「兩軍對壘」的戰鬥。

之後，黃老先生被捕入獄，曾被關押在泰源監獄和綠島山莊多處監獄，也曾跟柯旗化成為獄友，並在獄中受洗成為基督徒。出獄後，他投身臺灣民主運動，幾乎每役必與，自稱「民主農夫」。他發現當年傾力支持的施明德、許信良等人蛻化變質，自己依然默默耕耘，從不放棄，用生命實踐了在烏牛欄山上勉勵弟兄們的誓言：「世間最完美的人，便是那些在生命的逆流中含笑以應的強者。」

謝雪紅是二七部隊的最高領導者嗎？

由於謝雪紅、楊克煌等共產黨的介入，二七部隊在中共的歷史敘述中被當作共產黨策動和控制的、臺灣人民「反對國民黨暴政」的「無產階級革命」的一部分。吊詭的是，如果這樣一種歷史定位成立，放

· 上圖：「烏牛欄戰役紀念碑」設置的地點是戰鬥發生地愛蘭橋頭

· 左下圖：二七精神不滅，警備隊反抗精神不滅

· 右下圖：鍾逸人和黃金島曾是併肩作戰的戰友及難友

在國共內戰的框架下來看，國民黨對二七部隊的鎮壓就有其合理性，任何一國政府在法理上都有權動用國家暴力機器鎮壓顛覆政府的武裝反叛。而且國共兩黨的血腥廝殺，雙方都無正義性可言。

在我看來，如果二七部隊真是共產黨武裝，這支武裝一旦擊敗國民黨軍隊，甚至如謝雪紅所願，在此武力基礎上成立「人民政府」，臺灣未來的命運將比國民黨的統治更加黑暗。如一九四七年《觀察》雜誌的主編儲安平所說，在國民黨的統治下，自由是多與少的問題；在共產黨的統治下，自由是有和無的問題。

對於謝雪紅的評價也是如此。有些臺灣獨派人士，因為謝雪紅反對國民黨，將她視為同道，殊不知她是另一種大中華主義者，她從未效忠臺灣，她的祖國是中國。有些女權主義者，則將謝雪紅視為臺灣女性解放的先驅，殊不知在共產專制體制下，女性將面臨更大的壓迫與奴役。近期甚至發生臺灣聖山園區為謝雪紅塑像的事情，正表明在今天的臺灣，歷史觀和價值觀何其混亂。

深受共產黨戕害的我，對謝雪紅這樣一位共產主義的基本教義派毫無好感，對她後來在中國成為共產黨黨內鬥爭的犧牲品且悲慘地死去，也無同情心。我對謝雪紅的厭惡，如同對陳映真的厭惡。他們這類極左派，只是沒有掌握權力，一旦掌握權力，殺起人來毫不手軟。謝雪紅未必就比毛澤東的老婆江青更加善良。

鍾逸人和黃金島曾是併肩作戰的戰友及難友，他們對二七部隊歷史的描述卻有相當的差異，兩人因此發生激烈論戰。不過，他們的回憶中有一個共同點是：二七部隊是臺灣民眾自發組織的抗暴部隊，不是共產黨的黨軍；謝雪紅被臺中「處委會」開除之後，依附於二七部隊，並非二七部隊的領導者，也未參與實際戰鬥。兩人對謝雪紅及其身邊的共產黨人的評價都很低。

黃老先生回憶說，當時，謝雪紅四十多歲，他自己才廿一歲，比謝雪紅晚了一輩。不過，他只關心如何打仗，對意識形態不感興趣。謝雪紅有很高的知名度，口才也好，具有煽動性，但她不懂軍事，沒有作戰經驗，並沒有實權。掌握二七部隊軍事指揮權的，是一班在日軍中服役過的臺灣籍官兵，二七部隊的主力不是共產黨。

黃老先生還提供了一個不為人所知的消息：烏牛欄戰役還未打響，三月十四日下午，中共臺灣省工委臺中市負責人謝富突然現身埔里武德殿的「臺灣抗暴部隊司令部」，傳達共產黨員立刻停止一切活動，並隱蔽起來以保持組織力量的密令。於是，包括楊克煌及誓言戰到最後一兵一卒的謝雪紅等人，未開戰就潛逃了。黃老先生等前線戰士，並非共產黨員，不接受此一命令，繼續戰鬥到最後時刻。

鍾逸人倒是跟謝雪紅有更深的淵源：他們是同鄉，還是鄰居。謝雪紅跟鍾逸人的母親同年，曾經一起在日本人的糖廠當女工。謝雪紅年輕時還幫日本人帶過小孩，洗過衣服。當鍾逸人成年後，跟謝雪紅見面叫她「阿姨」，謝雪紅這才想起鍾逸人就是昔日的鄰家小孩。

然而，這段淵源並沒有讓鍾逸人對謝雪紅更親近，他反而對謝雪紅很反感，認為謝趾高氣揚，剛愎自用。謝的心腹只有幾個人，居然想奪取二七部隊的控制權，就連當時左傾的楊逵也非常不喜歡謝雪紅。關於謝雪紅干擾指揮系統，鍾逸人提供了一個當時的片段：謝雪紅擅自派遣一半的留守部隊去看管四百多名被俘的陳儀軍俘虜。然而，看守都是毫無經驗的學徒兵，稍有疏忽，後果不堪設想。而且，與收容房相連，六號與七號房裡面堆滿多達兩萬箱日軍遺留的手榴彈，如果這些武器流失，臺中市民所蒙受的危險與災難更將不堪設想。鍾逸人忍無可忍，大聲咆哮：「你們愚蠢亂紀，擅自破壞指揮系統，不顧市民生命安全！」謝雪紅從樓上下來，兩手插腰，兩眼圓睜，頓足反駁：「我怎麼不能指揮？」鍾回答：「你當然不能指揮，你不過因有人要槍殺你，我不忍心，才讓你留在這裡接受保護！」

後來，謝雪紅等人發現二七部隊深受民眾支持，便提出成立「人民政府」的建議，並選舉「人民市長」的計畫。鍾逸人在回憶錄中寫道：「不論他們的提議是否為唯一的選擇，只要『人民政府』的『人民』兩個字出頭，祇要謝雪紅本人出面，便必然註定要失敗！必將遭到絕大多數市民的反對和排擠。長久以來，不僅臺中的知識分子和大多數的人，一聽到『人民協會』就嘔氣，就連以前『臺灣農民組合』幹部、馬克思主義者、有名的普羅作家楊逵夫婦，都曾為之側目睥睨。如果現在又來個『人民政府』，那豈不天翻地覆，一般群眾對二七部隊的支援和同心，轉瞬間將變成唾棄和離心！」所以，謝雪紅玩火自焚的計畫未能實施，如果不是鍾逸人等人反對，該計畫必定成為國民黨軍隊濫殺無辜的絕佳藉口。馬克思列寧主義肆虐的臺灣，必將是比國民黨的白色恐怖更可怕的人間地獄。而鍾逸人青年時代景仰的甘地精神，才能為臺灣的未來開啟嶄新而美好的一頁。

在此意義上，還原二七部隊的真相，是轉型正義必不可少的環節。◆

・余杰與廖永來攝於烏牛欄戰役紀念碑（照片由余杰提供）

烏牛欄戰役紀念碑

地址：南投縣埔里鎮南村里愛蘭橋頭
參觀時間：每週一至日，24小時開放

學術自由
大學為知識殿堂，探尋真理，沒有包袱，亦
無所畏懼，被視為國家行政、立法、司法與
媒體之外的第五權。因此，學生與教師以非
暴力方式關心公共事務與國家發展，乃公共
知識份子的表現，不容抹黑與漠視。
摘自太陽花學運(2014年3月)中正大學聲明稿

學術界能夠形成「第五權」嗎？

中正大學學術自由紀念碑

臺灣最美的大學是哪一間？這是一個仁者見仁、智者見智的問題。就好像有人問中國最美的大學是哪一間一樣。很多北大學生自以為北大最美，可是等我到了武漢大學，才知道東湖比未名湖更美；再到了廈門大學，發現碧波蕩漾的大海更美。不過，愛母校心切的人們，會因此吵得面紅耳赤。

有一家臺灣網站為此舉辦一次網路票選，由數千名網友選出全臺十大最美的校園。此種評選方式或許並不十分精準，因為「美」是不能量化的，但多多少少呈現出一定的民意。結果揭曉，中正大學排名第三，位居「探花」，僅次於排名第二的東華大學和排名第一的臺灣大學。多年以前，青春偶像劇《流星花園》風靡中國，甚至「美得驚動黨中央」，讓共產黨中宣部下令停止播放。我一般不看電視連續劇，但被黨中央取締的，一定要瞄上幾眼。果然，劇中人物個個是靚男美女，場景亦美輪美奐。後來，我才知道《流星花園》是在中正大學取景。主角時常聚集一起的貴族氣派學院風的大門口，是中正大學體育館；具有馬雅古文明風格的行政大樓，還有走知性美風格的「寧靜湖」，以及湖中游弋的黑天鵝與綠頭鴨，無不讓人宛如置身於一幅秀美的畫卷之中。

不過，大學對我來說，比風景更重要的是「有無學術自由與教育獨立」，或者用劉曉波的話來說——「自由即美」。以此而論，儘管不少中國的大學用金錢打造硬體、吸引人才、炮製論文，擠入某些世界名校排行榜，但它們對權貴的卑躬屈膝，對真理的視而不見，對異議的摧抑迫害，根本不符合優秀大學的定義。

那麼，何謂偉大的大學？美國學者理察・萊文（Richard Charles Levin）是享譽全球的教育家，從一九九三至二〇一三年連任耶魯大學校長廿年之久。他曾多次訪問中國，與中國的大學校長們對話。那些校長論壇，只用聽幾分鐘，彼此高下立現。

理察・萊文說過，如果一個學生從耶魯大學畢業後，居然擁有了某種很專業的知識和技能，這是耶魯教育最大的失敗。專業的知識和技能，是學生們根據自己的意願，在大學畢業後才需要去學習和掌握的東西，那不是耶魯大學教育的任務。

那麼，大學教育的重點是什麼？理察・萊文在演講集《大學的工作》中指出，本科教育的核心是通識，是培養學生批判性獨立思考的能力，並為終身學習打下基礎。批判性思考是美國大學教育的重中之重，卻是中國和臺灣大學教育竭力避免的結果。同樣是學習知識，背後有無自由的價值，結果必定大不相同。通識教育的英文是liberal education，即自由教育，是對心靈的自由滋養，其核心是——「自由的精神、公民的責任、遠大的志向」。換言之，就是自由地發揮個人潛質，自由地選擇學習方向，不為功利所累，為生命的成長確定方向，為社會、為人類的進步做出貢獻——這才是萊文心目中耶魯教育的願景。

當我聽說中正大學為紀念剛剛落幕的太陽花學運設立了一座名為「學術自由」的紀念碑時，心中十分好奇：中正大學也以「自由教育」為願景嗎？我正好應邀到中正大學演講，就前往一探究竟。

大學乃是為著探究真理，培養公民

「學術自由紀念碑」坐落於設計奇特的行政大樓旁邊，中心花園的一側，也是中正大學校園的黃金地帶。紀念碑的碑文，取自太陽花學運期間中正大學校方公開聲明稿的第二段，聲明稿全文如下：

> 兩岸服貿協議事件已造成全國劇烈震盪，不僅國會為之停擺，政務難以運作，社會更已陷入高度不安的情境。如果政府不能妥善處理此事，勢必形成難以收拾的憲政民主危機。
>
> 大學為知識殿堂，探尋真理，沒有包袱，亦無所畏懼，被視為國家行政、立法、司法與媒體之外的第五權。因此學生與教師以非暴力方式關心公共事務與國家發展，乃公共知識份子的表現，不容抹黑與漢

視。

基於當前國家情勢，我們要懇切呼籲政府，特別是領導國政的馬總統應以全民總統的精神，認真傾聽民意，俯身進行溝通，並以民主精神盡速協商解決當前的憲政危機。

國家是全體人民的國家，政黨與個人利益不僅偏斜而且短暫。如今危機已經形成，請馬總統與政府立即採取行動，保存國家永續發展的生機！

全文鏗鏘有力，正氣凜然。太陽花學運期間，中正大學是第一所以校方名義發表聲明支持學生運動的國立大學。太陽花學運如同一塊試金石，試煉出各所大學校方的特質：或開明，或僵化，或見風使舵，或置身事外。

有若干所大學的表態，貌似中立，實際上反對學生運動。比如，清華大學校方表示，學校教導學生應該關懷社會並且協助弱勢族群，但關於議題看法和表達立場的方式則是個人行為並且應該自行負責；淡江大學學務長柯志恩表示，校方態度上並不介入，「學生已經是成年人，也該學會負責了。」

但更多大學校方明確支持太陽花學運。明道大學校長陳世雄參加學生反對《海峽兩岸服務貿易協議》的連署，表示年輕人願意站出來指出政府的錯誤值得肯定；東華大學校長吳茂昆發表公開信：「身為東華大學校長，我非常佩服同學們能在求學之外，關切時事發展，勇於表達自己的立場。」臺灣師範大學發表聲明指出，臺灣師大的學生在歷史變革的洪流中，不應該也絕不會缺席。

在大學校方支持太陽花的各種表達中，中正大學的這份聲明稿最讓人肅然起敬。作為一所經費仰賴教育部且校長等高級主管的任命須由教育部確認的國立大學，中正大學校方不畏強權，直接批評總統馬英九倒行逆施的作法，並指出因兩岸服貿協議引發的爭端已導致憲政危機。當憲政危機出現之時，包括大學、學生和教師在內的公民團體及個人，都應當責無旁貸地表達和參與，大學甚至可以成為行政、立法、司法與媒體之外的「第五權」。民主社會若能有此「第五權」，監督制衡，獻計獻策，民主制度就能鞏固。

民主制度的運行，除了要有憲政制度之外，更為重要的是要有成熟、積極的公民社會。不是有選舉權、會投票的人就自然成了公民，公民必須具備「公民美德」。美國學者舒德森（Michael Schudson）在《好公民：美國公共生活史》（The Good Citizen）一書中指出，「公民美德」的復興是建構「偉大社會」的根基。他強調，「好公民」的標準包括四個方面：第一，在承認他人與自己在人格和政治上平等的前提下展開相互對話；第二，將少數族裔的權利牢記在心中；第三，不僅自己持有這樣的觀念，而且還要讓他們的後代也秉持這樣的觀念；第四，要求自己在日常生活中堅持以一己之力收集資訊並參與公共生活。一所優秀的大學，應當以培養「公民美德」為其神聖的使命。

中正大學就走在這條漫漫長路上。中正大學這個校名來自於白色恐怖時代的獨裁者蔣介石，尚未經歷轉型正義的洗禮。二〇一七年十二月，立法院通過「促進轉型正義條例」，其中第五條明確載明，「出現於公共建築或場所之紀念或緬懷威權統治者之象徵，應予移除、改名，或以其他方式處置之」，這也代表全臺灣一百九十七條「中正路」和十八所名為「中正」的學校，可能面臨改名的狀況，而且校園內的蔣介石銅像也要移除。我想，中正大學未來必定會「去中正化」，中正大學若改為自由大學，或許名副其實。

我到臺灣訪問時，正趕上太陽花的尾巴。不過，我還是以自己的方式參與了這場波瀾壯闊的學運：當若干中國的自由派公共知識分子以各種理由否定和批判太陽花學運時，我挺身而出，撰文為太陽花學生辯護。那些否定性的觀點，或者說太陽花不合法律，或者說太陽花是反華民粹主義，或者說太陽花與全球化和自由貿易潮流背道而馳。這些說法全都似是而非，站不住腳，背後的心態跟國民黨、共產黨一模一樣，都是對學生運動和公民運動的恐懼和戒備。那段時間，我幾乎是舌戰群儒，我也似乎成了太陽花的學生中的一員，如此年輕，如此意氣風發。

「公共民主講堂」勝過課堂

用黑色大理石修建的學術自由紀念碑，正好位於太陽花學運期間，中正大學「牧夫們社」在校內開辦「公共民主講堂」的草地上。

牧夫們社在其網頁上自我介紹說：「放眼南臺灣的嘉義縣民雄鄉，國立中正大學坐落於鳳梨田的環繞之中，此起彼落的蟬聲鳥鳴，紫荊花的錦簇爭妍，鄉村型大學提供學生一個舒適的學習與生活環境。伴隨著夏日的豔陽高照，蟲聲唧唧乍響劃破阡陌田間，驚醒埋首苦讀的學子，身處於鄰近農村與農人的我們，卻缺乏關懷當地的鄉土的人文素養，漠視臺灣當代社會運動的陣陣騷動。於是我們捧著一抔土，掬起一手水，摒棄知識分子的孤傲，我們赤著腳踏入鳳梨田間，牧夫們社就這樣誕生了……牧夫們（movement）社，以關懷人文社會為出發點，著重成員個人的理性思考批判，並以具體行動參與社會運動。本社將會定期舉辦系列講座，並與他校交流，促進個人辯思能力；並有讀書會，每週遴選一位主持人帶領成員討論新知識；關心社會脈動，將社團集體的力量化作具體行動，積極參與社會運動，關懷弱勢。培養青年學子社會關懷精神，察覺社會結構脈動，建立個人批判思考，認識自身權益，提出建設性論述。」其臉書專頁上，特別強調自己是「中正大學學生異議性社團」以及「行動，帶來改變」的理念。

「太陽花學運」剛剛爆發，牧夫們社積極回應，不僅北大聲援，而且自主安排有關反服貿、社運的各領域課程，邀請專家學者授課，走出教室，草地開講。

參與者吳皓軒在一篇回憶文章中寫道：「猶記得從三二二那晚開始，整個社團為了三二四開始的罷課

・一所優秀的大學當以培養「公民美德」為其神聖的使命，中正大學就在這條漫漫長路上

與講堂，去進行各項準備，從連絡講者、借器材、文宣製作、美宣製作和串聯罷課；還有，由於時間太趕，好幾個老師都不能來，直到廿四號半夜，才終於排出講師名單；更扯的是，原本只辦一天的公民講堂，因為效果不錯，結果一連辦了四天，而且罷課其實沒有串聯成功，大家都是輪流出來聽公民講堂，或是在老師帶領下進行課堂參與，頂多只有零星的蹺課聲援者，卻沒有以系為單位的罷課出現。……出乎我們意料之外，公民講堂作為一個反抗的標誌，在校內、在嘉義都有發揮議題宣傳的效果，連中正大學的吳志揚校長都來參與公民講堂。雖然不免有收割之嫌，還是代表中正大學的校風開明和公民講堂的影響力，從日後中正大學還在那塊草坪上立『學術自由』碑，就不證自明了。」

當時，校方對學生自主學習、參與社會運動之舉發表聲明，表達支持與肯定，卻有部分家長不以為然，打電話到學校，質疑校方怎可支援學生罷課、不上課。校方認為，學生是參與公共議題與社會學習，「聲明不變，立場堅定。」學生們在社群媒體上稱讚說，以中正為榮！

我沒有趕上「公共民主講堂」開課期間，否則，我既可以當講者，也可以當聽眾：我非常願意向臺灣年輕的大學生介紹中國的真相，特別是中國人權運動的現狀，我也十分樂意坐在草地上傾聽年輕人的心聲。

那段時間，曾是天安門學運領袖的王丹正在中正大學任教，中正大學的「公共民主講堂」跟王丹當年在北大組織的「民主沙龍」，存有某種草蛇灰線的聯繫。

讀八九民運歷史，王丹在北大舉辦的「民主沙龍」是不可或缺的一頁。從一九八九年一月初開始，「民主沙龍」每逢星期三下午舉辦，討論學術及政治問題。一開始，「民主沙龍」在四十三號樓四三零活動室舉辦；三月廿二日，首次移師到賽凡提斯像前的草坪上舉行。王丹在回憶錄中說：「我們希望促進北大的言論自由和民主氣氛，我們希望把民主沙龍的規模擴大，搞成類似海德公園一類的自由論壇形式。」

不過，由於舉辦場地公開，校方及安全部門的監視明目張膽，在草坪四周都站著若干便衣人員，間中抄錄與會者講話，不時注視著發言的學生，氣氛緊張而詭異。

有一次，王丹特別邀請物理學家、人權活動家方勵之的夫人李淑嫻來「民主沙龍」演講。大部分北大同學對李教授既尊敬且信任，加上她是北京市海淀區人大代表，當天的「民主沙龍」開創了空前踴躍的熱鬧場面，參與的同學一開始已達二百多人。

李淑嫻就中國的民主法制建設，校園民主氣氛與人大政協兩會問題進行評論，她鼓勵同學要敢於爭取憲法賦予公民的各種權利，亦應勇於表達自己的意見，要意識到作為中國公民的權利和責任。

意料不到的是，中共當局除了派出大批公安部人員對沙龍參與者拍照和錄音，更在草坪上架起自動旋轉灑水器，把整片草坪全部澆濕。同學們被迫站立起來，擠在草坪邊緣圍成小圈，縱然灑水器不斷朝參與沙龍的同學迫進，他們濕了頭髮，身上沾滿水，仍然聚精會神地聆聽李教授演講。

在「人工造雨」中聽演講，成為參與那次「民主沙龍」的北大學子青春時代最美好的回憶。幾個月後，天安門學運爆發，進而演變成野戰軍血腥屠城。幸運的是，在已經民主化且民主繼續深化的臺灣，中正大學的師生們不必擔心情治人員的監視，更不會遭遇突如其來的「人工造雨」。

有太陽的地方，就有太陽花

最近幾年來，我每年都到臺灣訪問一段時間，親身感受到太陽花之後臺灣社會的巨大變遷。太陽花之前的臺灣和太陽花之後的臺灣，絕對是不一樣的。

變化之一是：公民社會突飛猛進。我用「從順民到公民」這個書名形容這一個過程。華人世界，人們歷來崇尚當順民、良民，唯有到了天崩地裂、王綱解紐之際，才暴露出暴民和刁民的本相。華人最缺乏的是公民意識，沒有公民，民主制度就是天外來客，無法在這片土地上生根發芽。

太陽花運動是對臺灣年輕一代的一場精采的公民課，正如學者黃丞儀所說：「三一八運動期間，那股公民晶瑩而純粹地探問臺灣作為一個政治社群，如何能夠爭取『免於受宰制的自由』，因而在街頭、在立法院裡面集體綻放的光芒，是民主共和體制下的共同決定，也是重塑臺灣憲法權威的唯一契機。」國民黨儒家式的洗腦教育被年輕一代拋棄，「當我們決心一意要活得像個有尊嚴的臺灣公民，我們擁抱彼此，我們形成一個命運的漩渦，共同奔赴屬於島嶼天光的未來，成為不再受到任何外來意志宰制的自由人。這股認識自己、認識社群內的所有公民、認識共和國的過程，是三一八運動帶給臺灣最珍貴的禮物。」

變化之二是：本土意識蔚為大觀。一九八七年臺灣社會宣布解嚴，「支持臺灣獨立」成為言論自由和政治權利的一部分，但在此後相當長一段時間裡，「臺獨」仍是大部分臺灣人害怕在公共場合提及的「敏感話題」。「臺灣認同」居然跟「中國認同」並行不悖，在歷次民調中，承認「我是臺灣人，也是中國人」的民眾占最大比例。

太陽花終於讓「臺獨」不再是一種「政治不正確」的「暴民想像」。學者林秀幸指出：「太陽花就是一個拿回『定義國家』的行動，也是聯繫制度和行動者關係的行動……太陽花從反對一項『國家失守』的法律程式，卻開展出民族熱情的重新創造。」換言之，太陽花把臺灣獨立「這個潛在的可感知事物」，轉變成社群的自我呈現，臺灣的年輕世代以「我是臺灣人，我支持臺灣獨立」為重要的，甚至首要的身分認知。

變化之三是：徹底拋棄對共產黨中國的幻想，同時也徹底拋棄作為共產黨的「附隨組織」的國民黨。此前，很多過於善良的臺灣人將中國與中共切割開來——中共固然邪惡，但中國和中國人卻是美好的。然而，若不是中國人的支持，中共豈能打天下、坐天下？此前，也有很多過於善良的臺灣人認為國民黨可以實現民主轉型，甚至成為「臺灣國民黨」，是臺灣多黨政治中的一股制衡力量。

然而，太陽花之後，這兩種看法都發生了巨大的翻轉。在臺灣的年輕世代那裡，身為國民黨黨員成為一種恥辱的標誌，以至於有國民黨的大學生黨員在馬英九面前哭訴自己所受的羞辱。國民黨自身的改革舉步維艱，無法完成意識形態的整合，居然又搬出蔣萬安之流的蔣家後人來提振士氣，真是黔驢技窮了。國民黨在臺灣將迅速泡沫化，它的支持者將僅剩少數流落在中國及海外的孤臣孽子式的「國粉」。

而對共產黨中國而言，臺灣的年輕世代從對中國的「無感」和「無力感」中超拔出來，正如學者吳介民所說：「太陽花運動改變了臺灣社會對中國因素的無力感，啟動了公眾對中國因素複雜面向的覺知、並採取集體抵抗行動。」從陳雲林訪問臺灣到「太陽花運動」再到「李明哲事件」，臺灣的年輕人意識到，不能假裝中國這個「房間裡的大象」不存在，抵抗和批判中國才是臺灣的活路。

我想，中正大學的「學術自由紀念碑」所要傳達的，也包括以上這些訊息吧。◆

中正大學「學術自由紀念碑」

地址：嘉義縣民雄鄉大學路一段168號
行政大樓旁邊草坪

電話：05-272-0411

參觀時間：每週一至日，24小時開放

為懷當日技師苦，千古烏山像鑄銅

八田與一紀念園區

我讀過兩首題為〈嘉南大圳〉的舊體詩，一首是鄭海涵寫的：

大圳巨壩奪天工，縱貫嘉南處處通。
萬物向榮流德澤，農村擊壤樂堯風。

另一首是謝喜三寫的：

建壩艱難不計工，嘉南農戶沐深功。
為懷當日技師苦，千古烏山像鑄銅。

詩從藝術上來說，算不上有多好，卻充滿真情實感，樸實無華。我特別注意到，兩首詩都寫於戰後，那是一個去日本殖民化的時代，詩人寫作這樣的作品不可能得到什麼好處，寫這樣的詩句是說心裡話。詩句背後是跨越種族、超越政權、飛越時代的感恩。

成功大學吳文璋教授驅車帶我們一家人去烏頭山水庫「八田與一紀念園區」參觀。從臺南市區出發，一路映入眼簾的是富饒的嘉南平原，這裡之所以成為臺灣的米倉，離不開一個人的貢獻——八田與一。這位具有「人格者」特質的工程師，比很多名義上的臺灣人更是臺灣人——除了一生中最重要的作品「嘉南大圳」之外，臺北的下水道工程、桃園的桃園大圳、南投的日月潭水力發電所、臺南的自來水計畫、高雄的高雄港建設，從北到南，都有他的心血。一九一〇年，八田與一自東京帝國大學土木工學部畢業後，即前來臺灣服務，一直到五十六歲過世，大半生都在臺灣度過，可謂「鞠躬盡瘁，死而後已」。

進入園區，首先參觀二〇〇〇年興建的八田與一紀念室。紀念室位於舊送水口上方，室內陳列有八田與一及外代樹夫人使用過的文物，兩人在日本求學時期及在臺灣生活的照片。直到一九四二年，八田與一被日本陸軍省徵召進「南方經濟挺身隊」，乘坐大洋丸號前往菲律賓，途中遭遇美軍潛艦魚雷攻擊，八田與一逃生不及罹難，七月下旬葬於烏山頭水庫旁。日本戰敗之後，外代樹夫人出於對亡夫的思念，也不願離開臺灣，趁家人熟睡之際，來到八田與一投注一生心血的烏山頭水庫，跳入放水口自殺，結束了四十五歲的生命，留下遺書「愛慕夫君，我願追隨去。」

展室內有建造大壩的許多歷史資料，從中可見設計之精密嚴謹、工程之複雜浩大，在臺灣史上前無古人。室內重複放映一部紀錄片，介紹建設水庫的經過及八田技師的生平事蹟。有的人在活著的時候，人們盼望他早點死去；有的人雖然死了，卻永遠活在後人心中。蔣介石屬於前者，八田與一屬於後者。

我們往大壩方向前行十多分鐘，就看到一處小小的展示區，陳設著一個老式蒸汽火車頭。據史料記載，當時工地上共有七個由比利時製造的蒸汽式火車頭，擔負著貨運、客運的繁忙任務，大大節省了人力，提高了效率。這些火車頭是八田親自訂購的，是他珍惜的「看家寶貝」。如今，我們看到的是僅存於世的一個，它不再開動，不再呼嘯，不再噴氣，仍然將遊人帶到百年前那個篳路藍縷、萬象更新的時代。

一生奉獻給臺灣的卓越工程師

園區內最重要的紀念物，是那尊八田與一銅像。一九三〇年，嘉南大圳完工後，工作人員各奔東西，但他們成立了「交友會」以保持聯絡。這批舊部屬為了紀念跟他們親如一家的老長官，由眾人集資為其製作銅像。這是民間自發的行為，而非日本總督府的官方舉動。

「交友會」委託八田與一的家鄉、日本金澤市的雕刻家都賀田勇馬製作塑像。都賀田勇馬別具匠心，製作了一尊八田與一的坐姿雕塑。八田技師一生不辭勞苦、風塵僕僕地奔波在各處工地上，很少有坐著安靜休息的時刻，藝術家偏偏挑選他安然坐著的姿勢，或許希望他在彼岸世界能好好安息吧。雖還是中年卻已略顯蒼老的八田與一，眺望著面前如明鏡般的湖水，享受著拂面而來的楊柳風是何等愜意，或許心中還有藏而不露的自豪感。這尊塑像讓我想起嘉義博物館前面那尊「陳澄波先生坐姿」銅像——陳澄波銅像由其外孫蒲浩明所創作，蒲浩明說：「我用陶土塑造他，也用感情塑造他。」都賀田勇馬不也是以這種敬虔的心態為八田與一塑像嗎？

臺灣民間有一種傳統：每當在水利工程結束時，往往會建造寺廟祭祀功勞者，如高雄曹公圳的曹公廟、彰化八堡圳的林先生廟、嘉義十股圳的蔡葉二將軍廟等都是如此。與其說這是一種宗教信仰的表達，不如說這凸顯了臺灣人知恩圖報、濃濃的人情味。嘉南地區的農民把八田技師當成水利、土地的保護神看待，為感念其恩澤，水利會每年在五月八日八田技師忌日這一天舉辦盛大悼念儀式，八田的後代親人及友臺日人組團遠道而來，在地的各界人士群賢畢至，甚至常有政府最高首長出席致辭，場面隆重感人。

那麼，為何身為工程師的八田與一如此受臺灣人愛戴？日本學者古川勝三指出，八田技師對臺灣有三大貢獻：首先是嘉南大圳。原本夏澇冬旱的嘉南平原，水庫與灌溉系統完成之後，一躍成為臺灣最大的穀倉。其次，八田有一套獨特的做事方法，非常有效率，其工程技術和管理模式在臺灣現代化進程中留下了重要一頁。第三，八田的人生觀與思想，至今仍值得日本人和臺灣人引為典範。

清代統治臺灣長達兩百多年，由於採取中央集權的專制制度，將臺灣視為化外之地，並不用心治理和經營。直到中法戰爭之後，清廷意識到臺灣的重要戰略地位，才設立臺灣省，派淮軍名將劉銘傳擔任臺灣巡撫，開始對臺灣的開發。然而，單靠臺灣本地的賦稅，無法支援大型水利工程建設，以當時的技術

· 左上圖：紀念室內陳列有八田與一及外代樹夫人使用過的文物，兩人在日本求學時期及在臺灣生活的照片

· 右上圖：日本學者古川勝三指出，八田技師對臺灣有三大貢獻：首先是嘉南大圳，其次是獨特的做事方法，第三是他的人生觀與思想，至今仍值得日本人和臺灣人引為典範

· 左下圖：八田外代樹夫人於一九一七年嫁給八田與一，隨夫來臺灣

· 右下圖：八田外代樹夫人育有二男六女，雕像懷中嬰兒為一九二五年出生之四女嘉子小姐

條件，興建水利工程的失敗率很高，萬一虧損，官員須自行賠償。清代官吏除了少數如曹謹興建高雄「曹公圳」之外，大多藉口「休養生息」，毫不作為。長期以來，廣闊的嘉南平原大多是「看天田」的荒地，老天不下雨，就沒有水灌溉。

當八田與一與臺灣相遇，轉機來臨。

一八九五年，臺灣成為日本領土時，人口大約三百萬，社會治安混亂，許多民眾吸食鴉片，瘧疾與霍亂等傳染病肆虐。前三任總督將大部分力氣用來討伐抗日游擊隊，直到第四任總督兒玉源太郎上任，以後藤新平為民政長官，才大規模開發臺灣。八田與一到臺灣時，後藤新平時代已結束。後藤新平為臺灣近代化打下重要基礎，但其離職時，臺灣的河川水利事業仍是一片空白。

到臺灣赴任不久，八田與一完成了「桃園大圳」的設計和施工，這便是石門水庫的前身。桃園大圳興建期間，臺南州成立嘉南大圳水利組合，八田與一辭去總督府的工作，加入該組合，連續十年擔任烏山頭貯水池事務所長，工作重點就是興建烏山頭水庫及嘉南平原的灌溉系統。這兩項工程耗費了八田與一燦爛的黃金歲月，他以卅二歲的年紀擔綱設計此一土木工程，卅四歲又擔任現場監工指揮，那真是「不拘一格降人才」的時代。

當時，八田與一面臨資金、技術、人才等各方面的艱難阻礙，遠非今天所能想像。他翻山越嶺，披星戴月，不顧瘴癘與瘧疾的威脅，深入嘉南平原各角落勘查。完成水源調查報告後，又進駐恙蟲遍布與瘧疾蔓延的原始林地帶。之後，他因地制宜，技術創新，終於將不可能變成了可能。

以規模宏大的嘉南大圳工程為例，八田與一沒有遵照一般的作法，而是以自己的創見決定使用「半水壓土壩工法」。這是東方國家首見的技術，連美國也不曾應用在大規模的工事上。但八田認為，嘉南大圳必須如此處理才能盡善盡美。嘉南平原地震頻繁，當地有許多斷層，曾發生強度超過六級的地震。若用黏土內包鋼筋的方式建造堤堰，可遮斷水往外浸透，也能防止堤堰潰絕。由於採取日本不曾有的工法與技術，除了紙上研究作業之外，八田特地前往美國考察，終於確信採取這項工法與相關設計的正確性。針對水壩高度與如何洩洪的問題，全球半水壓土壩工法的權威賈斯丁提出不同看法，八田毫不畏懼地與之辯論，最後仍照原先的設計施工。烏山頭水庫建成後，成為東亞唯一濕式堤堰建造的水庫，美國土木協會特地在學會雜誌介紹這項成就，並將該水庫稱為「八田水庫」。在接近一個世紀之後的今天，烏山頭水庫蓄水量仍超過一億噸，經歷了地震及洪水的考驗，穩如磐石。

其次，整個工程採用大型土木機械。當時臺灣人力過剩，許多人認為使用機械浪費資金，建議八田雇用大量民工。照八田的計畫，添購各項土木機械的預算高達四百萬元，是整個堤堰工程與烏山頭隧道工程費的四分之一。八田堅持認為，如此巨大的堤堰，若以人力建造，可能廿年都無法完工。反之，使用機械能大大縮短工期，早日讓嘉南平原成為生雞蛋的金雞母。結果，事後大家不得不佩服八田的遠見。而且，這些用來興建水庫的大型土木機械，之後在開發基隆港與臺灣的許多重大建設上，都發揮了非常大的威力。

八田與一不單單是一名盡責的工程師，他對臺灣的農業也有深入研究和重大貢獻。他念茲在茲的是，如何利用有限的水資源，提高嘉南平原農業生產，讓農民過得更富裕。他想出了「三年輪作給水法」：嘉南大圳區域內的土地，以五十公頃為一社區，一百五十公頃為一大區，每個小區域三年內輪流種水稻、甘蔗、雜穀。其操作方法為，種水稻者充分給水，種甘蔗者只有在種植期給水，雜穀則不給水。至於給水路，控制方法簡單，就是設置水門，要讓水跑到什麼地方都可自由決定。水利工程完成後，再加上實施「三年輪作給水法」，嘉南平原的農業生產量遽增，每年稻米、甘蔗及雜作的產量高達八萬三千噸。

· 左上圖：進入園區，首先參觀二〇〇〇年興建的八田與一紀念室

· 右上圖：八田與一一生中最重要的作品「嘉南大圳」

· 左下圖：石碑下方正面刻有八田與一親撰的碑文，其餘三面則刻上死難者的名字

· 右下圖：這位具有「人格者」特質的工程師，比很多名義上的臺灣人更是臺灣人

無國界的人道主義者

八田與一的偉大，並不僅僅因為他建造了當時亞洲第一、世界第三的水庫，也不僅僅因為他設計的圳道長度加起來足足繞地球半圈，而是種種事蹟證明：他是一位無國界的工程師，真正的人道主義者。

一九三〇年，「交友會」在大壩旁為一百卅四位因意外和疾病殉職的同仁及眷屬興建一座「殉工碑」。這座簡樸大方的紀念碑，經過將近一個世紀的風雨之後，仍屹立在大壩上，象徵著殉職工友們的靈魂永遠陪伴和保護著大壩。

石碑下方正面刻有八田與一親撰的碑文，其餘三面則刻上死難者的名字，供後人憑弔追思。日文之碑文，翻譯成中文就是：

> 嘉南大圳，以其廣袤大地蒙受之利澤，工式雄偉之水源，稱冠於世。雖則工程既細且微，施工上遭逢諸多之困難，但歷經十年辛楚，全部工程終致完成。諸子在此期間遭遇不慮之災厄，或罹風土之病疫，以致長眠於此空茫異鄉之墳塋，誠堪痛惜。雖諸子同為犧牲之殉工者，但以一死竟克鼓舞從業工程人員之志氣，終使此項大工程得以竣工，此又可謂偉大矣。
>
> 噫噫，彼淙淙之曾水溪水，蜿蜒之長堤，蘊藏汪汪美麗潭水，拜奉隨時之灌溉給水，滾滾環流無止盡。以此言之，諸子之名亦不朽矣。乃茲在此卜地建碑，以傳諸子子子孫孫者也。

碑文簡潔凝練，情真意切，文辭優美。看來，八田與一除了是一位優秀的工程師和組織管理者之外，還具有文學家才華。

作為指揮兩千多名各類施工人員的「大總管」，八田與一從沒享受任何特殊化的待遇。在建設過程中，他舉家搬至工地與工人一起作息。工程進展期間，每當出現難以避免的工人傷亡事件，他都親自問候，安慰死傷者家屬，幫助申請撫恤。在立碑紀錄十年來工程罹難人員時，他主張名單不可依職位高低排序，應公平依姓名順序排列，他也未將日本人擺在前面，對臺灣人並無歧視。

一九二三年，日本發生關東大地震，中央政府預算吃緊，烏山頭水庫工程經費被迫大幅削減。八田與一只好裁員。此時，有幹部建議，「應保留優秀者，以免對工程進行不利」。但八田認為，「大型工程非少數幾個優秀員工就可完成，貢獻最大的其實是為數眾多的下階層勞工，更何況能力強的人容易再找到工作，能力不強的，一旦失業就生活無著⋯⋯。」為了保障能力較弱的臺人勞工的生計，八田忍痛先解雇部分優秀的日本職工。這是他充滿人道關懷的一面。

八田與一相信，「有好的環境才能讓員工安心做好工作。」工程由人完成，只要善待做事的人，就不必擔心事情做不好。即便放在今天，也是相當先進的經營管理觀念。這個理念不是說說而已，而是落到實處：工程開動之前，他先在烏山頭興建兩百戶職工宿舍，以及醫院、學校、大浴場以及箭術練習場、網球場等娛樂設備，提供完善的生活機能。

這批建築，尚有部分保存下來。前些年，當地將其修復、整理成紀念園區的一部分。設計公司親赴八田與一的故鄉金澤市，考據建築工法，引進日本木匠技術修整完成「八田宅」、「田中及市川宅」、「赤堀宅」及「阿部宅」等四幢日式宿舍，並以日本金澤市民捐獻的舊傢俱進行故居內部擺設，成為修舊如舊的日治時代老建築。

當我走入這些建築參觀時，不禁感嘆再三：今天興建大型工程時，工程單位為工人提供的住處，往往是簡易甚至簡陋的臨時棚戶；當年八田卻為工程人員精心設計和修建既實用又美觀的住宅，絲毫沒有「克難」的心態，這些建築與水利工程一樣傳之於後世。

在日治時代，固然有不少飛揚跋扈、種族歧視的日本官僚，卻也有像八田與一這樣技術能力超群、清廉溫厚的「人格者」。面對殖民地人民，他完全不在乎階級、頭銜、人種，這是他的天性使然。

誰仇恨八田與一？

然而，誰能想到，八田與一的銅像居然會遭到斷頭？二〇一七年四月十五日清晨，有人突然發現八田與一銅像遭到斷頭破壞，遂立即報警。當警方正在調查之際，中華統一促進黨黨員、臺北市前議員李承龍在社群媒體上公然炫耀是自己犯案。

據中國的民族主義小報《環球時報》報導，李承龍承認，在幾年前就產生「破壞銅像」的想法。四月十四日下午，他到達當地，購買了一些工具，準備在凌晨行動，「我是用線鋸手動鋸的，大概花了兩個半小時才鋸下來」。李承龍表示，他對於臺灣官方對日據時期的美化很不滿，想以此行動顯現民進黨的荒謬、「臺灣民主是個笑話」，他又說，他所做的並不是要挑動仇恨，也不提倡暴力能夠解決問題。

然而，這種毀壞文物的行徑已經是暴力了。而且，李承龍並未收手，再度刀砍臺北逸仙國小前的石狛犬銅像頭。石狛犬是百年文物，他卻視之為日治時代的象徵物，既然反日，此物亦須掃除。這種作法，跟阿富汗恐怖主義組織塔利班不顧國際輿論的譴責，悍然炸毀巴米揚大佛的作法如出一轍。

當我們去到園區參觀時，銅像已修復完好。嘉南農田水利會請來藝術家王昭旺，巧手復原，看不出有傷痕。王昭旺介紹說，修復過程順利，和原本的八田與一銅像幾乎沒誤差。修復工法是將廿五年前八田銅像複製品切割後，再以焊接的方式，和被斷頭的銅像連接，接著修飾顏色讓銅像色調協調一致，最後上蠟阻絕雨水保護銅像，修復工程耗時一周。

王昭旺說，修復工程最具挑戰的是將水利會提供八田與一各種角度的動態照片，分析、比對、模擬後，才能精準進行切割。因為奇美博物館團隊提供的銅像複製品和原來銅像誤差值在百分之二以內，所以只要切割角度對，並調製出斑駁銅綠色相的漆，就能和原本的銅像如出一轍。

我跟八歲的兒子講述了八田與一的故事，也告訴他此前有人將銅像砍頭。兒子在美國生活，以英文為母語，說中文的時間並不多，每次到臺灣訪問，就是他學習中文的最佳時刻。前幾天，我剛好教他兩個中文新詞：嫉妒、吃醋。每當兒子與媽媽親暱時，我就在一旁故作羨慕狀，兒子就歡天喜地地說：「爸爸嫉妒、吃醋！」此刻，當他聽完李承龍的惡行後，脫口而出：「這個壞人是嫉妒、吃醋！」

兒子的表達，形象式地描述出李承龍的陰暗心態。不過，說他因為嫉妒、吃醋而去破壞八田與一塑像，或許還是高看了他。師大政治所教授范世平認為，李承龍應該只是為中國工作，「混口飯吃」。

范世平分析說，李承龍不可能為打知名度，因為全國人民都知道他；也不可能是為了要選市議員，統派要當選的機率幾乎是零；讓人民更反日，也是不可能的，他的行徑難以撼動臺灣是親日社會的事實；讓臺灣人更支持統一，絕不可能，臺灣人只會更討厭統派團體，因為破壞文物。

因此，范世平猜測，李承龍可能是「純粹發洩」，因自身討厭日本，看到獨派砍蔣中正銅像的頭，「我也以其人之道還治其人之身」。又或者受到中國所託，他可能替中國在臺灣做業績，以獲得補助。范世平感嘆說，一位政治邊緣人與失意者做出一件「刷存在感」卻毫無實質意義的事，「其實充滿許多無奈與哀傷，」甚至喊的政治口號與訴求都是假的，「為了一口飯倒是真的。」

如果說作為共產黨「附隨組織」的國民黨是共產黨的「大房」，那麼同樣作為共產黨「附隨組織」的中華統一促進黨就是共產黨的「二房」。「二房」與「大房」向主人爭寵，無所不用其極，下三濫的手法都會一一登場。當年，國民黨創黨時就是一群黑幫流氓的組合；如今，作為前國民黨人的李承龍等人，用其行為證明自己仍是流氓痞子。◆

· 余杰攝於修復後的八田雕像前（照片由余杰提供）

八田與一紀念園區

地址：臺南市官田區嘉南里66號
電話： 06-698-2103
參觀時間：週一、二、四至週日，
上午9:00-12:00，下午1:30-5:30

「偏見的教育」必然導致「冷漠的世界」

臺灣Holocaust和平紀念館

「Holocaust」這個英文單詞源自希臘語，原來是烈火焚燒之意，專指大規模的獻祭或毀滅事件，後來特指納粹德國及其協作國對近六百萬猶太人的種族滅絕行動。二戰前，歐洲共有近九百萬猶太人，其中近三分之二被害，包括近一百五十萬兒童。納粹使用委婉語「猶太人問題最終解決方案」描述其種族滅絕政策，使用「不配活著的生命」代指受害人，並以此來證明其行為的正當性。再後來，「Holocaust」這個詞語也泛指其他國家發生的種族或階級屠殺，比如蘇俄、中國、赤柬、北韓、盧安達等地發生的大屠殺。

後人為慰藉猶太人及呼喚世界和平，於世界各地紛紛成立Holocaust紀念館。我到德國訪問時，曾參觀多處猶太大屠殺紀念館，有的紀念館設置於集中營遺址，保存完好的毒氣室、焚屍爐讓人不寒而慄，納粹用此種所謂「更人道」的方式消滅猶太人。在美國首都華盛頓，設有一家規模巨大的猶太大屠殺紀念館，雖然大屠殺並未發生在美國領土，這間紀念館卻成為世界上首屈一指的人權博物館，除了長時間持續調查並記錄關於大屠殺的真相外，更重視現今的司法及人權教育，將負面的悲淒事件提升至宏觀的全球人權議題。在亞洲，第一家猶太大屠殺紀念館設在廣島，這個幾乎被原子彈毀滅的城市，似乎更能體會和平之可貴和極權之可恨。而位於臺南車路墘基督教會二樓的「Holocaust和平紀念館」，則是全臺灣甚至全球華人世界中第一座展出納粹德國屠殺猶太人的紀念館，它引起了我強烈的好奇心。

「車路墘」為保安之舊名，「墘」是旁邊的意思，指在火車軌道邊所形成的聚落市集。這個看上去土土的地名，記載了日治時代臺灣由傳統農業社會向以火車、鐵路為代表的工業社會轉變的歷程。沒有鐵路，就沒有這個小鎮，也就沒有這間教會。廿世紀五〇年代，傳道師許益超在臺南仁德區車路墘創立了這間教會，一九八八年由卓枝安牧師接手，二〇〇〇年教會外觀翻新成結合哥德式尖塔、羅馬式拱門的莊嚴肅穆的風格，成為當地的地標。

更讓人驚嘆的是，這間中型教會居然具有很多大型教會望塵莫及的胸襟、氣魄和異象，於二〇〇二年

· 上圖：走廊中設置的鐵絲網，讓參觀者彷彿真的進入了當年的集中營（照片由余杰提供）

· 下圖：紀念館內模擬的高牆（照片由余杰提供）

在教會二樓成立「臺灣HOLOCAUST和平紀念館」，以「忘記仇恨，彼此相愛；杜絕戰爭，崇尚和平」為宗旨，致力於推行各項關懷以色列的事工，並以基督信仰為根基，宣揚愛與和平的資訊。

通過《教會公報》的一位編輯，我與車路墘教會的卓榮一傳道取得聯繫，約好時間前去拜訪。車行過一條長長的略顯破敗的街道，在一棟高聳入雲的建築前停下來。鄉下的教堂大都因陋就簡，這棟教堂建築卻讓人驚豔，即便放在臺北乃至歐美的大城市，都不會覺得簡陋。

敲開教會大門，迎接我的是卓榮一傳道，他精幹、熱忱、充滿活力，比我想像得要年輕得多。聽卓傳道介紹我才知道，創建紀念館的卓枝安牧師是他的爺爺，雖已退休，仍兼任教會關懷牧師；現任牧師卓健誠是他的爸爸，目前正在以色列訪問、宣教。他們一家三代都在車路墘教會服務，正是《聖經》中所祝福的家庭「至於我和我家，我們必定事奉耶和華。」

願你淚流成河，晝夜不息

走上二樓，長廊亦是展示空間的一部分：長廊上方特別設置了寒光閃閃的鐵絲網，營造出如同集中營般的恐怖氛圍。左右兩邊共有六個展示空間，分為七大主題。

最讓我震撼的是猶太孩童在集中營內自己製作、自娛自樂的玩具。這些玩具大都因陋就簡，用泥土、紙板等做成，卻充滿孩童的審美情趣以及對未來的單純盼望。無論現實如何陰暗、邪惡、殘暴，這些孩子沒有放棄對美麗人生的憧憬。孩子們留下的圖畫、日記、書信等，更成為納粹暴行的見證。我讀到一名消逝在集中營的小朋友寫的一首短詩：

打烊的城鎮
傍晚，我沿著死亡的街道上走著。
看到一臺推車上，疊著死人的屍體被拉著走。
為什麼這麼多鼓聲伴隨的軍隊在行進？
為什麼這麼多士兵？
然而，
一個星期後，
這裡一切都將回歸空蕩
一隻饑餓的鴿子啄著地上的麵包殘屑，
而在這街道中央，只剩下一具
空蕩，骯髒的
棺木。

在其中一個展櫃中，展出了猶太人被送進毒氣室前脫下的眼鏡所堆積成的「眼鏡山」。猶太人是一個喜愛閱讀的民族，手不釋卷，一目十行，出了很多一流的作家、學者。當然，近視的比例也相當高。每一副脫掉的眼鏡，代表著一個生命的終結和毀滅。每一副破舊不堪的眼鏡，都讓人生發出悠長的聯想：這副眼鏡的主人，生前是做什麼的？是一名學富五車的拉比（老師），還是一個精明能幹的商人？是一個白髮蒼蒼的老人，還是一個生機勃勃的中學生？他的眼睛，通過這副眼鏡看到的是一個怎樣的世界？失去了眼鏡的他，在被納粹黨衛軍推入毒氣室的那一瞬間，對於眼前這個模糊不清的世界，想說的最後一句話是什麼呢？

· 左上圖：偏見的教育告訴那些希特勒的孩子們說，猶太人不是人類，是蟑螂、蒼蠅，必須將它們消滅掉，日耳曼人才能興旺

· 右上、中間及下圖：猶太孩童在集中營內自己製作、自娛自樂的玩具，這些玩具大都因陋就簡，用泥土、紙板等做成，卻充滿孩童的審美情趣以及對未來的單純盼望（照片由余杰提供）

在展出的幾個主題中，我特別注意到兩個相關的題目：「偏見的教育」和「冷漠的世界」。正是「偏見的教育」導致了「冷漠的世界」。「偏見的教育」告訴那些「希特勒的孩子們」說，猶太人不是人類，是蟑螂、蒼蠅，必須將它們消滅掉，日耳曼人才能興旺。「偏見的教育」讓絕大多數德國民眾包括基督徒變成希特勒的支持者。歷史學家麥可・貝倫鮑姆（Michael Berenbaum）寫道：「德國變成了一個『種族滅絕之國』。……國家所有複雜的機構都參與了屠殺。牧區教堂和內政部提供出生記錄、告發猶太人，郵局寄送放逐令和剝奪國籍令，財政部沒收猶太人財產，德國公司解雇猶太工人，終止猶太股權，大學拒絕錄取猶太學生，否定猶太文憑，解雇猶太院士，政府交通官員準備去往集中營的火車，德國藥廠測試毒藥，公司為火葬場競標，遇害人明細則使用德國IBM公司製造的打孔機並提供了屠殺的詳細資料；德國國家銀行協助將從受害者那裡盜取的財產透過秘密帳戶來洗錢……」歷史學家掃羅・弗里德蘭德（Saul Friedländer）寫道：「整個德國和歐洲沒有一個社會群體、宗教組織、學術組織或專業協會表示出自己對猶太人的支持。」伊恩・克肖（Ian Kershaw）在其鉅著《第三帝國公眾意見和政治異議》中語重心長地指出：「仇恨建造了通往奧斯威辛（集中營）的路，但做鋪墊的卻是冷漠。」中國人接受的共產黨教育，何嘗不是此種「偏見的教育」！劉曉波悲壯的死亡，在中國激起的只是一片死寂；六四慘案被屠殺的同胞及其遺屬，早已無人問津。

參觀路線到了最後，是一處模擬的牢籠。在房屋中央，有大約一平方公尺大小的空間，以黑色的鐵絲網、粗礪的牆壁包圍起來，昏暗的燈光和周圍觸目驚心的照片展板，讓遊客親身體驗到當年猶太人面對死亡時的孤單與無助感。我自己經歷過類似命運，身處與世隔絕、生死未卜的絕境——那一次，我被中國政治警察以暴力手段綁架到北京郊外一個秘密地點，在一段漫長酷刑的折磨之後，那個特務頭子赤裸裸地威脅說：「你相信嗎？我們可以隨時在外面的院子裡挖個坑，將你活埋掉，神不知鬼不覺！」我當然相信共產黨什麼壞事都幹得出來，因為共產黨與納粹本來就是同根生，法西斯主義和共產主義是廿世

· 上圖及中左圖：共產黨與納粹本來就是同根生，法西斯主義和共產主義是廿世紀人類的兩大毒瘤（照片由余杰提供）

· 中右圖及下圖：以色列人的處境與臺灣類似，但以色列人將過去歷史事件作為教育素材傳承給下一代紀人類的兩大毒瘤。

猶太人大屠殺跟臺灣有何關係呢？

由於教會人手有限，這間紀念館無法每天都開放給公眾參觀，參觀者需要事先預約。但是，每年總有一天，即便無人預約，紀念館也會開放。那一天，就是臺灣人的傷心之日：二二八屠殺紀念日。這個紀念館和教會約定俗成的「規矩」，間接地表明了猶太人大屠殺與臺灣的內在關係。卓健誠牧師說：「以色列人的處境與臺灣類似，但以色列人將過去歷史事件作為教育素材傳承給下一代。」臺灣也應當如此，在記憶罪惡、揭露真相之後，建立以愛與和平為根基的價值觀。

在紀念館內，有一面醒目的牆，留給被譽為「中國的辛德勒」的中華民國外交官何鳳山。何鳳山是湖南益陽人，從傳教士在長沙創辦的雅禮中學和雅禮大學畢業，又獲得德國慕尼黑大學博士學位。二戰前夕，他出任中華民國駐維也納總領事。那時，中德關係還算良好，蔣介石大量引入德國軍事顧問和德式裝備，且效法希特勒個人崇拜的模式。即便一九三八年納粹占領維也納，開始迫害當地猶太人，似乎也與中國無關。何鳳山大可袖手旁觀，更何況當時世界各國政府大都拒發簽證給企圖逃離奧地利的猶太人，讓大禍臨頭的猶太人只能坐以待斃。

然而，正是本著基督徒「愛人如己」的精神，何鳳山不顧上司駐德大使陳介的反對，不惜冒著生命危險，自行核發出數千張的簽證，協助猶太難民逃往中國上海及其他地區避難。納粹當局以中國總領事館原屬於猶太人房產為由，將總領事館沒收。而國民政府又拒絕出資租房，何鳳山遂自掏腰包在約翰內斯巷廿二號租下一套小公寓，把總領事館搬到那裡，繼續堅持發放簽證。一九三九年四月，何鳳山被外交部記過一次。

何鳳山協助了多少猶太人出逃？紀念館內有一個參考的列表：一九三九年一月，七千名奧國猶太人逃往瑞士及義大利，其中有多人持有中國簽證；一九三九年十月，一萬八千多名來自德國的猶太人，持何鳳山所核發的簽證，湧入日軍占領的上海，他們在上海形成了相依為命的小社區，戰爭結束後很多人移居新成立的以色列國。直到一九四一年奧國全面禁止猶太人離境，在此之前，何鳳山至少協助數千名猶太人出逃避難。維也納愛樂樂團首席小提琴演奏家海因茨・格倫伯格(Heinz Grünberg)、美國前財政部長維納・麥可・布魯門塔爾（Werner Michael Blumenthal）和億萬巨富伊斯雷爾・英格蘭德（Israel Englander）都是手持何鳳山所發的簽證到上海避難的見證人。現任世界猶太人組織秘書長的美國億萬富豪伊斯雷爾・英格蘭德的父母就是何鳳山所救的，他充滿感激地說：「我的父母是何鳳山博士救的，他是一位真正的英雄。」

後來，何鳳山隨國府遷臺，出任中華民國駐埃及、墨西哥等國大使。他性格耿直，遭人陷害，失去了公職及退休金，晚年移居三藩市，鬱鬱而終。他的英勇之舉，在逝世後才為世人所知。一位猶太人大屠殺倖存者說：「有些人雖然早已不在人間，但他們的光輝仍照亮世界；這些人是月黑之夜的星光，為人類照亮了前程。」

二〇〇〇年七月，何鳳山被以色列政府授予國際義人（Righteous Among the Nations）稱號，這是以色列的最高榮譽。二〇〇〇年四月二日，聯合國總部舉辦「生命的簽證：正義而高貴的外交官」展覽。二〇〇一年，以色列政府在耶路撒冷為何鳳山立下國際正義人士紀念碑，上面刻著「永遠不能忘記的中國人」。二〇〇五年，何鳳山被聯合國譽為「中國的辛德勒」。

英雄在其故鄉偏偏得不到應有的尊重。一九九七年，何鳳山以九十六歲高齡在三藩市去世時，中華民國政府並沒有派代表參加其葬禮。直到二〇一五年九月十日，中華民國政府才對何鳳山明令褒揚。

何鳳山是千萬名甘願為弟兄捨命的好基督徒中的一個。

為什麼要與以色列站在一起？

為什麼紀念館的創始人卓枝安牧師會對以色列有特別的情感呢？

卓傳道介紹說，三〇年代，祖父卓枝安牧師曾到日本正道福音神學院（LOGOS）學習，在那裡與神學院院長大槻牧師認識，學習到如何為以色列祝福、禱告。一九三八年的元月七日，卓枝安牧師領受聖靈託付，為以色列復國禱告。

那時，猶太人正遭受著前所未有的大迫害，納粹的種族滅絕計畫似乎成功在望。誰也不相信猶太人能回到巴勒斯坦，重建自己的國家。

那時，日本剛剛發動侵華戰爭，三年後太平洋戰爭將全面開打。作為日本殖民地的臺灣，當然無法置身事外，只能成為日本大東亞戰爭的棋子。

可以想像，作為日本人的大槻牧師和作為臺灣人的卓枝安牧師，都是不合時宜的反戰者。作為主內心靈相通的弟兄，他們的眼光超越一時一地的硝煙與愁苦，他們的愛投射到遙遠的歐洲那些如待宰的羔羊般的猶太人身上。與此同時，中國外交官何鳳山正在開始「一個人的拯救計畫」。

上帝的計畫超過人的所思所想。七年之後，臺灣脫離日本的殖民統治，卻又迎來蔣氏政權的新殖民統治，進入一段幽暗曲折的白色恐怖時代。同樣是七年之後，以色列真的獨立建國了！從此以後，卓枝安牧師持守著為以色列靈性復興、為耶路撒冷求平安的異象禱告。

又過了半個多世紀，二〇〇二年六月廿九日，臺灣Holocaust和平紀念館正式開幕。雖然這是一間小小的紀念館，每一任以色列駐臺北辦事處代表都來拜訪，他們認為，到這間教會和這個紀念館，就像回到自己的家一樣。多年來，以色列官方和民間人士為紀念館捐獻大量珍貴文物，這裡成為以色列的歷史和文化在臺灣傳播的一扇視窗。

卓家的第二代卓健誠牧師接棒之後，多次到「以色列猶太屠殺紀念館（YadVashem）」——以色列官方猶太歷史、文化與Holocaust事件的研究園區，學習有關課程，並取得臺灣第一個以色列官方賦予Holocaust合格教師證書。紀念大屠殺，支持以色列是「車路墘教會」的願景之一。可惜，臺灣社會和臺灣教會充斥著左派思想，用香港本土派發明的一個詞語就是「左膠」氾濫。二〇一七年十二月六日，美國總統川普發表講話，宣布承認耶路撒冷為以色列的首都。此一宣告，伊斯蘭世界當然不悅，歐洲的左膠們更是群情激憤，就連臺灣都有若干知識分子和基督徒嚴厲指責。那些跟巴勒斯坦的伊斯蘭恐怖分子站在一起的「基督徒左膠」真是一個不可理喻的怪胎。

其實，早在一九九五年，美國國會通過了耶路撒冷大使館法案（the Jerusalem Embassy Act），敦促聯邦政府將美國大使館遷往耶路撒冷，並承認這座如此重要的城市是以色列的首都。這個法案以跨黨派多數票在國會參眾兩院通過。然而，廿多年來，美國歷屆總統都行使了法律的豁免權，拒絕將美國大使館移到耶路撒冷，或承認耶路撒冷是以色列的首都，這種作法無異於掩耳盜鈴。

川普在大選期間就做出了「承認耶路撒冷是以色列的首都並將美國大使館遷往以色列」的承諾。很多政客在選舉期間的承諾都是欺騙選票的謊言，他們本人明知自己即便當選，也不可能實現此種承諾。但川普是誠實的人，他當選後一年之內就實現了大部分競選期間的承諾。包括承認耶路撒冷是以色列的首都。他在電視講話中說：「以色列是一個主權國家，有權像其他主權國家一樣決定自己的首都。承認這是事實，是實現和平的必要條件。」他也強調說：「耶路撒冷不僅是三個偉大宗教的心臟，如今也是世界最成功的民主制之一以色列的心臟。過去七十年來，以色列人民建立了一個猶太人、穆斯林、基督徒和所有宗教信仰的人民按照自己的良心和信念自由生活和敬拜的國家。」他沒有說出來的後半句話是：以色列週邊的伊斯蘭國家，沒有一個是民主自由的國家。

車路墘教會愛臺灣人，愛猶太人，也愛中國人。他們將中國作為宣教的重點方向，他們的異象是推動

· 鄉下的教堂大都因陋就簡，車路墘教會的建築卻讓人驚豔

整個華人教會的復興，復興後的華人教會又將成為向以色列宣教的管道。位於臺灣南部、政治立場偏本土的車路墘教會，卻對中國有特別的關切，正如教會的一位會友在禱告分享中說：「因為我的家庭背景的關係，原本我十分厭惡中國。國民黨政府來臺之後，我們的老家被軍隊侵占，一家人被迫全部擠在廚房。二二八事件前後，我的祖父被以莫須有的罪名被抓，祖母將堆滿國小操場的檜木變賣救人，卻又被騙，後來，還好有貴人相助。我父親始終痛恨國民黨，小時候家中堆滿黨外書籍。我大學時多次參與學生運動與社會運動。原本我對中國是何其厭惡與不屑，但是，感謝主，上帝透過牧師、師母開啟了我的眼目。上帝讓我面對中國時，不是以政治的角度，而是以神國的視野，神國的事工凌駕世上任何事物。二〇一一年，我首次踏上中國的土地，而我們全家更在二〇一二年前往福建一起宣教。」

是的，同為上帝之子，臺灣人、猶太人、中國人，可以超越種族、語言和文化，彼此相親相愛，如《聖經》所說，弟兄和睦同居，是何等的美，何等的善。◆

臺灣Holocaust和平紀念館

地址：臺南市仁德區文賢路一段598號

電話：06-266-2758

參觀時間：預約參觀

府城裡寂寥的春暉閣

成功大學博物館蘇雪林紀念室

被譽為「最後一位五四作家」的蘇雪林，一九五二年來到臺灣，一九五六年應聘至臺南成功大學，十七年後自中文系退休。蘇雪林長期居住在東寧路教師宿舍，締下與府城長達四十三年的不解緣分。她在回憶錄《浮生九四》中如此描摹這棟老屋：「成大所派我的住宅即今日我所住臺南市東寧路十五巷五號。是成大新建教職員住宅，距學校不遠，有大小二型。因說聘我做中文系主任，所派為大型住宅，有臥房大小三間，客廳一間，廚廁俱全。可喜者前後院空地甚大，連住宅卅幾坪，兩院約一百餘坪。」雖然蘇雪林後來並未擔任中文系主任，但鑒於她是前輩作家和學者，仍享受相對優越的大型住房待遇。

為紀念慈母，蘇雪林將住宅命名為「春暉閣」。四十多年來，她在此經歷了大姐病逝，並獨自走向老年。除了上課、研究、閱讀、畫畫、園藝、上教堂，日常不可或缺的工作是寄發信件與書寫日記。書信是她與外界聯繫的視窗，日記則是她的自我對話與思索。一九九九年，成大中文系出版了洋洋十五大冊、四百萬字的《蘇雪林日記》，堪稱世紀文人的精神史，折射著百年來中國與臺灣文藝思潮的更迭、文壇交友網路的變遷，也照見蘇雪林個人的閱讀脾性、思想紋理，以及在臺南的食衣住行與日常休閒——她已成為名副其實的府城人。

遺憾的是，這棟蘇雪林居住卅多年的房舍，如今淪為無人照料的「蚊子館」。成大校方一度規劃成蘇雪林紀念館，十多年來卻紋絲不動，或許因為這所以工科為主的大學，對文化的價值認識不深，而臺南市要打造成「文化首都」，卻對於這份現成的文化瑰寶視若無睹；又或許因為蘇雪林是「外省人」。

當我好不容易找到故居所在地，發現大門緊閉，院內雜草叢生。四周的磚牆包圍著庭院，幾棵壯碩的芒果、龍眼樹自牆頭探出。徒步或騎著車的學生們在樹蔭下來來往往，無人知道這裡是蘇雪林故居。這位走過一百零三歲人生旅程、著述六十五部共兩千餘萬字、見證百年風雲的作家和學者，漸漸被遺忘了。

相對於在臺灣的寂寥，一生不遺餘力反共的蘇雪林，在彼岸卻成了「香餑餑」（編按：比喻極受歡迎的人或極搶手的東西）。近年來，中國對蘇雪林的著作部分解禁，修復了她在安徽和蘇州的兩處故居，中國文化界掀起了一場不小的「蘇雪林熱」。蘇雪林生前早已看穿這一切，晚年曾表示，兩岸官方的作法都不是為了文化，而是為了「統戰」。有一次，臺灣文化工作委員會的官員率領一班記者上門訪問，蘇雪林在日記中說：「（客人告知）成大贈我名譽教授……又大陸擬爭取我，對我種種尊敬，則臺灣更應有所表示。余云，臺灣越尊敬我，我虛名越大，那邊也越要爭取矣。不如以平常心待我。彼以為無爭取之價值，而放棄爭取。」這是一種水過無痕的謙遜，旁人學也學不來。

五四運動讓她由「家庭女性」變成「社會女性」

蘇雪林故居尚未整理開放，要探尋蘇雪林的故事，只能去成大博物館一樓的「蘇雪林教授常設展區」。那裡有一間小小展室，將展場佈置成書房的模樣，展出蘇雪林的書籍、作品、衣物。整個博物館是成大校史館，其他展出都以工科特色為主，蘇雪林的展覽讓人稍感突兀。

蘇雪林是接受五四新文化運動洗禮的一代新女性。她於一九一九年考進北京高等女師，受教於胡適等大師，並與胡適締結了一生的師生情誼。她推許胡適為「歷史上少有的一位完人」，胡適去世後，她撰寫一系列追悼文章；唐德剛出版《胡適雜憶》，她不同意書中的若干觀點，比如對胡適哥大博士學位的質疑，遂出版《猶大之吻》一書，用猶大出賣耶穌這個典故斥責唐氏。晚年，蘇雪林將胡適寫給她的卅多封信件全數回贈中研院胡適紀念館，並出資請雕塑家闕明德鑄造胡適半身銅像一座陳列於胡適紀念館。此種情誼，令人感佩。

紀念室展出了蘇雪林的若干著述，早已非「著作等身」所能形容。若沒有五四，就沒有後來的蘇雪

· 要探尋「文化巨人」蘇雪林的故事，只能去成大博物館一樓的「蘇雪林教授常設展區」

林，她在〈我的學生時代〉一文中寫道：「每天我們都可以讀到許多有關新文化運動的報紙副刊、週期性的雜誌、各色各樣的小冊。每天我們都可以從這些精神糧食裡獲取一點營養料，每天我們都可以從名人演講裡、戲劇宣傳裡、各會社的宣言裡，得到一點新刺激、一點新鼓動。」一九二一年，蘇雪林負笈法國深造，五四思潮的刺激以及異國的嶄新視野，讓她感觸頗深：「若勉強追問九年學校教育給我的好處，我以為只能說這樣一句話：不過使我混得一種資格，由一個家庭女性變成一個社會女性罷了。」

蘇雪林是一位百科全書式的文化巨人。首先，她是一名教育家，她以教師這個清貧、充實、快樂的工作為職業及志業。她曾任教於蘇州東吳大學、上海滬江大學、安徽大學、武漢大學、臺灣師範大學、臺灣成功大學、新加坡南洋大學等名校，執掌教鞭達五十年之久，教書又育人，桃李滿天下。她在〈我的教書生活〉一文中寫道：「教書頂好接受新功課，雖然比較辛苦，但它能拓寬你的視域，增進你的知識，加深你的思境，並使你在學術上得到許多意想不到，極有價值的新發現。」可見，她樂在其中。

其次，蘇雪林是從五四新文化運動中走出來的小說家、散文家。她上過私塾，受過中國古典文學的薰陶；又念過教會學校，是一名虔誠的天主教徒，並兩度遠渡重洋，遊學法國，飽受歐風美雨的沐浴滋潤。她放棄愛情走向文學，終生不悔：「我不願再接受丘比特的金箭，我只望文藝之神再度撥醒我心靈創作之火，讓我文思怒放，筆底生花。」她的小說《綠天》與《棘心》在現代文學史上占有一席之地，也有文章入選臺灣國文課本。蘇雪林的文字既有女性溫婉清雅的質感，也不乏男子幽邃宏博的氣象，絕非「閨秀派」可以概括。

其三，蘇雪林是獨樹一幟的古典文學和古典文化研究者。自二〇年代起，她即展開以楚辭為中心的綜合研究。她對中國文化的起源有著濃厚的興趣，對《楚辭》的研究更是獨闢蹊徑，開創「中學西進」一家之說。屈賦研究雖不為時人重視，她卻將其當成性命般珍愛，前後出版《楚騷新詁》、《屈賦論叢》、《天問正簡》、《屈原與九歌》等多部著作。雖然「知音少，弦斷有誰聽」，但她仍堅信：「現世雖無知者，我將求知音於五十、一百年以後。即五十百年以後仍無人賞識，那也不妨，『文章千古事』，只需吾書尚存，終有撥雲見日的時候！」

其四，蘇雪林也是一位不被畫壇承認的「文人畫」畫家。她早年曾以學畫為志向，在旅法期間舉行過小型畫展。她與同時代的女畫家潘玉良、方君璧、孫多慈等人通信不絕，觀摩切磋。她主張中國山水畫應當師法自然，不可專以臨摹為能事；講究透視，並重視色彩明暗濃淡。學者吳榮富高度評價蘇雪林的作品說：「從蘇雪林身上，我們又如看到『當世謬詞客，前身應畫師』的再生，也是餘習更不能捨，終於畫到老。縱使世人不以她為畫家也沒關係，因為文人畫的最初原型，本就是純為興趣，故作畫也如遊戲，藝術評價之高低，在所不論。』

其五，蘇雪林最為人所知的名稱還是「反共反魯（迅）的蘇雪林」。與蘇雪林同輩的冰心、盧隱、陳衡哲、凌叔華、袁昌英、馮沅君、石評梅等人，一般都選擇遠離政治紛爭，保持清高溫婉的社會形象，更不會與當時的文壇盟主和主流的左派思潮為敵。那麼，蘇雪林為何勇敢地站出來反共、反魯呢？我在大學時代深受錢理群等學者影響，是魯迅的熱忱崇拜者，對於反魯的蘇雪林不屑一顧，甚至深信某些中國學者對蘇雪林的惡毒詆毀——她暗戀魯迅，因愛不成而生恨，這才成為「反魯先鋒」。

反共反魯的「女戰士」

蘇雪林待人處事溫文爾雅，怎麼看都不像是「戰士」，偏偏以反對魯迅為「半生事業」。一九三六年，魯迅去世之後，蘇雪林試圖勸阻蔡元培出任「魯迅治喪委員會」成員，由此引發左派作家口誅筆伐。蘇雪林以「雖千萬人，吾往矣」的勇氣，寫了長達四千言的《與蔡孑民先生論魯迅書》，公開祭出反魯大旗。她認為，魯迅的個性「陰險，多疑，善妒」，「不近人情，睚眥必報」；魯迅的雜文「文筆尖酸刻薄，無以倫比」，「含血噴人，無所不用其極」。她痛斥魯迅是「玷辱士林之衣冠敗類，廿四史儒林傳所無之奸惡小人」，並指魯迅勾結日本特務機關內山書店，「行動詭秘」。

從一九三六年秋末至一九三七年春，蘇雪林連續寫了〈說妒〉、〈富貴神仙〉、〈論偶像〉、〈論誣衊〉、〈論是非〉、〈過去文壇病態的檢討〉、〈對（武漢日報）副刊的建議〉、〈論魯迅的雜感文〉等文章，去掉被左派塑造成「聖人」的魯迅臉上的重重油彩。蘇雪林指出，魯迅是中共用於轉移中國知識界風氣的重要力量，「魯迅病態心理將於青年心靈發生不良之影響也」，「魯迅矛盾之人格不足為國人法也」，「左派利用魯迅為偶像，恣意宣傳，將為黨國之大患也」。確實，即便在「橫掃一切牛鬼蛇神」、所有中國現代文學名家都遭到毀滅性打擊的文革時代，魯迅不僅沒有倒楣，反倒更上一層樓，成為僅次於毛澤東的「精神導師」。

到臺灣之後，蘇雪林並未停止對魯迅的批判。一九六六年十一月，正值魯迅逝世卅周年，蘇雪林發現臺灣論壇近年「捧魯」有漸成風氣之勢，已有人呼喊在臺灣「重印魯迅著作」了，所以必須警惕在臺灣出現「魯迅偶像」。蘇雪林寫了兩萬七千字的長文〈魯迅傳論〉（後收入《我論魯迅》一書），發表於《傳記文學》雜誌。在其眼中，魯迅是一個喜歡別人對他吹捧的人：「人家奉獻給他的頭銜不可勝數：『東方的尼采』、『中國的羅曼・羅蘭』、『中國的蕭伯納』、『中國的高爾基』，喊得洋洋乎其盈耳……我以為世上癖好阿諛的人，魯迅可算第一。」她更指出，魯迅與共產黨週邊組織「中國左翼作家聯盟」狼狽為奸，互相利用：「左翼作家聯盟一成立，魯迅立即加盟，立刻被擁上『金交椅』成為左翼文壇的領袖！」自從魯迅入盟後，那些更激進的左派作家們奉共產黨之命，停止與之論戰，且敬奉其為「盟主」。

我本人對魯迅的反思，始於在北大圖書館臺港文獻中心閱讀到蘇雪林若干批判魯迅的文章，這才發現自己原先尊崇的文化偶像竟如此不堪。毛澤東對魯迅的利用，正說明魯迅的精神脈絡中有與毛澤東息息相通之處。魯迅早期反專制、反傳統、國民性批判的思想和文字，固然有其價值與魅力在；但一九二七年之後，魯迅的思想徹底左轉，成為左翼文學的代表和共產黨的宣傳工具，再也寫不出優秀的小說和散文來。晚年的魯迅，「對著鏡子描繪自己的尊容，然後把那些醜陋的臉譜向別人頭上罩」，幫助共產黨對青年洗腦，為中國赤化鋪平「文化宣傳」之路。魯迅將孔子拉下神壇，自己卻被毛澤東推上神壇，充當傀儡。從毛時代至今，中國文壇「破壞打倒」的匪氣以及「造神和歌功頌德」的奴性並行不悖且長盛不衰，魯迅難辭其咎。

作為魯迅在臺灣的「再傳弟子」、左派旗幟的陳映真，晚年投共，並幫助奉行「共產黨資本主義」模式的中國政府塗脂抹粉，當然就不出意外了。有臺灣民主運動的觀察者指出：「吊詭的是，二〇一六年，陳映真在北京病逝之際，許多當年臺灣的反對運動者，在當下臺灣『仇中』強烈的氛圍下，仍忍不住甘冒大不韙地向『恩師』致哀，足見左翼文化對許信良這個世代的反對運動者影響有多深。」我因為嚴厲批判陳映真為中共的六四屠殺辯護，與傅月庵等貌似本土的臺灣文化界名流在臉書上發生爭論，一如當年蘇雪林與魯迅等左派文人爭論之延續。事實上，當初在民進黨內思想成色斑駁，以許信良、張俊宏為首的美麗島系，和由盧修一、洪奇昌、林濁水等人集體領導的新潮流系，都有很多人信仰陳映真，甚至後來國民黨因主流與非主流的鬥爭而「出走」的新黨之內，也有陳映真的信徒。除了政壇之外，臺灣的人文社會領域，仍被「左膠」牢牢把持。因此，蘇雪林反共和反魯的思想遺產，仍有被發掘和發揚的重大價值。

蘇雪林與魯迅的對立，是留學歐美的自由主義學人群體，如胡適、陳源、楊蔭榆、林語堂、梁實秋等；與留學日本的左派文人群體如魯迅、郁達夫、郭沫若等的對立，背後則是價值觀和世界觀的重大分野。蘇雪林指出，魯迅「既無『現代評論派』的學術水準」，「文藝上也不若新月派的才華豔發」，一味的崇尚「不負責任的破壞」，後與「被赤匪滲透的左翼相互利用，成功上位於文壇聖座」，成為「思想界的領袖」，「青年的導師」。她與胡適一樣，崇尚理性，反對暴力，在三〇年代便預見到赤潮烈焰席捲中國的惡果，未來必將血雨腥風，餓殍遍野。她敢於冒天下之大不韙，猛烈反擊魯迅及左翼文人群體，為此付出沉重代價——到了四〇年代中期，她的文章已沒有刊物敢登載；中共奪取政權之後，更是長期對她封殺，直到八〇年代後期稍稍寬鬆，中國讀者才知道蘇雪林還在臺灣活得好好的。

蘇雪林在中國（包括香港）生活了五十五年，在臺灣生活了四十八年，差不多兩岸各半個世紀。可惜，她晚年仍未突破大中華情結，思想未能更進一步，支持新發於硎臺灣的年輕一代的本土運動。不過，她始終保持知識分子的嶙峋風骨，反對共產黨及其意識形態的同時，對國民黨從不卑躬屈膝，對「蔣公崇拜」亦冷嘲熱諷：「自己窮蹇一孤島，雖四十年中享安寧之福，究竟是小朝廷，連東晉南宋都比不上！」

讀書著述一生好，屈賦《聖經》一線牽

「我整個身心沉浸於這項靈感裡，足足有十天之久，彼時胃口完全失去，睡眠時身雖偃息在床，心靈則清清朗朗醒著，我那個靈感像一顆晶瑩透澈的大珠寶，發射出閃爍的光芒，照徹我靈臺方寸之地，不，竟可說照徹了中國幾千年的故紙堆，一直照到巴比倫、亞述、埃及、波斯、印度、希臘等國的古代史……」這篇名為〈談寫作的樂趣〉的片段，生動地展示蘇雪林在寫作、閱讀、研究狀態中的專注與忘情。

成大博物館這間小小展示室，勉強呈現了蘇雪林的「讀與寫的世界」。她一生簡樸單純，粗茶淡飯，展出的手稿都是她自己裁切紙張，裝訂成冊。書桌上有裝訂的釘錘、針線，以及讀書、寫作、會客時常用的硯臺、毛筆、放大鏡、助聽器等物品。牆上還掛有董作賓贈送的一幅書法：「野客在山三千載，春

· 上圖：蘇雪林一生簡樸單純，粗茶淡飯，用了數十年的衣服和日用品仍捨不得扔掉（照片由余杰提供）

· 下圖：作為天主教徒，蘇雪林對死亡並不恐懼，在一百零三歲時，果真如她文章〈當我老了的時候〉描述地那樣安靜地逝去去秋來自不知。有約伊川買泉石，從來不解入時宜。」正是其日常生活的寫照。蘇雪林的衣服和日用品，用了數十年仍捨不得扔掉。她對自己苛刻，對國家和親友卻相當慷慨。抗戰期間，她將多年積蓄的薪金、版稅和稿費拿出來，買了五十兩黃金，捐獻給危難中的國家。八〇年代初，她給中國的親友匯款，臺北國防部的特工找上門來，稱寄錢助「匪區」，是「資匪」。她憤怒地反駁說：「你們國民黨自己無能，把大陸斷送了……還不許我做這小小的救濟嗎？」後來，依附於國民黨的富豪們紛紛到中國投資賺錢，與狼共舞，認賊作父，國民黨的特工們為什麼再也不提「資匪」的罪名了？

蘇雪林曾言「一生沒有什麼稱心事，只有著述是一生所好」，因為她早已失去了愛情。長達五十年的日記中，她提及丈夫張寶齡的僅僅三、四處，語氣平淡而疏遠。她與張寶齡的婚姻毫無愛情的成分：張寶齡也是「海歸」，從美國麻省理工學院學成歸來，是父母贈予她的「禮物」，她別無選擇。當年，這對新婚夫妻在蘇州築巢，張寶齡是學造船的，房子修得像船一樣。中秋，兩人一起賞月，蘇雪林說，外面的月亮好圓，張寶齡回答說：「再圓也沒有我用圓規畫得圓。」他們是兩個世界的人，「蘇州天賜莊一年歲月尚算美滿，但以後便是維持夫婦名義而已」。後來，蘇雪林到了臺灣，張寶齡留在中國。蘇一生保持獨身，因為天主教徒不允許離婚並再婚；張在中國另外組成家庭，晚年有一次對後人懺悔說，對不起蘇。

於是，蘇雪林自豪地宣稱：「我有文學學術自慰，何必婚姻。」她在〈天問中的創世紀〉一文中指出，屈賦的很多意象與西亞神話相似，甚至來自於近東地區的舊約《聖經》。楚文化來自於西亞，才會與北方的儒家文化格格不入。蘇雪林的學生汪玨在〈蘇雪林：以域外文化解釋楚辭〉一文中指出：「蘇師……發現我國故紙古籍（如《山海經》《淮南子》《穆天子傳》等關於史地、神話的書籍，大抵是漢代人纂作）無法解決的神話問題，她竟然在讀《聖經・創世紀》中得到證實。而《聖經・創世紀》實受西亞兩河流域文化影響，同樣內容的神話紀事也可在古希臘神話、古印度神話裡得到印證迴響。她開始廣泛搜查閱讀相關書籍。她認為這些域外文化入華的時間最早略在夏商周時代，以後又發生在戰國初年；比吾人一向的觀念，漢唐記載、敦煌文物都早得多。……此外她覺察到《天問》的體制在國學史裡非常罕見，以一百七、八十個問題來書寫全文。而這種文體卻在舊約《聖經》和印度古經文裡可以找到呼應。」因此，汪玨認為，蘇雪林大量參考域外文化探究屈賦詩騷，是將世界性的「神話比較學」納入中國古典文史哲學及民俗學研究，這是其畢生最重要的學術貢獻。這是前瞻性的世界文史觀。

然而，由於當年沒有考古實物證明，蘇雪林「中國南方文化從西亞而來」的觀點，被某些自大的文化人斥之為「野狐禪」。直到近年來四川三星堆古巴蜀遺址的發現，人們才開始對蘇雪林先知式的論述嘆為觀止。三星堆文明出現於西元前兩千八百年至一千一百年，其美輪美奐的青銅神樹、青銅縱目面具、金杖、金面具等都是古代兩河流域文物的表徵。其中，青銅神樹很可能就是蘇雪林曾論及的《山海經》裡的「不死樹」，也可能是舊約《聖經》裡的「生命樹」。可見，中國文化從來不是一個自給自足、自我封閉的系統，也並不領先於其他區域，甚至深受其他文明的影響。由此，或許蘇雪林自己也未意識到，她成為破除「華夏中心主義」意識形態的先行者。

作為天主教徒，蘇雪林對死亡並不恐懼。展室中有她在〈當我老了的時候〉一文中一段話：「我死時，要在一間光線柔和的屋子裡，瓶中有花，壁上有畫，平日不同居的親人，這時候，該來一、兩個坐守榻前。傳湯送藥的人，要悄聲細語，躡著腳尖來去。親友來問候的，叫家人在外室接待，垂死的心靈，擔荷不起情誼的重量，他們是應當原諒的。就這樣讓我徐徐化去，像晨曦裡一滴露水的蒸發，像春夜一朵花的萎自枝頭，像夏夜一個夢之澹然消滅其痕跡。」她在一百零三歲時，果然如此安靜地逝去，恰如泰戈爾所說：「生如春花之燦爛，死如秋葉之靜美」。◆

· 五四運動讓蘇雪林由「家庭女性」變成「社會女性」；相對於在臺灣的寂寥，一生不遺餘力反共的蘇雪林，在彼岸卻成了「香餑餑」，近年來，中國文化界掀起了一場不小的「蘇雪林熱」（右圖由余杰提供）

成功大學博物館蘇雪林紀念室

地址：臺南市大學路1號成功校區
電話：06-2757575#63020
參觀時間：每週二至日，上午10:00至
　　　　　下午5:00（春節休館）
＊導覽採預約申請

你的恐怖分子，我的自由先驅

成功大學南榕廣場

太陽花學運之前，鄭南榕是一個國民黨政府不想聽到的名字，教科書中絕對不會提到，他只是被人權活動人士熟知；太陽花學運之後，鄭南榕浮出水面，被年輕一代視為「臺灣國父」，甚至在使用「臺灣國」的護照貼紙時，很多人都用鄭南榕的頭像。

在「空間悼念」的意義上，臺北鄭南榕紀念館那條所在的小巷被命名為「自由巷」，臺南也有一條街道被命名為「南榕大道」。正式命名為「南榕廣場」的地方則有兩處：一處位於宜蘭縣中興文創園區，鄭南榕因父親於中興紙廠工作，其少兒時期在紙廠園區內成長，園區內設立南榕廣場乃是理所當然。這裡成為人們追尋鄭南榕腳蹤的第一站。廣場內設有以兩面三角形所組成的紀念碑，一面為鄭南榕的手稿「爭取百分之百自由」，另一面是由知名建築師黃建興題寫的「南榕」二字，背面另附上南榕廣場紀事。第二處位於高雄鼓山區中華一路八百六十八號，廣場內設有公共藝術供民眾欣賞。鄭南榕生前雖未在這一帶生活過，但高雄以紀念鄭南榕彰顯其「人權之都」的特質，也算是相得益彰。

我要寫的「南榕廣場」，並非以上這兩處，而是一處並未正式命名的南榕廣場——臺南成功大學學生心目中的「南榕廣場」。

我很喜歡成功大學的校園。大正時代昂揚典雅的紅磚建築，蘊含著日本當年「脫亞入歐」的雄心壯志。後來，日本進入昭和時代，大步走向軍國主義，窮兵黷武，頭破血流，但大正時代近代化的理想並沒有錯：脫離專制獨裁的亞洲，擁抱民主自由的英美，仍是日本和臺灣都需要好好補上的一課。

我更愛的是鬱鬱蔥蔥的百年老榕樹，根深葉茂，婀娜多姿，如母親般默默注視著樹下匆匆行走的青年學子。一屆又一屆的學生，來了又離開，唯有榕樹在此生長與安息、陪伴與安慰。在這所校園裡讀書的學生，真是有福。

從成功大學校史館出來，就是「南榕廣場」——此前，成大師生在口頭上稱之為「榕園」。以廣場而論，空間並不大，卻並不顯得擁擠狹小。這裡找不到任何「南榕廣場」的標誌，因為「南榕廣場」這個名字不被校方認可，某些保守派人士對這個名字「談虎色變」，竭盡全力阻止其定案。

二〇一三年十一月，成大校方拆除了成功、勝利兩校區之間的圍牆，將出現的新空間設立成一處校園廣場。校方委託學生社團聯合會，辦理廣場的命名活動。臺文系學生邱鈺萍提出，以「南方榕樹」的概念將廣場命名為「南榕廣場」，同時亦可紀念成功大學校友鄭南榕——雖然鄭南榕在成大讀書的時間並不長，但成大畢竟是其母校。「榕」，既是懷樹，也是懷人，偉大的人，往往具有樹的品質——堅韌而樸素、安靜而謙卑。以「種樹的詩人」自居的吳晟說過，樹可以沒有人類，但人類不能離樹而活。在他眼中，那些可愛的樹：

亦成蔭。以新葉
滴下清涼
亦成柱。以愉悅的蓊蔥
擎起一片綠天

如此美好的詩句，說的是樹，也是人——如果沒有鄭南榕，今天的臺灣人能享有免於恐懼的自由嗎？

徵名活動期間，成大的師生先後提出十個名字。在十一月卅日投票截止前，有三千八百名師生參與投票，「南榕廣場」以九百七十一票的高票，在十組備選名稱中脫穎而出。剩下的程序就是校方對投票結果加以確認了。然而，誰也沒有想到，校方突然出爾反爾。

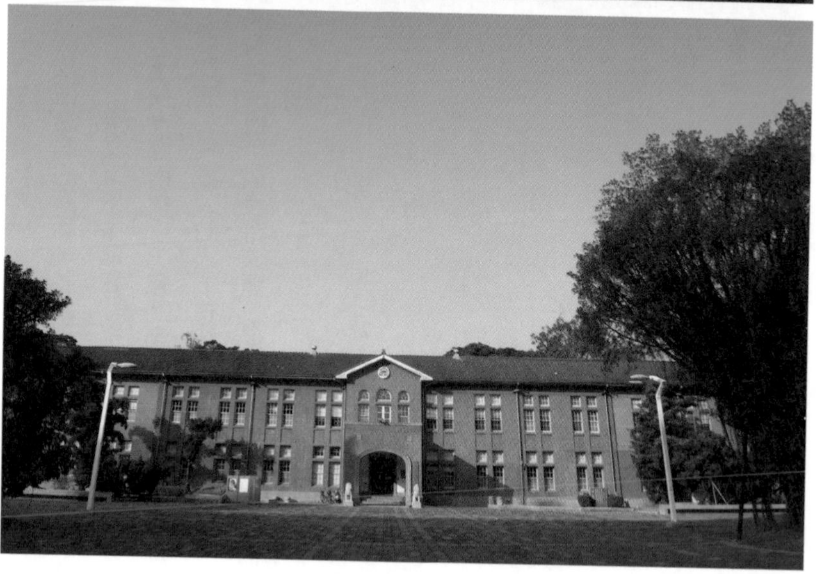

・上圖：太陽花學運後，鄭南榕浮出水面，被年輕一代視為「臺灣國父」

・下圖：大正時代昂揚典雅的紅磚建築，蘊含日本當年「脫亞入歐」的雄心

為何校長視民主程序如兒戲？

原以為已經塵埃落定的結果，卻在投票資料呈送校方時變了調。成大主任秘書陳進成以「該命名活動沒有實際效力，投票活動只是跟學生宣傳有要蓋廣場這件事」為由，表示廣場名稱必須送交校務會議，才能拍板定案，等於否決了師生的表決結果。

於是，「成大零貳社」及學生會發起連署抗議。學生施壓後，成大校長黃煌輝承諾將廣場命名一事納入十二月廿五日校務會議的議程中討論。然而，校務會議當天，卻將廣場命名案從主管會報中刪除。如此出爾反爾、瞞天過海，使立法院葉宜津立委提出公開質詢，南榕廣場一事登上各大媒體版面。

後來，校長黃煌輝以電子郵件及學校網站發出〈致全校師生一封信〉，提出校園需遵守政治中立與宗教中立的原則，校內相關設施均應避免涉及政治性活動與特定政治意識形態，暗指「南榕廣場」名稱失當。

此一說法正是「此地無銀三百兩」。學生認為，政治本來就無所不在，食衣住行皆與政治有關，校園也離不開政治。所謂校園必須遵守政治中立和宗教中立，並不是學校不該有任何涉及政治或宗教的語言或名稱，而是當特定政黨或宗教進入校園活動時，校方不能出面為該團體表態或背書。如果校長的邏輯成立的話，「成大零貳社」也要求校方將「中正堂」撤名——這不是政治性的名稱又是什麼呢？校長作繭自縛，無法回答。更有人追問，若「南榕」這個名字是政治，「光復」這個名字難道不是政治嗎？於是，有學生以落實校長「政治中立」的立場為由，自行拆除成大光復校區的「光復」門牌。成大校方搬起石頭砸自己的腳，有苦說不出，「光復」門牌至今尚未修復。

不過，官僚們總有「撒豆成兵」的伎倆。經過一番幕後操作，在校務會議上由材料系教授林光隆臨時提出修正案，建議直接取消廣場命名。校長黃煌輝表態支持說：「大家要叫廣場什麼名字都可以，既然有人仍把自由廣場叫做中正紀念堂，大家當然可叫新廣場為南榕廣場。」他順便幽了自己一默：「也可以叫黃煌輝廣場啦！」引起在場代表一陣大笑。

我真不知道旁人怎能笑得出來，我唯有一聲歎息——這樣一個有著知名學者頭銜的大學校長，如此「無知者無畏」，在嚴肅的校務會議上開這種粗鄙狂妄的玩笑，將低俗當作睿智，實在是對成功大學的羞辱。這種人不配當校長。

當校方確認「程序上沒問題」後，會議代表針對「取消廣場命名」的修正案舉手表決。一百名校務代表中，七十票贊成，廿一票反對，最後以懸殊差距，取消了廣場的命名。幾十名並非民選產生的「代表」就能否決三千名學生投票的結果，權利的不對等駭人聽聞，讓人慼嘆民主化已經卅年的臺灣，校園民主居然如此匱乏。

校長黃煌輝更在會議中回應說，他不能接受學生要他「道歉」的要求，因為他要學生辦理活動是「為了凝聚向心力，從來沒有說票選名稱就是最終名稱。」言下之意就是，「我是跟你們玩家家酒遊戲的，誰讓你們信以為真呢？這不能怪我，只能怪你們自己太傻太天真。」

更荒腔走板的是，當零貳社等學生社團自行舉行南榕廣場命名儀式時，成大主秘陳進成對媒體表示，尊重民主多元聲音，學生有充分表達言論空間，校方開放態度不會干涉，但「若有固定裝置，校方會在活動結束後清理。」對於廣場名稱，「隨人喜歡叫什麼就叫什麼，目前成大沒有正式命名的廣場。」表面上看，是一種居高臨下的寬容姿態，而「清理」一詞則綿裡藏針、威權猶在。而「隨人喜歡叫什麼就叫什麼」這句話，充滿了「只要我有權在手，我就根本不在乎」的痞子氣。難怪有人說成大不是校長當家，而是主秘做主。帝制時代的中國，若皇帝太昏庸，必定有飛揚跋扈的太監頭子出現，此種權力模式再度在一所現代大學中重演。

英國史教授不知道英國史就是自由史

在此次校務會議上，如果說校長黃煌輝的「不當幽默」只能算是「茶杯裡的風波」，那麼歷史系教授王文霞的發言才是石破天驚。王文霞說：「鄭南榕的作法對我來說是完全違反自由和民主精神的，因為他是害了他自己的生命，任何對生命的傷害，都是絕對違反自由和民主精神的。」她又說，鄭南榕「以死來解決問題，這種方式其實是一種暴力的方式，這個暴力的方式一方面反映了他逃避問題，一方面反映他是沒有能力去處理他命運裡面面臨的挑戰。」她甚至用「炸彈客」來攻擊鄭南榕：「我還要舉一個例子，他很像炸彈客嘛！很像伊斯蘭的自殺炸彈客，因為不合我意的時候我就去死，或者你們陪著我死。」如此嘲諷、詆毀一位為自由民主不惜犧牲性命的烈士，突顯了這位資深教授對臺灣民主化歷史以及人類普世價值的無知與漠視。

對於王文霞的這番言論，學者沈清楷駁斥說，雖然大家對事實可以有不同的解讀，但首先要把事實搞清楚，作為歷史學者的王文霞尤其應當如此。鄭南榕自囚七十一天期間準備的是「汽油桶」，不是「汽油彈」。鄭南榕的自焚，沒有攻擊任何人，也未向警方投擲汽油彈。就連當時以攻堅戰逼死鄭南榕的刑警隊長侯友宜，也在對外說明中承認：「所有錄影帶沒有鄭南榕投擲汽油彈的鏡頭。」重視史實的王文霞教授為什麼要扭曲事實呢？她才像是「自爆的炸彈客」，她對鄭南榕的仇恨，其實是對自由的仇恨。

沈清楷進而指出，王文霞提到《法國人權暨公民宣言》，認為法國人權宣言重視生命價值，而鄭南榕不重視生命價值。其實，《法國人權宣言》所提及的生命價值，也保括「反抗不義政府」的價值。鄭南榕的自焚，是為捍衛百分之百的言論自由，其精神不僅符合法國《人權宣言》第二條的「壓迫的抵抗」，也就是對國民黨威權統治的抵抗；同時也符合法國《人權宣言》第十一條所認為「最珍貴」的人權，「思想及意見的表達自由：包括口語、寫作與出版」，鄭南榕所捍衛的正是百分之百的言論自由。

王文霞不斷強調「對生命的尊重」，當鄭南榕以生命去捍衛應有的人權價值，不是一種更積極地表達對「生命的尊重」嗎？若王文霞真的像她所聲稱的那樣重視生命的價值，她為什麼不譴責剝奪鄭南榕生命的黨國體制，以及害死鄭南榕的兇手之一的侯友宜呢？原因很簡單，批判當權者要冒風險，攻擊長眠於地下的犧牲者是安全的。

我上網稍稍瞭解了一下，原來王文霞是專攻英國歷史的教授。倘若她真的對英國歷史有所研究，難道她不知道英國政治家和歷史學家邱吉爾的「英國史就是自由史」的觀點？將自由視為一種傳自先輩的習慣性權利，在英國還未形成國家的時候，就已經在英倫住民心中扎根了。然後是大憲章、清教徒革命以及英國率先邁入民主化和現代化。邱吉爾在其巨著《英語民族史》中指出：「哥倫布朝著美洲大陸揚帆出發的時候，國會、陪審團制度、地方自治以及新聞自由的萌芽就已經破土而出。」邱吉爾認為，英美國家所堅持的價值，包括普通法、《大憲章》、英國《權利法案》和美國《獨立宣言》，同時也是對獨裁、專制、暴政的嚴厲指責。如果承認「個人自由和抵制專制權力正是英語民族最顯著的特徵」，那麼一生研究英國史的王文霞教授為什麼如此仇恨為自由獻出生命的鄭南榕呢？難道她研究的不是以自由為核心價值的英國史，而是以暴政為主要特徵的中國史——進而也被幽暗的中國史所毒害和同化？

更讓人毛骨悚然的是，王文霞教授居然是臺灣高中歷史課綱的審定者之一。那麼，她所審定的歷史課本，向中學生灌輸的究竟是怎樣的知識、理念和價值呢？王文霞本身就是黨國洗腦教育的犧牲品，當她掌握了教育的權力之後，立即華麗轉身，由受害者變成加害者，繼續對年輕一代施行洗腦教育。

這一惡性循環必須打破。

大學的使命是為了培養「聽話」的學生嗎？

長期以來，人們認為以工科為主的成大是一所培養「純樸老實的學生」的學校。老師經常批評北部學生「奸詐」，自豪成大畢業生是多年來企業老闆的「最愛」，同時感慨「選成大學生的老闆都是臺大畢業生。」

這種學校風格的定位，讓我想起共產黨治下的北京清華大學。二〇年代，清華大學國學院四大導師之一的陳寅恪，用「獨立之精神、自由之思想」來紀念前輩學者王國維，也以此勉勵清華的莘莘學子。一九五二年，中共用「院系調整」的政策，將清華閹割去勢，讓這所只剩下工科院系的大學淪為「紅色工程師的搖籃」。當年在清華煽動學運的肄業生蔣南翔當上清華校長，公開宣稱清華培養人才的目標乃是「聽話、出活」四個字。作為清華畢業生的胡錦濤，就是這樣一個「聽話、出活」的「木乃伊」。那麼，成功大學願意成為類似的「失魂落魄」、唯唯諾諾的大學嗎？

成功大學的學生沒有向頤指氣使的校方低頭，他們在「南榕廣場」舉行抗議活動，打出了一副意味深長的對聯——上聯是「悼大學精神已死」，下聯是「慟校園民主之亡」，橫批是「朕難容」（鄭南榕），惟妙惟肖地勾勒出黃煌輝、王文霞等人「小蔣介石」的精神面貌。

成大校方用謊言包裹謊言，結果無法自圓其說。成大學生會權益部長張書睿毫不留情地批判說：「校方簡直是厚顏無恥！」學生們認為，水利系教授高家俊、歷史系教授王文霞，在會議中刻意影響其他教師去評斷鄭南榕，指控學生引用外界政治力影響學校，言論非常不妥。儘管校務委員會有其裁決，但學生們拒絕接受，心中已認定「南榕廣場」是不二之名，學生會等社團往後舉辦活動，都會用「南榕廣場」這個名稱。

在「南榕廣場」事件中，衝在最前面的學生社團是「成大零貳社」。零貳社的名稱，源自於閩南語

「抗議」，代表青年願意對社會各種議題提出自己的見解，且勇於以實際行動挑戰威權。這個社團成立於二〇〇八年十二月九日，歷經「野草莓運動」、「反國光石化遊行」、「二二八銅像行動」、「成大校史事件」、「南榕廣場事件」、「成大清潔工勞權事件」，成為成大最具反抗精神的學生社團。「太陽花學運」領袖之一林飛帆就是從零貳社脫穎而出。我到臺灣訪問時，多次接受零貳社邀請，到成大分享中國人權運動的資訊。我相信，誰來當成功大學的校長，並沒有那麼重要；而有零貳社的成功大學，和沒有零貳社的成功大學，絕對是不一樣的。

南榕廣場的爭議至今尚未畫上句號，校方缺乏「知錯能改，善莫大焉」的勇氣，或許只有等到校長換人，死結才能打開。不過，我看到一則新聞報導：二〇一四年四月六日晚上，成大零貳社的學生們自辦了一場「南榕廣場落成典禮暨鄭南榕追思會」，為呼應鄭南榕畢生追求言論自由，社長邱庭筠、前社長林易瑩兩人公開表態「我是成大學生，我是零貳社，我主張臺灣獨立。」鄭南榕的女兒鄭竹梅出席活動，她謝謝學生們舉辦追思會並邀請家屬參加，稱讚學生不放棄「南榕廣場」名稱，讓人看見「言論自由」已發芽並長成花朵。鄭竹梅說，自己曾想遠離政治，但最後發現不可避免；對於學生主張臺獨一事，她說樂見學生勇於表達，如果有主張卻不能討論、不能表達，才是讓人害怕的事。

那一天，支持「南榕廣場」名稱的藝文界人士，送來了一份裝置藝術：外觀類似墓碑，擺放在圓形的草坪上，頗有墓園的味道。有人在碑前放花束，鄭竹梅也放了一束。零貳社的學生表示，送作品來的人已預料到作品很快會被校方移走，但基於支持與表態，仍然要做一件象徵的作品。

並非所有的成大教授都是王文霞的同類，成大工程學系副教授李輝煌在活動的致詞中表示，「南榕廣場」名稱被校方否決，但學生依然堅持並辦揭牌儀式，顯示年輕人對威權的挑戰，也呼應鄭南榕追求的百分之百言論自由的精神，活動顯示了成大將不只是企業的最愛，也會是啟發社會向前的動力。

之後，我每次到臺南，都會到南榕廣場散步，以此表達我對這個「以學生自我命名」的廣場的支援。◆

· 南榕廣場的爭議至今尚未劃上句號，校方缺乏「知錯能改，善莫大焉」的勇氣

成功大學南榕廣場（至今尚未正式命名）

地址：臺南市大學路1號

電話：06-2757575

參觀時間：24 小時，自由參觀

十步殺一人，千里不回頭

高雄市立歷史博物館及二二八和平紀念公園

我到高雄參觀的第一座博物館，是高雄市立歷史博物館。這座博物館是愛河人文主義的地標之一，是臺灣第一座由地方政府經營的城市歷史博物館，亦是古蹟再利用為文化館舍的典範。

每到一個地方，我都會尋訪那些有古早味道的老建築。我在北京居住了十九年，眼看著這座古都的老建築像森林一樣成批地倒下，一聲吶喊也沒有地死於喜新厭舊的官僚和竭澤而漁的房地產商之手。與此同時，越來越多巨無霸式的新建築拔地而起，鋼筋水泥再加上玻璃外牆，面目猙獰，張牙舞爪，中國是標新立異的西方建築師的試驗場。一介書生，只能眼睜睜地看著古老的北京被拆毀。

一個尊重歷史、尊重文化、尊重老建築的城市，才是有魅力、有故事、有溫度的城市。我沒有想到，被視為工業城市、文化氛圍遠不如臺北濃郁的高雄，政府和居民卻早已具備了「保護老建築」的素質，史博館這棟老建築沒有被怪手摧毀，反而如鳳凰涅盤，重現生機，是何等地幸運。

史博館這棟建築物極富歷史意義與藝術價值。該建築完工於一九三九年，為日治時代的市役所。在建築形式上，屬日本帝冠式樣式，與歐式宮殿風格融為一體。此時，日本已發動窮兵黷武的大東亞戰爭，戰時嚴肅冷漠的建築風格，與大正時代溫暖歡快的紅磚建築風格截然不同。為因應戰時敵機轟炸的危險，外觀以淺綠的國防色為基調，外露式陶燒排水管是少見建築景觀。

大廳內堂皇雄偉的挑高天井、刻有中西混合紋飾的圓柱及希臘科林斯柱式（Corinthian Order）柱頭等，除顯示當時日本統治當局意圖展現的威嚴與力量之外，亦彰顯出東西方建築風格巧妙結合的嘗試，堪稱日治時期最典型的建築體。經過大半個世紀的淘洗遞變，建築本身即是高博館最重要的館藏品，是一件深具歷史厚度與人文底蘊的經典之作。

這棟建築見證了八十年來高雄市的發展進程。國民政府遷臺之後，這裡繼續作為市政府所在地，直到一九九二年市政府遷走。最重要的一段歷史是：一九四七年「二二八事件」發生時，該處為屠殺現場之一，門前的廣場上有大量人員傷亡。血泊可以洗去，逝去的生命永遠不能復活。

當這棟老建築卸下市政府的功能後，功成身退，何去何從？因其歷史地位意義重大，高雄市特將其規劃為市立歷史博物館，經過整修之後，於一九九八年正式開館。史博館承載著高雄市民的生活映射與歷史軌跡，是高雄市發展與歷史文化變遷的最佳見證者。

為土地付出了十個天空的代價

在史博館一樓，為非常設展，多以人權、歷史和在地文化為主；二樓則為「二二八事件」的常設展。我參觀的時候，一樓是以「風中的名字」為主題的特展，展出「二二八事件」發生時的政府密件、判決書、軍事往來公文等珍貴資料，還原了諸多歷史真相。在有關資料中，可以清楚看到蔣介石親筆批示的「判刑十二年以上的政治犯全部槍決」等字樣，赤裸裸地暴露出獨裁者罔顧法治的帝王心態。二二八受難畫家陳武鎮的《判決書》、《誰需要判決書》、《風中的名字》、《虛擬巨惡》等系列作品，更是讓人回到「道路以目」的白色恐怖時代。

在高雄眾多二二八受難者的故事中，留日牙醫黃溫恭的家書最為感人。黃醫師在被槍決前夕，寫下五封遺書給妻兒、妹妹。其中一封寫給還在媽媽肚內、未曾見過面的小女兒黃春蘭。這封遺書，一直鎖在國家檔案局中。直到三年前，檔案解密，經過遺屬的再三要求，這封信才得以發還他們，黃春蘭這才看到遲到五十六年的父親的親筆信。現任高雄海洋科技大學教授的黃春蘭激動的說，蔣介石一紙公文，奪走她未曾謀面的父親，留給家族多少遺憾與悲痛，如今家人想要回父親寫給自己的遺書原稿書信，還要經過層層關卡，馬英九政府的作法如同在難屬的傷口上撒鹽。

在二樓「二二八常設展」入口處，是一面巨幅的和平鴿看板，白色的和平鴿似乎要展翅飛翔。我看了太多死難者們悲慘的故事，在我的眼中，這隻和平鴿不再是白色，而成了紅色——被鮮血染紅了。那麼，紅色的鴿子還能飛起來嗎？

在展室內，最吸引我的一件展品，是放置於玻璃框內的史博館微縮模型，展示國民黨軍隊在大樓前槍殺民眾的場景。建築的外形跟今天的史博館差異不大，在外面廣場散布著指頭大小的人物，男女老少，栩栩如生，或奔走逃避，或驚恐呼叫，或手捂傷口，或倒地身亡。這些小小人物，跟我在美國過耶誕節時百貨公司櫥窗中展示的聖誕小人一樣，情態逼真。不過，聖誕小人個個喜氣洋洋、笑顏逐開；此處的小人，掙扎在生與死的邊緣，我不禁想化身為他們當中的一員，當屠夫還未抵達時，提前去告訴他們、警告他們：「快點離開啊！他們就要來殺人了！」

然而，我無能為力，我被阻隔在時間和空間之外。作為「後來者」和「外來者」，我只能默默閱讀已經發生的歷史記載：當時，高雄市長黃仲圖及市民代表一起到高雄要塞與守將彭孟緝談判，在市政府主持暫時代理市政的處理委員會成員及市民，緊張地等待談判結果。萬萬沒有想到，國軍比日軍更奸詐狡猾，彭孟緝下令扣留談判代表，派遣要塞司令守備大隊陳國儒部三百多名官兵，乘坐軍車風馳電掣地趕到市政府，不由分說，向人群掃射並丟擲手榴彈，當場數十名民眾喪命（包括王石定等參議員四人）以及上百人受傷。

很多死難者並非「叛匪」或「暴徒」。比如，當時擔任《國聲報》駐高雄記者的鍾天福，三月六日原本跟《臺灣新生報》記者謝有用等人約好，要一起前往高雄市政府採訪。臨行前，他受託去搭救一家不認識的外省汕頭人，延誤了採訪。當他趕到高雄市政府時，正好遇到大屠殺，子彈不長眼睛，他當場命喪市府大樓前。

很快地，民眾鳥獸散，軍隊控制住了大局，至少在市政府這一區域內很少有民眾繼續反抗。然而，軍方早已有趕盡殺絕的計畫，國民黨軍繼續不分青紅皂白地見人就開槍濫射，路上橫屍遍野，哀號呼救之聲不絕。從當天晚上到隔天早上，士兵持續攻擊躲在愛河及地下室的民眾，讓待在市府的民眾死傷慘重。官兵見到愛河水面上有氣泡，起初以為是魚，仔細一看知道有人躲在河下，又開槍掃射，愛河的河水都被染紅了。

記住每一個名字，而不是數字

我心情沉重地走出史博館，來到對面的「二二八和平紀念公園」。這裡設置有二二八和平紀念碑、死難者名錄及相關紀念雕塑。史料顯示，紀念碑所在之地為一九四七年受難者被槍決的行刑地點之一。

在「二二八和平紀念公園」入口處，有兩件由藝術家黃清遠以臺灣出產的白大理石製作的藝術作品，左側為「洄」，右側為「浪」，分別代表著破浪、回轉的意象，呈現出二二八事件的起伏、圓融而漸歸平靜，洗盡歷史塵埃，迎向永久和平之意。

園區內〈高雄市二二八和平紀念碑碑文〉為黑色大理石所製，半人高，斜放，便於參觀者閱讀碑文。前面是數米見方的圓形黑色大理石平面，供憑弔者放上花束致哀。

另有一塊直立的紀念碑，為當時高雄代理市長葉菊蘭撰寫的〈高雄市二二八事件紀念碑興建過程記略〉，全文如下：

一九九三年高雄市壽山上首度設立的二二八事件紀念碑，以青山綠蔭為倚，元亨寺暮鼓晨鐘相伴，緬懷既往，惕勵來茲。後因事件相關史料日漸完備，且紀念碑位置偏遠，腹地狹小，在高雄市二二八家屬要求下，乃有重建和平紀念碑之議，市政府遂於二〇〇五年十二月成立重建委員會。

重建委員會就多處地點評估，選定臨近事件發生地點，且景觀優美的愛河邊仁愛公園內建碑，由本市吳禹賢建築師規劃設計，經藝術、文史、建築等專家學者指導，以現代化地景式建築呈現。主碑體以適合人體工學的角度和高度，刻載著述說事件始末的碑文，而明揭受難者姓名的紀念牆，以青翠的矮樹叢搭配，引導人們進入紀念活動廣場，象徵著和睦圓融，團結永固，萬古長青。如此深具歷史意涵、融合愛河景觀之創作，始於二〇〇六年九月二十二日動土開工，並於同年十一月十三日落成。至於壽山上原來的紀念碑，因具有階段性的歷史意義及價值，重建委員會決議保留於原地。

新碑所在地富有人文氣息，身處事件發生地點，讓愛河流水流入人們心中，洗盡歷史塵埃，重現生命的尊嚴與和平的可貴。

最讓我震撼的是鐫刻著一百六十八名受難者姓名的紀念牆。紀念牆為白色大理石所製，一共三面，錯落有致，漸次排列。後人應當記住每一個受難者的名字，每個名字的背後都是活生生的生命，生命不能用數字來簡化。

在臺灣各縣市中，高雄市的二二八屠殺最是慘烈，究竟有多少人死難已很難統計，但有名有姓、確鑿無誤的，至少是紀念牆上的一百六十八個名字。

在這批死難者中，嬰幼兒的比例為全臺灣最高。彭孟緝的變態手下特別喜歡射殺小孩，據最新公布二二八受難者賠償金資料顯示，最年輕的遇害者為一歲嬰兒吳亮。吳亮的父母從事寄藥的工作，當時欲從高雄搭車返回故鄉臺南縣。吳亮與母親在高雄火車站附近，無故遭士兵以刺刀殺害，其母當場死亡，一歲嬰孩吳亮在十多天後傷重不治死亡。連不具危害性的母子都不放過，這是何其惡毒的屠夫！

其他被殺害的孩童還有：四歲的陳長生在前金區自宅前無故遭槍殺，四歲的蔡金鳳在鼓山區自宅無故遭槍殺，四歲的蔡壽在旗津鎮自宅無故遭槍殺，五歲的劉麗香在自宅遭流彈擊中死亡。這是連戰爭期間也嚴重違背日內瓦國際公約的「無差別」射殺，兇手應當被送上國際法庭，繩之以法。

· 左上圖：和平鴿不再是白色，而成了紅色——被鮮血染紅了

· 右上圖：史博館大廳內堂皇雄偉的挑高天井、刻有中西混合紋飾的圓柱及希臘科林斯柱式

· 下圖：白色大理石紀念牆鐫刻著一百六十八名受難者姓名

高雄屠夫彭孟緝與屠夫辯護士朱浤源

在「高雄市二二八和平紀念碑碑文」中，關於高雄二二八事件的段落如此寫道：

本市自三月二日起已呈不穩之勢，軍民間的衝突一觸即發。三月六日上午，本市二二八處理委員會推派代表，由市長黃仲圖、議長彭清靠、涂光明、范滄榕、曾豐明、林界、李佛續，依約上壽山和高雄要塞司令彭孟緝談判，以便收拾局面。不料彭孟緝卻藉機扣留一行人（並於八日處決涂、范、曾三人）。在中午兵分三路往攻市政府，而後揮軍火車站、高雄中學，一直到七日中午才停止軍事行動，造成不少傷亡。在鎮壓過程中亦有軍人闖入民宅搶劫、開槍，造成無辜市民死傷之事。但事件後彭孟緝卻因「功」而被國民政府主席蔣介石擢升為臺灣全省警備司令。

國民黨軍隊外戰外行，內戰也不內行，否則不會被人數和裝備處於劣勢的共產黨軍隊打敗。但這支軍隊屠殺人民卻綽綽有餘。許多國民黨的將軍對日軍和共軍作戰時候是草包，屠殺人民時卻心狠手辣。彭孟緝其人，炮兵出身，在剿共和抗日諸多戰役中屢戰屢敗。一九三七年，蔣介石發動淞滬戰役，出動六十萬大軍入侵上海公共租界日本區，彭孟緝屬炮兵第十團，帶領堪稱國軍「雷神之錘」的德制榴彈炮準備攻擊日軍，反倒被增援的日軍打得丟盔棄甲。彭孟緝在撤退時將國府以重金買來的德制榴彈炮推入河中，狼狽不堪地空手逃走，蔣介石卻不加懲罰，繼續重用之。

一九四六年，彭孟緝來臺灣擔任高雄要塞中將司令。二二八事件爆發後，彭孟緝發現這是升官發財的好機會，只要有膽殺人，就能戴上紅頂子。彭孟緝心中，一開始就認定此次事件是有心人士策畫的叛變，非武力不得解決。於是，他在尚未得到上級命令的時候，就自作主張展開軍事行動。這場高雄屠殺不分晝夜，槍聲不絕，直到三月八日市中心的屠殺才告一段落。三月八日下午，才有三三五五的老嫗少婦冒著危險四處尋覓親人的屍體。不省人事的負傷者被送往市立和省立醫院時，血還不斷地淌著，使病院宛如屠場。

但是郊區的殺戮仍然「有條不紊」進行。三月十日，岡山教會收容無法回家的學生與人群，解決他們吃住的問題。蕭朝金牧師被彭孟緝懷疑是聚眾滋事、收容暴徒的危險分子，派遣廿一師何軍章的部隊前往清剿。中世紀以來西方國家形成了一種不言自明的傳統：戰時教堂是和平、中立的地區，教堂可以庇護百姓，交戰雙方的軍隊都不會侵入教堂殺人。但是，彭孟緝的部下哪裡懂遵循這些文明準則，氣勢洶洶地衝入教堂抓人。蕭朝金牧師等人勸阻無效，被士兵五花大綁地抓走。

包括蕭朝金牧師在內的多名被擄人士，被何軍章的士兵用卡車帶到岡山教會與岡農之間的一個交叉路口。士兵們以濃厚的四川話大聲吆喝眾人下車，眾人剛剛下車，士兵們突然舉起槍枝，連發射擊，槍決行刑，蕭朝金牧師等人如待宰的羔羊一般，以坐姿被槍殺。

在此後的「綏靖行動」中，彭孟緝甚至脅迫受難家屬在火車站前廣場觀看父親或兒子被槍決的場景。由此，彭孟緝「贏」得「高雄屠夫」之「美譽」。

果然，在這場「比酷」的競賽中，彭孟緝在國民黨駐臺高級將領中勝出。當國民黨當局成立臺灣警備司令部以進一步行動控制臺灣人民時，對「司令」這個人選，各方暗鬥甚烈。屠殺全島民眾的劉雨卿竟然輸給只是屠殺高雄民眾的彭孟緝，可見彭氏在蔣介石心中地位之突出。一九四七年秋，國民黨當局發表彭孟緝為臺灣警備總司令的人事命令，並記大功二次，傳令嘉獎，且於次年元旦敘勳，奉頒四等雲麾勳章。

此後，彭孟緝步步高升：一九五四年，擢升為副參謀總長，在參謀總長桂永清去世之後，又接任參謀總長。一九五七年，調任陸軍總司令並兼臺灣防衛總司令。一九五九年，晉升陸軍一級上將，再任參謀總長。一九六五年，擔任總統府參軍長。一九七二年，擔任戰略顧問。以軍人而論，這個在戰場上毫無戰功的將軍偏偏攀升到了最高職位。

不過，極具諷刺意義的是，彭孟緝作為地位顯赫的陸軍上將，死後其家人卻不敢將其送入忠烈祠。多年以後，二二八事件獲得正名，受難者以及民間團體向政府提出抗議，認為彭孟緝死後入祀於忠烈祠是對他們的傷害，應將彭氏移出忠烈祠。時任國防部發言人虞思祖少將表示，經過核查，彭孟緝的家屬至今未向國防部申請入祀圓山「國民革命忠烈祠」，臺北、臺中、高雄等地的忠烈祠，也沒有彭孟緝入祀的紀錄。

彭孟緝的家人並非有自知之明，他們在搞別的小動作。彭孟緝之子彭蔭剛託連戰的門生朱浤源等人積極為彭孟緝平反。朱浤源與中央研究院院士黃彰健及業餘史家武之璋發表《二二八研究增補報告》，提出所謂的「新觀點」：日本人蓄意放棄對糧食配給管制，造成光復後臺灣糧食大災難，是二二八事件的原因；美國人則為自身利益，企圖掌控、占據臺灣，屬於幫兇。二二八事件中，「基督教長老會與大流氓結合，會同臺籍日本兵、中共地下黨等人一齊暴動」，所以該事件是「民逼官反」，「彭孟緝在處理高雄事件是沒有犯什麼錯誤的。」屠夫變菩薩，需要何等的生花妙筆。

不過，跳梁小丑豈能遮蓋、扭曲歷史真相。二二八事件基金會隨即發表《有關朱浤源等人所撰「二二八事件真相還原」一文之澄清》，文章指出，就二二八死難者數字而言，學者的「推估數」為一萬八千人至兩萬八千人，而基金會受理通過兩千兩百五十三件受難案件，其中「死亡」類別有六百八十一件。任何稍具常識的人都應該知道這兩個資料截然不同，更無從類比。不能以後者來否定前者。更為重要的是：「二二八事件為臺灣歷史上最重要的政治受難案件，有識之士所重視的是主政者公權力的濫用及其對人權的踐踏，而不在於屠殺人數的多寡，這是當代文明人所應具備的基本人權理念。」

多年前，我為了研究孫立人，在臺灣民主基金會安排的訪問計畫中，特意去拜訪據說是孫立人研究專家的朱浤源。結果，三言兩語之後，彼此便話不投機。孫立人冤案，兩蔣難辭其咎；朱氏卻百般為兩蔣開脫。我沒有想到，身為中研院研究員的朱氏，居然是獨裁暴政的辯護士，真是枉讀詩書，有辱斯文。我相信，若是共產黨給他足夠的好處，讓他撰寫六四屠殺沒有發生過的「學術著作」，他也會頭懸樑、錐刺股地完成。屠夫彭孟緝可恨，一定要將其釘在歷史的恥辱柱上；為屠夫辯護的無恥文人朱浤源亦可恨，一定要讓他「陪綁」彭孟緝，在去往地獄的道路上互為伴侶。◆

・二二八很多死難者並非叛匪或暴徒，此紀念碑所在之地為當年無辜民眾被槍決地點之一

高雄市立歷史博物館

地址：高雄市鹽埕區中正四路272號
電話：07-531-2560
參觀時間：每週二至日，早上9:00 至 下午 5:00（週一休館）

高雄市二二八和平紀念公園

地址：高雄市鹽埕區中正四路
參觀時間：24 小時，自由參觀

大航海時代的文明輸入

風櫃尾荷蘭城堡遺址

風櫃是澎湖一個名不見經傳的小漁村。風櫃即風箱，得名於岸邊的岩石在海風吹拂與海浪擊打之下發出如鐵匠拉動風箱般的聲音。我最早知道「風櫃」這個名字，是侯孝賢的電影《風櫃來的人》——那是一部向青春致敬的電影：在風櫃漁村，有三個中學畢業、等待服兵役、遊手好閒的青少年，他們懷著夢想，離鄉背井到了大都市高雄，經歷了意想不到的碰撞、挫敗、憂傷、幻滅。再回風櫃的時候，風櫃依然是風櫃，他們卻不再是他們。

後來，侯孝賢回憶說，拍這部電影是天賜靈感：「我會拍《風櫃來的人》，是因為我去澎湖風櫃採導演王菊金的班。在公車經過風櫃時，我感覺非常特別，於是在風櫃下車，在雜貨店中看到小型的撞球臺，一些人在那兒打著撞球，就是在那時候有了拍《風櫃來的人》的構想。」當我來到風櫃時，依然是侯孝賢卅年前的鏡頭下寧靜而澄澈的景物：海邊有人在一動也不動地釣魚，雜貨店的門口是斑駁的招牌，很久才有一趟公車經過，時間在這裡變得如此緩慢。

其實，風櫃尾從來不是世外桃源，自古以來即為兵家必爭之地。尤其是風櫃尾突出的小半島，即俗稱的「蛇頭山」，遍布著數百年來不同時期的戰爭遺址。「蛇頭山」之「山」，跟美國首都華盛頓「國會山」之「山」一樣，並非高聳入雲的大山，而只是凸出的高地。僅有廿公尺高的蛇頭山卻能名列臺灣「小百岳」，因為山在海的對比之下，宛如猙獰的蛇頭，頗有「一夫當關，萬夫莫敵」的氣勢。

一路上，我先看到兩個紀念碑。其一為「法軍殉職紀念碑」，當地人誇張地稱之為「萬人塚」。一八八五年，中法戰爭期間，法國海軍艦隊司令孤拔（Amédée Courbet）率戰艦攻打澎湖。澎湖很快失陷，但法軍在此水土不服，罹患疫疾。翌年，戰死或病歿的官兵多達九百九十七人，被合葬在風櫃尾山後。孤拔本人於同年病歿於馬公，遺體運送回國埋葬，留下衣冠塚。尖塔式的紀念碑，有點埃及方尖碑的風格，旁邊有一座小型黑色大理石碑，如同一本翻開的書頁，左右兩邊的書頁分別用中文和法文銘刻著追悼死難官兵的文字。

另一個紀念碑為「日軍艦松島殉難慰靈塔」。一九〇八年，日本松島戰艦航行經過蛇頭山附近海域，彈藥庫突然發生大爆炸，戰艦迅速沉入大海，艦上四百多名官兵中有一半人罹難。松島戰艦是日本海軍的一艘裝備精良的驅逐艦，日清戰爭時曾重創北洋艦隊，在日俄戰爭中也立下赫赫戰功。它沒有在戰場上被敵軍擊沉，偏偏毀於一場始終查不出原因的事故。三年後，日本海軍打撈起松島艦的主炮及炮身，在蛇頭山上建造了一座松島艦遭難紀念館。國民黨政府遷臺之後，將那座紀念館拆毀，僅有「日軍艦松島殉難慰靈碑」僥倖保存下來。

對於澎湖原住民而言，法國人和日本人都是「侵略者」。保留「侵略者」的紀念碑，不是認同侵略者的行為，而是顯示澎湖人對歷史的尊重和對生命的敬畏。法軍死於流行疫疾，日軍死於意外船難，對這些客死異鄉的外國人，已無須斤斤計較其母國殖民主義之惡行。「千里孤墳，無處話淒涼」，保留遇難者的紀念碑，只為憐憫當事人生命之短暫，命運之無常。

紅毛城見證了「荷蘭的世紀」

澎湖多風，植物很難長高，蛇頭山上沒有高大的樹木，多為低矮的灌木，點綴著鮮橘嫩黃的天人菊。澎湖又稱「菊島」，天人菊為澎湖縣花，堅強獨立，豔麗動人，不怕風雨吹襲，不需灌溉照顧，一年四季都開花，體現了澎湖淳樸善良的民風，生生不息的力量以及堅忍不拔、昂揚奮發的精神。

我要尋訪的紅毛城遺址在哪裡呢？一路上並未發現指示牌，只好在彎彎的步道上邊走邊看。走過數百公尺的木頭棧道，走入灌木叢中間的小道，終於發現了小小的紀念碑——甚至比前面看到的兩處紀念碑更小。經過四百多年風吹雨打，紅毛城遺址已無影無蹤，唯有紀念碑留存著那段歷史。黑色大理石紀念碑，一前一後有兩個，後面那個鐫刻著紅毛城平面圖，前面那個用中、英、荷三國文字記載

・「法軍殉職紀念碑」，當地人誇張地稱之為「萬人塚」，紀念碑旁邊有一座小型黑色大理石碑，如同一本翻開的書頁，追悼死難官兵的文字

了紅毛城的歷史：

一六〇四年八月七日（明萬曆卅二年七月十二日），由司令官韋麻郎（Wybrand Van Warwyk）所率領的荷蘭聯合東印度公司（V.O.C）艦隊首度登陸現今澎湖馬公天后宮以躲避颱風。同年十二月十五日（農曆十月廿五日）在浯嶼（現今金門）把總（編按：排長）沈有容的交涉下離開。一九一九年重修天后宮時發現一塊記載此事蹟的石碑，而那塊石碑目前還保存在天后宮內。

一六二二年（明天啟二年）聯合東印度公司為開啟中國的貿易市場，再度由艦隊司令官雷爾生（Cornelis Reijersz）自巴達維亞（Batavia）率戰艦十二艘、官兵一千二百零四名襲擊澳門失敗後，於七月十一日（農曆六月四日）轉進澎湖。同年八月一日（農曆六月廿五日）開始於風櫃尾蛇頭山築設城堡，以作為與中國貿易的據點。

風櫃尾荷蘭城堡為典型的大航海時期歐洲海外殖民地的小型城堡，平面呈正方形，長寬各約五十六點七公尺，牆高約七公尺。在城堡的四個角上各有一個往外突出的稜堡（bastion），其上安置了廿九門大炮。城堡大門設於東南牆的中央，正對著馬公港內灣，大門南側海岸築有一碼頭以利船艦停泊。城堡內緊臨西南牆側及東北牆靠東棱堡邊各有一排營房，東南牆中央有一座三層樓房。東北牆外也有兩座建築物。一六二四年二月廿日（天啟四年一月二日），明政府由福建巡撫南居益派遣水師自鎮海入澎，同年八月十六日（農曆七月三日）圍攻風櫃，隨後雙方達成協議，九月十三日（農曆八月一日）荷蘭人拆毀城堡內外的構造物後，轉往臺灣安平並興建熱蘭遮城（Zeelandia）。

風櫃尾蛇頭山荷蘭城堡為臺灣及澎湖最早出現的西式城堡，但因荷蘭人撤退時將房舍拆除，目前只遺留城垣殘跡可供辨識。澎湖縣政府為保存此一象徵臺灣自部落社會轉變為近代國家的重要遺址，陳報內政部於二〇〇一年（民國九十年）十一月廿一日公告指定為國定古蹟。為紀念此一重要的歷史事蹟，荷蘭政府與澎湖縣政府共同出資整修，並立碑為紀。

荷蘭人離開澎湖時，拆掉城堡的主體建築，但其遺址此後一直發揮著軍事作用。臺灣和澎湖歸入清國疆域之後，清國駐軍修復了一部分城堡，將其作為砲臺使用。在日清戰爭中，日本海軍中將伊東佑亨進占澎湖，仍將此處作砲臺使用。一九四五年，日本戰敗離開臺灣，從此這座城堡即遭荒廢，再未使用。

二〇〇五年，荷蘭貿易暨投資辦事處代表胡浩德（Menno Goedhart）到澎湖參加「澎荷初會四百年」紀念活動，友人告知有這麼一處古城堡遺址。胡浩德遂前往勘察，對照有關史料，意識到這是一處重要遺址，因而促成荷蘭與澎湖縣政府雙方集資整頓和興建，兩年後對外開放。

從紀念碑上的平面圖可看出，紅毛城的建築體現了當時荷蘭高超的建築、科技和軍事水準。十七世紀是荷蘭的黃金時代，經歷了宗教改革和獨立戰爭，荷蘭崛起為歐洲第一強國，其艦隊和商船遍及全球，國際貿易量一度超過英國和法國之總和。當荷蘭的戰艦和商船來到東亞，來到中國、澎湖和臺灣之際，東亞從此不再是被籠罩在單一的「中華天下史觀」之下的東亞。東亞的近代史和臺灣的命運，由此而被改寫。

澎湖屬於大明，臺灣並非「王土」

一般人都以為臺南安平古堡是臺灣最古老的西式城堡，實際上荷蘭人最早是在澎湖風櫃尾興建城堡，只是前者存留下來，後者消逝在歷史之中。當年，荷蘭人奪掠週邊漢人移民及海盜所有的船隻約六百餘艘，並驅使移民搬運土石，修築城塞。

紅毛城設計精巧，但因建築材料匱乏，只能就地取材：西南面鄰接風櫃半島，此面土垣外側以石料及石灰築成，並且有一道防禦濠溝；其餘三面之土垣外側以來自日本、巴達維亞（今印尼首都雅加達）及廢棄船隻之木板圍成。文獻中，不時可以發現這樣的紀錄：城牆因風雨倒塌，荷蘭人不斷填土、用木板固定，仍無濟於事。倒是城牆內供司令官居住的「三層東門大樓」，精工細作，相當堅固，以至於荷蘭人離開時「尚留念不忍」。

當時，荷蘭殖民者庫恩（Jan Pietersz. Coen）在給長官的報告中，記載了修築該城堡的經過：「澎湖群島中最大——即中國人所稱的澎湖島，有一處極宜泊船的港灣，此灣能避各方來風。島上適於種植作物和養殖牲畜，但沒有樹木。……評議會決定選擇澎湖海灣入口處西南角建堡，此地易守難攻，但若有軍隊包圍，則極易被切斷水源。我們的人在此地修築一座堡壘，呈四邊形，每邊一百八十荷尺寬。」

那麼，荷蘭人為何選擇在風櫃尾這個海風強勁的地方修築城堡？歷史學者翁佳音指出，首先，荷蘭人從澳門敗退澎湖時，仍念念不忘下一步在中國沿海尋找一個通商、停船的港口，所以並沒有永久占領、經營澎湖的計畫，只是暫時在這個並不適合大船避風與裝卸貨物的地方修建一處城堡。其次，荷蘭人向來「在商言商」，只求達成貿易目標，不願捲入當地人的紛爭，而當時娘媽宮附近已有漢人聚居，荷蘭人為避免與漢人衝突，寧可退而求其次，選擇地理條件不佳的風櫃尾築城。

一六二三年，荷蘭船隊司令官雷爾生（C. Reijersz）冒險前往福建漳州，與明朝地方官員交涉。荷蘭人並不想跟明王朝發生一場得不償失的戰爭，只是希望與中國發展正常的貿易。當時，明朝准許進行貿易的國家並不包括荷蘭。在農民暴動和後金侵襲的雙重壓力之下風雨飄搖的明王朝，對貿易興趣寡淡，整個交涉過程宛如雞同鴨講。福建地方官讓荷蘭人回到澎湖等候答覆。數天之後，中國使者帶來福建巡撫的答覆：命令荷蘭人在皇帝獲悉他們占據澎湖、下令派兵攻打之前「儘快從那裡撤走」。庫恩記錄了一個至關重要的細節：「中國人建議我們的人前往淡水，據他們所言不屬於中國疆土。」

換言之，明王朝認為，澎湖是中國的領土，不能由荷蘭人占據；但臺灣不是中國的領土，任由荷蘭人使用。因此，對於荷蘭人而言，繼續占據澎湖，必然與明朝發生衝突；移居臺灣，則可高枕無憂。但幾番勘察，荷蘭人發現，臺灣沒有合適停靠大船的港灣，他們更願意在澎湖繼續停留。若非明朝水師大兵壓境，不會主動撤離。

當明朝派遣水師前來攻打之際，荷蘭人並無決戰到底的意志。經過八個月的打打停停，荷蘭終於與明朝達成協議，同意摧毀風櫃尾城堡與砲臺。《澎湖廳志》記載：「天啟二年，外寇據澎湖築城。明年毀其城，未幾復築。」然後，荷蘭人轉進不屬於明朝版圖的臺灣島，開啟臺灣荷蘭統治時代。

這一段歷史顯示，明朝並不認為臺灣是其領土。中共政權以及統派人士掛在嘴邊的名言「自古以來，臺灣就是中國神聖領土的一部分」是靠不住的，這個「約定俗成」的看法是子虛烏有的。中國歷史學者葛兆光指出：「現在一討論到中國的領土和邊界，大家就會習慣地講『自古以來』，好像這就足夠了。可是，在論述領土合法性的問題上，『自古以來』這個法寶是不太靈的。為什麼？因為傳統帝國的疆域是移動的。你講自古以來，他也講自古以來，究竟要『古』到什麼時代才算呢？在唐代，吐蕃和大唐曾經明確分界，互不統轄。在宋代，雲南和大宋也是一邊一國。如果所謂『自古以來』的依據各不一樣，也許就會各說各話。所以，如果不講清楚疆域變化、重組、移動的歷史過程，不講清楚中國現在的領土是怎樣從古代的疆域演變過來的，僅僅用簡單的『自古以來』這樣一個概念，可能解決不了問題。」以明朝的疆域而論，澎湖固然是明朝確認的領土，但臺灣並非明朝的「王土」。

文明輸入：重估殖民主義的新視角

站在紅毛城紀念碑前，眺望蛇頭山下的大海，有陳子昂登幽州臺的感受：「前不見古人，後不見來者。念天地之悠悠，獨愴然而涕下。」

歷史固然不能假設，卻可以加以想像。

一六二四年八月，荷蘭人拆除澎湖紅毛城，轉入臺南安平，歷史的聚光燈從此轉照臺灣本島，鹿隻成群的美麗島成為近代大國博弈的焦點。澎湖作為東南亞國際海洋貿易重要中轉站的地位，也就曇花一現，此後三百年不再引人矚目。如果當初明朝的崩潰提前廿年，明朝無力驅趕駐紮澎湖的荷蘭人，荷蘭人在澎湖苦心經營，長治久安，澎湖有沒有可能發展成不亞於後來的香港、新加坡那樣的「東方明珠」？反之，臺灣的開發必然會延遲數十年乃至一兩百年。

若繼續想像下去，荷蘭人到臺灣之後，明朝不認為臺灣是自己的疆域，清朝一度也如此認為，明朝和清朝對荷蘭統治臺灣並無異議。如果荷蘭一直統治臺灣——鄭成功未打下臺灣乃至以臺灣為基地騷擾東南沿海，清朝未必會動用重兵消滅明鄭集團，征服臺灣並納入版圖——清朝借用原鄭氏部將施琅的力量擊潰明鄭集團之後，清國朝廷一度還有強大的「棄臺論」。那麼，臺灣是否可能在此後數百年內是荷蘭在東南亞的殖民地之一？那麼，臺灣取得獨立地位，或許比今天更加容易：臺灣不必面對強橫的「大中國」，只需要像荷蘭在東南亞的另一個殖民地荷屬東印度（印尼）那樣，在第二次世界大戰之後，趁著荷蘭衰微，新興民族國家獨立浪潮此起彼伏之際，一舉獲得獨立。

而且，荷蘭人對臺灣的殖民統治，並非國共兩黨從蘇俄移植而來的「反帝」歷史敘事那麼「全然負面」。正如翁佳音的追問：雖然荷蘭人領有臺灣的歲月，不過將近四十年，只不過是人生的一個世代，但為何在臺灣，尤其是原住民系的臺灣人的歷史記憶中，卻不時會傳出與荷蘭有關甚至是正面評價的傳說呢？比如，臺灣基督教長老教會甘為霖牧師所提到的臺南西拉雅族「捶胸呼喊紅毛親朋可憐他們，快返來拯救其脫離災厄」，已是膾炙人口之句。甚至荷蘭人足跡罕至的北部泰雅族，也認為來訪的歐美白人是他們父祖時代的靈魂，保護著荷蘭人的化身。

荷蘭在臺灣的統治優於明鄭、滿清和國民黨政權。荷蘭為臺灣輸入近代歐洲文明，這種近代歐洲文明後來成為人類普世價值的一部分。反之，明鄭、滿清和國民黨政權都代表著「反文明」或「逆文明」。如果用八〇年代末中國風靡一時的電視紀錄片《河殤》中的話來說就是：明鄭、滿清和國民黨政權更多的是中原文明、儒家文明、黃色文明（鄭成功雖然是海盜出身，靠海洋貿易致富，其治理臺灣仍沿用儒家模式）；而荷蘭的文明形態更接近臺灣的本色，乃是海洋文明、基督教文明和蔚藍色文明。

荷蘭是歐洲第一個清教徒建立的議會制共和國，荷蘭也將「荷蘭模式」輸入臺灣，臺灣有初步的「民主」，始於荷蘭入主臺灣。荷蘭在臺灣建立南路和北路地方會議，召集各村社頭人、長老與會，調解其糾紛。一名擔任土地測量員的德國人記載說：「每年，在普羅民遮城舉行的定期地方會議上，這些村社的頭目與長老以及要申訴者，都得出席。長官、臺灣評議會議員與書記坐在花園的涼亭裡，周圍站著持槍的衛兵。其間，頭目輪番被傳喚到涼亭詢問。那些在年中盡到職責者，將獲得若干獎賞，繼續留住統治之位；相反的，凡未盡職或被所轄居民申訴者，將會就被控事項遭嚴詞訓斥，並且得交出手中的權杖。」這大概就是臺灣最早的民主生活的雛形。

如今，臺灣又站在新的大航海時代之前沿。風櫃尾的紅毛城遺址，能給新一代的臺灣人帶來怎樣的遐想與啟發呢？◆

風櫃尾荷蘭城堡遺址

地址：澎湖縣馬公市風櫃里蛇頭山
電話：06-926-1141~4
參觀時間：24小時，自由參觀

七一三澎湖事件紀念設施碑文

外省人的二二八

澎湖「七一三事件」紀念碑

我最早讀到有關澎湖「七一三事件」的資料，是在前輩作家王鼎鈞的回憶錄《文學江湖》當中：

我在一九四九年五月踏上臺灣寶島，七月，澎湖即發生「山東流亡學校煙臺聯合中學匪諜」冤案，那是對我的當頭棒喝，也是對所有的外省人一個下馬威。當年中共席捲大陸，人心浮動，蔣介石總統自稱「我無死所」，國民政府能在臺灣立定腳跟，靠兩件大案殺開一條血路，一件「二二八」事件懾伏了本省人，另一件煙臺聯合中學冤案懾伏了外省人，就這個意義來說，兩案可以相提並論。

煙臺聯中冤案尤其使山東人痛苦，歷經五〇年代、六〇年代進入七〇年代，山東人一律「失語」，和本省人之於「二二八」相同。我的弟弟和妹妹都是那「八千子弟」中的一個分子，我們也從不忍拿這段歷史做談話的材料。有一位山東籍的小說家對我說過，他幾次想把冤案經過寫成小說，只是念及「身家性命」無法落筆，「每一次想起來就覺得自己很無恥。」他的心情也是我的心情。

王鼎鈞本人不是「七一三事件」的直接受害者，此事的陰影卻籠罩了他的大半生，「我們這些由中國大陸奔向臺灣的人，斗笠裡都有一根鐵絲，雷電在我們頭頂上反覆搜索」。直到晚年移居美國，他才獲得「百分之百」的言論自由和心靈自由，開始寫作回憶錄。

「七一三事件」所引發的「澎湖案」，為白色恐怖首宗、也是牽連人數最多的第一大案。在抗戰中顛沛流離的山東煙臺聯中校長張敏之，率八千名流亡師生跟隨國民黨政權逃往臺灣，卻因入臺管制而暫轉澎湖。軍方因內戰兵員漸耗，強要接收這群中學生為兵。張校長為維護學生受教權，挺身抗爭，軍方竟以莫須有的「匪諜」入罪，張校長和多名師生被以莫須有的匪諜罪名，逮捕下獄，嚴刑拷打，最後以船運往臺北青年公園「馬場町」槍決。另有若干學生被裝入麻袋、投入海中溺斃。數千名學生被充軍後受盡凌虐。

雖然「七一三事件」的規模遠不如「二二八」的屠殺，但將兩者放在一起更能凸顯國民黨政權的本質。國民黨政權不僅視臺灣本省人為「非我族類，其心必異」，揮動屠刀，殺戮不止，對渡海來臺、稍有不馴服的外省人也毫不手軟，在風聲鶴唳之中，以殺戮來鞏固如流沙般逝去的自信。這是「寧可錯殺三千，也不可放過一個」的中國專制文化，與從蘇俄而來的現代極權主義相結合而產生的嚴重惡果。

在兩蔣時代，當政者明知這是一大冤案，卻堅決不予平反糾正。雖然有若干山東籍官員聯名提案請國民大會討論此案，當時的行政院長陳誠以「恐影響美援」為由而取消提案。當局居然聲稱，「政府遷臺初定，如公然平反可能造成政府困擾」；蔣介石則作出畫餅充饑式的承諾，「期以反攻大陸再辦。」另一方面，國防部次長楊業孔等前往張、鄒兩位校長家中致以五千元「慰問金」，被遺族拒絕。冤案不能平反的解釋居然是「為國家留些顏面」，王鼎鈞對此嘆息說：「這句話表示他們承認當年暗無天日，仍然沒有勇氣面對光明，只為國家留顏面，不為國家留心肝。所謂國家顏面成了無情的面具，如果用這塊面具做擋箭牌，一任其傷痕累累，正好應了什麼人說的一句話：愛國是政治無賴漢最後的堡壘。」

終於有機會赴澎湖，我去的第一個地方就是「澎湖七一三事件紀念碑」。此前，我在網路上看到該紀念碑落成的消息，卻查不到紀念碑的具體位置。詢問了很多臺灣朋友，他們都沒有去過。澎湖的政府網站、旅遊資訊，也沒有紀念碑的介紹，我只記得紀念碑在觀音亭附近，那就去現場找尋吧。

故意讓人找不到的紀念碑

果然，儘管有高雄許醫師、澎湖高船長以及在澎湖出生、專程從臺北趕來導覽的胡大哥等幾位朋友帶領，一行人到了觀音亭附近，左看右看卻沒有發現紀念碑的蹤影。詢問周圍好幾位居民和遊客，人人都搖頭說不知道。我們只好抱著試一試的想法，沿著荒蕪的海堤邊走邊找。在炎炎夏日之下，走了十分鐘依然一無所獲。還要往前走，胡大哥一回頭，驚呼：「這不就是嗎！」

原來，如同未完工的工地般的一組石頭，以及石頭前數公尺之外的小小紀念碑，就是「七一三事件」紀念設施及碑文。周圍沒有路標和指示牌，即便從十多公尺外走過，一不小心就錯過了。為什麼設置了紀念碑，卻有某種刻意讓人擦肩而過的意圖呢？

這組紀念設施由上百根長方體的石塊組成，風格簡潔明快，莊嚴肅穆，富於現代氣息。走近仔細端詳，宛如柏林市中心猶太大屠殺紀念碑的微縮版本。據建築師趙建銘闡述，這一根根玄武岩石柱象徵當初一個個流亡澎湖的師生，在臺灣這片土地落地生根，以此表達唯有大地能夠撫慰人心，寬恕所有，也強調著無論本省人、外省人，一切最終融合根植於這塊土地。

實際上，石柱與人形之間存在著巨大的張力：石柱剛硬，人體柔軟；石柱冰冷，人體溫熱；石柱堅韌，人體脆弱。這種張力，反倒提供給觀者以無限的想像空間：面朝大海、春暖花開之際，那些逝去的年輕的生命，是否如潮水般訴說各自的冤情？是否如潮水般伸張遲到的正義？

紀念設施的選擇與興建，一波三折，折射出轉型正義的困境與艱難。二〇〇七年七月十七日，張敏之校長之子張彤向行政院院長電子信箱陳情，希望立碑紀念「七一三事件」。八月卅一日，行政院函交內政部辦理。十一月十九日，內政部陳報興建計畫書。十二月六日奉行政院核定，有關手續很快走完。然而，紀念碑尚未動工，即迎來政黨輪替，國民黨重新上臺，對此計畫敷衍塞責。

於是，營建署未徵詢地方意見，逕自選擇在馬公第三漁港建碑。澎湖縣政府認為此處為旅遊觀光的「精華地段」，附近正在興建多家飯店，紀念碑的存在勢必影響商業發展，力主更換地點。此一變故一度引發地方政府與受難者家屬的嚴重對立。後來，幾經周折，紀念設施改在觀音亭地區的海堤旁邊落成。雖然遊客很難找到，逝者至少擁有了一方安息之地。

數公尺之外，豎立著「七一三澎湖事件紀念設施碑文」。小小的碑體，更容易被忽視。碑文初稿由張

‧上圖：余杰在澎湖七一三事件紀念碑前留念（照片由余杰提供）

‧左下圖：「七一三事件」為白色恐怖首宗、也是牽連人數最多的第一大案

‧右下圖：建碑過程波折，一度引發地方政府與受難者家屬的嚴重對立（照片由余杰提供）

彤提供，再由營建署邀集相關史料考證研究保存單位、機構及專家學者，召開三次碑文內容疑義會議，修整碑文並經國史館、財團法人「戒嚴時期不當叛亂暨匪諜審判案件補償基金會」最終檢視定稿，然後刊刻如下：

> 民國卅八年（西元一九四九年）政府戡亂失利，山東省八所國立中學師生輾轉至廣州，由山東省政府與教育、國防兩部協商來臺，十七歲及齡男生從軍並續受中學課程；另成立子弟學校安置其餘學生繼續接受教育。至澎湖後，七月十三日第四聯中學生要求軍方履行讀書從軍的諾言與軍方爭執，澎防部司令李振清指使槍兵刺傷學生代表李樹民、唐克忠，史稱七一三事件。事後，部分尚在澎湖的聯中校長推煙臺聯中校長張敏之為代表向軍方爭取學生受教權，嗣後軍方以共諜嫌疑逮捕，牽連師生百餘人。經臺灣省保安司令部判決，張敏之、鄒鑑兩校長及學生劉永祥、張世能、譚茂基、明同樂、王光耀共七人，於十二月十一日在臺北馬場町被處死刑。六年後八校學生力爭退伍復學，約七百人欲赴總統府請願，受阻於臺中車站，事後卅九人被捕管訓七個月，甚有四人被判刑八至十年。民國八十九年（西元二〇〇〇年）政府積極辦理補償後，張校長等人冤案始陸續獲得平反。為記取史鑑，特立此碑，並慰逝者。

由於種種外部限制，這份碑文多處語焉不詳，欲語還休。

首先，碑文提及的受害者數位被縮小，僅記錄了少數被處決、判刑和管訓的受難者。其實，據多方回憶，當時有若干學生被捕後，軍方為殺人滅口，將他們雙眼蒙住，套上麻袋直接丟入海中，由此毀屍滅跡，此類失蹤者最少也有二百餘人。在兵荒馬亂之中，這些從中國渡海逃難的中學生，大都沒有戶籍資料，在臺灣沒有親戚朋友，宛如沙漠中的水滴，就此人間蒸發。既然查不出他們的確實姓名和受害經過，當局就「寧可信其無」了。

其次，在這份碑文中，沒有提到任何一個加害者的名字。雖然提及澎防司令李振清這個殘暴的軍閥，也只是平淡地陳述事實，並未將其當作加害者予以譴責。而炮製冤案、嚴刑逼供的國軍將領和特務如韓鳳儀、陳福生、趙傳斌、張鴻瀾、劉含華、蔡培基、張希鑿等人，一律消失得無影無蹤；主其事的最高層決策者如彭孟緝、陳誠、蔣介石等元兇更是置身事外，毫髮無傷，這些殺人兇手還能在忠烈祠享受後人頂禮膜拜。

再次，紀念碑既然以政府名義所立，就應當對受害者誠摯道歉，對為保護學生獻出生命的兩名校長作出褒揚。碑文卻輕描淡寫，一筆帶過，其心態大致是「既然人不是我殺的，我來立這個紀念碑已是仁至義盡」，這跟在華沙向死難猶太人紀念碑下跪的德國總理布蘭特（Willy Brandt）相比，真是判若雲泥。布蘭特並非身負罪孽的納粹分子，他參與了反抗納粹的抵抗運動，卻願意為德國人的罪孽下跪，反觀某些「事不關己，高高掛起」的國民黨官員，真是「無恥者無畏」。

那些傷痕累累、死中求活的流亡學生

胡大哥出生在旁邊的村落重光里。他告訴我，當年他的祖屋被軍方徵用為臨時軍事法庭，許多涉案師生被監禁於此並被施加酷刑。他帶我們前去實地勘察。

胡大哥的祖屋大致保持了半個多世紀之前的原貌，這是一棟典型的澎湖宅院，若是在臺灣或福建，只是普通的閩南風格建築，但在貧瘠的澎湖，已算是家境殷實的大戶人家。胡大哥的堂兄仍在旁邊經營一個小小雜貨店。

在院子內，胡大哥告訴我們，大部分被捕師生都被關押在附近最大的建築天后宮，輪到被審訊時，才被押解到院內，暫時拘押於兩邊的廂房。大廳已重新整修，安置著祖先牌位，原來的木頭房梁已拆去。

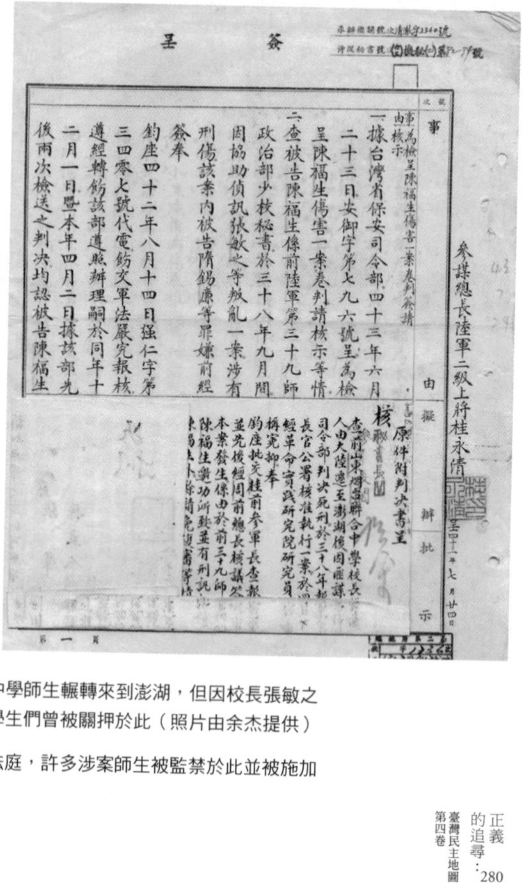

簽呈

參謀總長陸軍二級上將桂永清

事由：事為檢呈陳福生傷害一案卷判簽請核示

一、據台灣省保安司令部四十三年六月二十三日安御字第七九六號呈為檢呈陳福生傷害一案卷判請核示等情。

二、查被告陳福生係前陸軍第三十九師政治部少校秘書，於三十八年九月間因協助偵訊張敏之等叛亂一案涉有刑傷該案內被告隋錫康等罪嫌，前經簽奉

鈞座四十二年八月十四日强仁字第三四零七號代電飭交軍法嚴究報核，遵經轉飭該部遵照辦理，嗣於同年十二月一日暨本年四月二日據該部先後兩次檢送之判決均認被告陳福生

原件附判決書呈核

第一頁

· 上圖：民國卅八年政府戡亂失利，山東省八所國立中學師生輾轉來到澎湖，但因校長張敏之向軍方爭取學生受教權，被軍方以共諜嫌疑逮捕，學生們曾被關押於此（照片由余杰提供）

· 左下圖：當年胡大哥的祖屋被軍方徵用為臨時軍事法庭，許多涉案師生被監禁於此並被施加酷刑（照片由余杰提供）

· 右下圖：煙臺學生案件的檔案（照片由余杰提供）

胡大哥告訴我們，他奶奶曾跟他說，軍方審訊時，將學生吊在房梁上拷打，學生的慘叫撕心裂肺，附近的居民都能聽到。

老奶奶看這些十五、六歲的孩子實在太可憐，趁審訊者外出休息，悄悄搬來板凳，讓被吊打者踩在板凳上，輕鬆片刻；老奶奶還拿來清水，給早已大汗淋漓、饑渴不堪的學生喝上幾口。人心都是肉長的，哪個母親不愛孩子？如果母親看到孩子被如此折磨，還不心痛如刀絞！

在空曠的院子裡，想像當年擠滿軍人、特務、學生的場景，當無辜的學生遇到兇殘的拷問者，真是「秀才遇到兵，有理說不清！」國民黨是一個前現代的「暴力團」，國民黨軍隊和情治系統充斥著地痞流氓——最高領袖蔣介石是上海灘流氓出身，對「文化」和「文化人」心存敵意，當這群師生的命運掌握在他們手上時，還不獸性大發、大施淫威？

受難學生之一孫序先多年後回憶，當師部決定用高壓手段對付學生，張敏之校長趕來探望。學生們看到校長如同看到父母，放聲大哭。張校長安慰說：「不要怕！他有槍桿，我有筆桿，我要到臺灣去告他們。」張校長何其天真，在四顧蒼茫的蔣介石心目中，唯有槍桿才能保護小朝廷，當筆桿與槍桿發生矛盾，蔣介石當然站在槍桿一邊，犧牲筆桿。張校長等人被當作替罪羊的命運，早已註定。

後來，我結識了中央研究院的歷史學者許文堂，他是《澎湖煙臺聯中冤獄案口述歷史》的作者之一。我翻閱當事者講述的不幸遭遇，真是不忍卒讀。欒秉傑回憶說：「我因堅決否認，備受嚴刑逼供，先是遭到蔡培基以一尺餘長的繩子朝頭、頸、胸、背猛打，昏厥倒地後再以冷水澆醒，爾後將雙手反綁在後，雙腳不及地，吊掛在屋樑上。綁在手上的細捆繩深深嵌入皮肉，沁出絲絲血漬，但蔡培基毫不留情，仍是不停地抽打。……除了遭到吊掛，還受到過三、四次過電的凌遲——將電線綁在兩根手指頭上，鞋襪遭除去，全身過電。過電霎時如大火焚身，髮絲如細刺蝟般豎立，五臟六腑熾熱若火烤。」初福山回憶說：「蔡培基打我、踢我，用一種紫色的硬繩子捆住我，打得非常厲害。……我回去的時候，是跛著腳走路的，沒多久，腳踝就腫得很大，本來正常的只有一個踝骨的腳，被打裂成兩個踝骨了，到現在都沒有復原。」王人榮回憶說：「他們用各種刑具疲勞審訊，起初是用膠底鞋打我的臉頰，要我在老虎凳上逼口供，把我的身體靠著牆壁，將我的膝蓋用軍用的布綁腿綁起來，在腳踝和凳子的缺口處穿進一支杆子，並將兩腳慢慢往上抬，每往上抬一次，就在膝蓋上墊磚塊，讓我疼痛不堪，失去知覺時，便灌我冷水，之後用電話線通電電我。」

這些學生的遭遇，恰如柏楊在為《十字架上的校長》一書所寫的序言所說：「廿世紀的中國人，至遲在二〇年代起，便生活在恐怖政治之中。四〇年代時，國民黨退守臺灣，把白色恐怖帶入本島，而大陸則全部陷入紅色恐怖。中國人像兩群分別被圍困在鐵柵裡的羔羊，等待英明領袖的人物，隨意生殺凌辱。」那些受共產黨政權凌虐的中國人，如果讀到這本訪談錄，還會不會對蔣介石和國民黨的「王師」充滿一廂情願的期盼呢？當時，王人榮拿出國民黨黨證來為自己申辯，軍官李其勇斥責說，「黨證有何用處」，立即撕掉，丟進垃圾桶——程潛、張治中都是黨國元老，現在都投靠共產黨去了。這句話恐怕也是蔣介石四面楚歌之時的心裡話。而那些連國民黨黨證都沒有、卻視蔣介石如天神的「中國海外民運人士」，願不願意投胎當一次受盡酷刑的山東流亡學生呢？

十字架上的愛與公義

澎湖山東流亡學生冤案，原本是一個悲慘、痛苦、絕望的故事，張敏之校長及其夫人王培五女士，卻用生命和信仰彰顯了愛與公義仍然存在的事實。

我有幸結識了臺灣文史工作者和出版人管仁健，彼此一見如故。管仁健在《你所不知道的臺灣》系列中，寫到山東流亡學生的冤案，同時他也是《十字架上的校長》和《一甲子的未亡人》這兩本書的責任編輯。這兩本書，是居住在加州的張校長三公子張彤寄贈給我的。當我對山東學生冤案產生興趣時，冥冥之中有某種神秘的力量，讓胡大哥、管仁健、許信堂、張彤等人一一走到我身邊，讓我相信任何暴政都不能掩蓋歷史的真相，愛與公義必將勝過暴政——國民黨製造的澎湖山東流亡學生冤案如此，中共製造的六四屠殺也是如此。儘管天安門母親日漸凋零，儘管發誓一生為六四亡靈而活的劉曉波最終為六四亡靈而死，但水落石出的那一天必將來臨，正如張彤所說：「作孤兒的父，作寡婦的伸冤者。這是《聖經・詩篇》裡的一段經文，也是我們一家人的見證。」

張敏之夫人王培五出身於山東世家，不顧家裡反對談起師生戀，獨自到北京念大學，隨丈夫帶領山東子弟走遍大江南北，最後渡海到澎湖，卻從此成了「未亡人」，烙下「匪妻」的印記。從千金小姐到政治寡婦，她忍辱帶著六名子女，走頭無路，謀職不易，特務如影隨形，嘗盡人間疾苦。

一句臺語都不會的山東媽媽，要怎麼樣帶著六個從三歲到十四歲的兒女，在屏東縣的萬丹鄉與潮州鎮討生活？七個人住在茅草小屋，共用一把牙刷；龍捲風過後，孩子們慶幸的不是死裡逃生，而是有很多墜落的小鳥能作串烤打牙祭。大兒子揚言要去臺北殺掉害死爸爸的大官；小兒子只有三歲，天天在家無人照顧；大女兒念了護校卻染上肺結核。面對生活的種種橫逆，王培五堅持不掉一滴眼淚。

受苦不一定讓人格昇華，受苦有可能讓承受者沉淪。唯有受苦之後堅信愛和公義的人，才能將苦難的眼淚結晶成晶瑩剔透的珍珠。作為基督徒，王培五最喜歡的《聖經》經文是：「壓傷的蘆葦，它不折斷；將殘的燈火，它不熄滅。」在友人的幫助下，王培五先後任教於臺南女中、建國中學，她的一位學生回憶說：「王老師認真負責，我們一點兒都不知道她所遭遇的悲慘命運，看不出她心中所承受的痛苦。她將內心深沉的冤屈化作一股力量，將無比的愛給了周圍的子女與無數的學生，還曾實至名歸地當選過全省最年輕的模範母親。」

苦盡甘來，孤兒寡母一家相繼出國，兒女都在美國這片自由的土地上奮鬥有成，全家幸福圓滿。三個女兒都在醫療部門工作，三個兒子更成就斐然：長子張彬為土木工程博士和大學教授，次子張彪為猶他州公路局副局長，三子張彤為史丹佛大學電機博士。十三個孫輩中，四個醫生，兩個律師，三個建築師，二個會計師，一個工商管理師，也都明瞭祖父母的悲慘故事和奮鬥歷史。二〇一四年六月廿四日凌晨，王培五女士在睡夢中安詳過世，享年一百零六歲，距丈夫蒙冤遇難已有六十五年了。

那麼，誰是真基督徒？誰是假基督徒？是每天在日記中摘抄《聖經》、禱告數次的蔣介石及宋美齡，還是引頸就戮、為學生捨命的張敏之，以及含辛茹苦、化劍為犁的王培五？在我的心目中，張敏之遠比蔣介石偉大，王培五也遠比宋美齡偉大。柏楊感嘆說：「我崇拜張夫人，她用五十年之久的時間，和邪惡奮鬥，所付出的痛苦，使人不忍細思，而這正提供了我們一個尊嚴的榜樣，一個戰勝巨大邪惡勢力的尊嚴的榜樣，她表面上可以低頭，但內心卻永不屈服！」柏楊晚年也受洗成為基督徒，與張敏之、王培五夫婦一樣，沐浴在十字架的榮光之下。

蔡英文總統在行程中讀完《一甲子的未亡人》，在臉書上感嘆說：「我問自己，這樣的人，這樣的故事，在課綱調整之後，還會出現在高中生的教科書上嗎？白色恐怖，從來都是不分省籍的，這塊土地曾經歷的許多傷痛，我們也一直共同承擔。我們不僅要忠實看見這塊土地過往的歷史，更要用愛和公義，面對歷史的錯誤。族群、文化和思考的不同，不應成為撕裂這塊土地的元素，而應是豐富我們家園的多元色彩。」是的，臺灣社會的癥結，不是族群對立，而是如何用愛與公義的力量，去除獨裁傳統、奴才意識和暴力文化。

我期盼有一天，張家的故事以及澎湖山東流亡學生的故事，出現在臺灣的中學教科書中；同樣，天安門母親的故事，也出現在中國的中學教科書中。◆

· 期盼有一天，張家的故事及澎湖山東流亡學生的故事，出現在臺灣的中學教科書中

澎湖「七一三事件」紀念碑

地址：澎湖縣觀音亭海邊
參觀時間：24小時，自由參觀

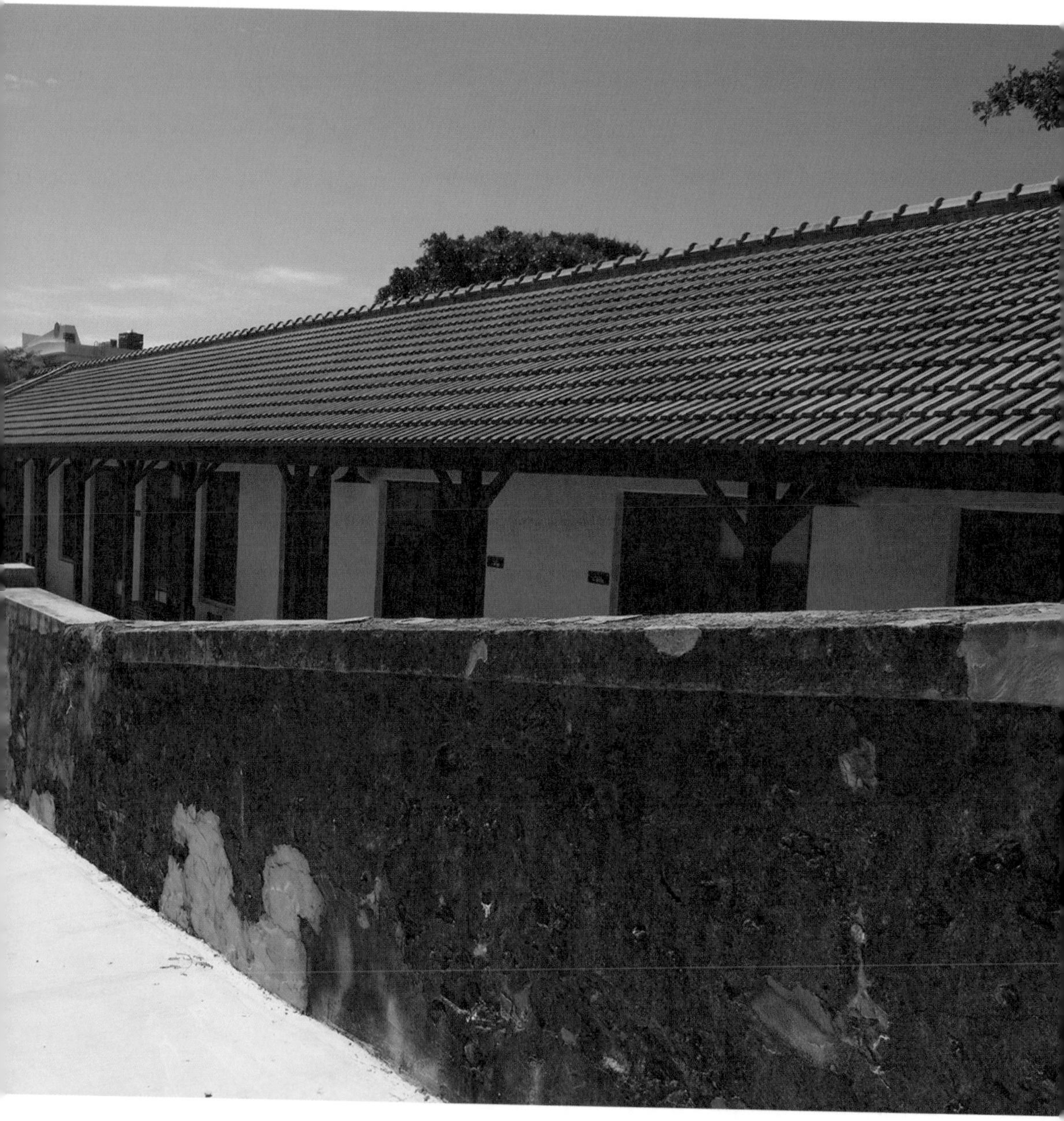

讓世界都看到，歷史的傷口

篤行十村眷村文化園區及張雨生故事館

澎湖、金門、馬祖三大離島，都有一個共同點，就是長期被劃為軍事管制區，如今存留的與軍事有關的遺址比比皆是。以眷村而論，澎湖的篤行十村是其中頗具代表性的一個。在地的朋友告訴我，去篤行十村參觀之前，要先去看看金龜頭砲臺，因為住在篤行十村的軍官們，大都負責守衛金龜頭。參觀了兩處，才能明瞭主人在此完整的人生。

金龜頭砲臺是澎湖的防守重鎮，在臺灣乃至東亞的海洋史上和軍事史上極具歷史意義。砲臺位於澎湖馬公半島最西邊，媽宮城西南門外的龜頭山上，與舊稱「蛇頭」的風櫃尾蛇頭山東西斜對，一龜一蛇扼守馬公內港吼門，軍事地理位置至關重要。如今，金龜頭砲臺為臺灣的國定古蹟，內部古砲基座、坑道、碉堡、兵房、校場、觀測所等軍事設施保留完整。原來戒備森嚴的軍事禁區，如今已開放給一般民眾參觀。

我來時正是炎炎夏日，揮汗如雨之下，可以想像戰時官兵備戰之艱苦。金龜頭砲臺守衛澎湖已一百卅多年。第一次築城是一七一七年，稱澎湖新城；第二次築城是一八六四年，稱金龜頭砲臺；第三次築城是一八八七年，也稱金龜頭砲臺。當時，正是劉銘傳開發臺灣，任命總兵吳宏洛負責砲臺修建和防衛事務。此處配備有七、十、十二吋口徑阿姆斯壯後膛砲各一門，與西嶼東臺、西臺同為全澎戰力最強大的砲臺。

日清戰爭爆發之前，日軍就已在地圖上明白標示金龜頭砲臺的位置，可見其「知己知彼，百戰不殆」。清國戰敗，割讓臺灣和澎湖等地給日本，卻又暗中鼓動當地民眾拒絕日軍登陸。日本出兵澎湖，先占領大城北砲臺，再向西挺進準備攻占馬公時，受東角砲臺及西嶼砲臺的猛烈攻擊。隨後，日軍自東門突破，占領東角砲臺及金龜頭砲臺，澎湖遂被拿下。一九〇二年，日軍第四次築城，兩年後完工，稱之為「天南砲臺」。

二戰結束，國軍接手砲臺，稱之為「天南鎖鑰」。在園區入口處的牌坊上，即可看到此四個剛勁有力的大字。園區大門設有衛兵站崗的模型，讓遊客體驗戰時的緊張氣氛。不過，那些「少年不識愁滋味」的少年人，嘻嘻哈哈地站在衛兵模型前「打卡」留念，並不覺得戰爭有多麼可怕。園區內陳設了由國防部移撥一座美製高射砲，這是昔日國軍的一件王牌武器，讓對岸的共軍吃盡苦頭。幾十年之後，高射砲除役，當年的殺人武器成為今天的參觀道具，同時也提醒臺灣人不能「生於憂患，死於安樂」。園區內還保存了當年的戰役秘徑，播放澎湖四大戰役的影片，也讓遊客親身體驗坑道內特殊的軍事生活情境。

金龜頭砲臺最主要的建築形式為穹窿式兵房，這是澎湖地區砲臺的主要特色。金龜頭砲臺四周的土垣、砲臺掩體、砲臺底座皆保存良好，土垣使用澎湖知名的玄武岩疊砌，以水泥作為黏結接合材料，故而不畏風吹雨打，至今屹立不倒。

篤行十村：全臺澎最早形成的眷村

篤行十村與金龜頭砲臺不到一箭之遙，步行數分鐘即可抵達。當年的軍官們從安樂的家到硝煙彌漫的陣地，路程居然如此之近。他們的心態迅速由舒緩變為緊張，若沒有強大的承受力，如何能完成這天壤之別的轉化？

篤行十村的主要建築都是在日治時代完成的。一八九五年，日軍進駐澎湖，成立澎湖島要塞砲兵大隊，延用清朝時期媽宮城內西側的練兵場作為砲兵部隊駐地，並陸續修建部隊廳舍。

一九〇八年，日軍成立澎湖島要塞司令部，編制擴增，官兵雲集，於是新建日式木構造獨棟和雙並式宿舍供軍官和事務官員住宿。日本經過明治維新之後，在政治、經濟、文化、教育等諸多領域「脫亞入歐」，迅速完成近代化。軍事領域當然也不例外，努力學習英國和德國的模式，包括在後勤保障上也向歐美發達國家看齊。所以，凡是有駐軍之處，必定同步修建牢固、實用且美觀的營舍，讓官兵及其家眷食宿安穩，不再有後顧之憂。

當時的澎湖經濟落後，建材匱乏，但日軍營造部門修建營房時仍精益求精，毫無偷工減料的行為。篤行十村的這批軍官宿舍，為雨淋板木造建築，配以綠蔭庭院，斑駁的石牆顯露澎湖在地建築的特殊風格。短矩形的平面配置，造就短屋脊屋頂風格，又有些類似沖繩地區居民屋頂的風格。最具特色的是，浴室、廚房的雙紅磚煙囪橫跨出屋外並高於屋頂，具有歐式建築的特色。這組建築呈現了殖民時代多元文化的融合。

篤行十村內最高級的一棟房舍，如今作為澎湖低碳島展示館對外開放參觀。這棟房舍恢復了最初修建時的日本民居風格：屋內由「真壁」（編竹夾泥牆）隔出玄關、「居間」（臥室）、「緣側」（室外廊道）等不同生活空間。導覽人員告訴我們，整理過程中，工匠採取「修舊如舊」的原則，並不因為反對日本殖民統治而去除日治時代建築原初的風格。我非常贊同這種尊重歷史遺址的態度。我嚴厲批判日本發動的大東亞戰爭，但並不因此而否定日本文化獨特的審美觀。必須承認，日式建築表面上看跟中國唐代的古建築相似，其實它內部的舒適與體貼遠非中式建築所能比擬。

二戰後，國軍澎湖防衛司令部接收砲臺和宿舍區，並將宿舍分配給有眷屬的國軍軍官居住。於是，這裡成為臺澎金馬地區最早的眷村之一。

一九四九年，蔣介石政權敗退來臺，同時也有大量軍民湧入澎湖。小小的澎湖，從未想到在國共兩黨的生死搏鬥中成為戰雲密布的「前線」。臺灣湧入兩百萬特殊的「難民」，澎湖亦湧入數萬「難民」，若以面積而論，澎湖在單位面積內湧入的「難民」數量甚至高於臺灣。人多粥少，澎湖的居住空間嚴重不足，即便享有特權的軍方也是如此。於是，軍方將原有的獨棟建築重新隔間，分配給兩戶人居住；原來的雙拼建築也重新隔間，分配給四戶人居住。同時，改以磚造屋身，上覆水泥，原有建築之美感蕩然無存，反正這是「克難」時代，人們只能住「克難房屋」，也就無所謂美醜了。

· 金龜頭砲臺是澎湖的防守重鎮，在臺灣乃至東亞的海洋史上和軍事史上極具歷史意義

再後來，由於人口日漸增加，住戶在庭院內私自增建住宿空間，形成大雜院的景象。軍方無力修建新房，對此睜一隻眼，閉一隻眼。此種情形，頗類似於北京通透疏朗的四合院，在毛澤東時代湧入數倍居民之後，家家自行搭建臨時住宅，使得四合院淪為居住條件惡劣的「大雜院」。

天下沒有不散的筵席。二〇〇七年，篤行十村的七十八戶人家遷入新建的龍行新城，此處住宅群遂被廢棄。十年之後，篤信十村又被重新發現，然後整理並開放，成為「魅力澎湖」的重要景點之一。

眷村文化是臺灣舉世無雙的多元文化之一。眷村文化固然有自身局限性，但在過去半個多世紀裡，小小的眷村之內，藉由婚姻關係而打破地域、文化和族群藩籬，也衍生出某種超越性的精神氛圍。其中，在眷村長大的傳奇歌手張雨生就是一位頗具代表性的人物。出生於篤行十村的張雨生，祖籍為浙江嘉興，父親張建民是隨國府遷臺的軍人，母親張惠美是臺中梨山松茂部落的泰雅族原住民。張雨生排行老大，下有二弟二妹。張雨生出生後，父親原想以其出生地命名為「澎生」，然而少雨的澎湖卻下起了連日大雨，因此將其命名為「雨生」。作為「混血兒」的張雨生，或許正是因為身上流淌著泰雅族原住民的血液，從小就能歌善舞，日後成就了一個臺灣歌壇的神話。

海闊天空的生命張力，自由自在的音樂創作

小小的篤行十村，誕生了兩位膾炙人口的歌手，一位是以《外婆的澎湖灣》而讓澎湖這個小島在華人世界無人不知、無人不曉的潘安邦，另一位則是在大海中永生的張雨生。兩人在篤行十村的故居都已設置為小巧別緻的紀念館。

張雨生故居位於篤行十村內新復路二巷廿二號，在「張雨生故事館」的最裡側。由於張家原有的空間稍顯狹小，園區將鄰棟建築廿、十八和十六號一併納入，整修後作為張雨生故事館。在地友人提醒說，

可不要以為張雨生童年的居住面積如此之大，就是將軍也不可能住如此寬敞的房舍。

張雨生在九歲那年離開了澎湖，但他一生都以土生土長的澎湖人自居。一九九三年，張雨生發行「一天到晚游泳的魚」專輯時，特別返回澎湖拍攝MTV。他也曾在電臺訪問裡形容澎湖為「最美麗的驚嘆號」，而他自己則是澎湖所珍愛的遊子。

此刻，篤行十村遊人稀少，正有當年小小眷村寧靜寂寥的氣氛。循著指示牌，從只能由兩人併肩而行的小巷進入，即可看到張雨生故事館的大門。

張雨生是我大學時代最喜愛的歌手。一九九二年，張雨生的專輯「大海」問世時，我剛上大學，作為北大新生在石家莊陸軍學院接受為期一年的軍訓。那是六四鎮壓之後中共當局對北大學生施加的懲罰和洗腦教育。在百無聊賴的日子裡，在不斷受到軍官訓斥和羞辱的生活中，張雨生的《大海》和鄭智化的《水手》帶給我最大的安慰。

從小在內陸四川長大的我，直到那時還從未見過大海，但並不妨礙我被張雨生的《大海》所深深感動。它的歌詞我已倒背如流：「海的表面，風平浪靜，因為情感的內斂；海的深處，波濤洶湧，因為內心的掙扎和吶喊。近觀大海，才能感受海闊天空的生命張力，世界的熱情和關愛，在這裡源源不斷。」初次離家千里的我，晚上在床上戴著耳機，用SONY隨身聽聽那卷盜版的卡帶，淚流滿面。隔天一問同學，十有八九都在聽《大海》等臺灣歌曲。

如今，來到張雨生故事館，我彷彿回到廿五年前那段軍訓歲月。我來此尋找張雨生的青春，也尋找自己的青春。

故事館以張雨生的童年生活、求學成長、步入歌壇及媒體報導等主題分為四區，「天天想你」的音樂繚繞在故事館內，流動的音樂就是最好的導覽。

故事館內的展品中，有張雨生家人提供的家書、樂譜、手寫歌詞和獎狀、獎牌等原物。仔細端詳手寫

・小小的篤行十村，誕生了兩位膾炙人口的歌手，潘安邦《外婆的澎湖灣》讓澎湖成為華人世界無人不知、無人不曉的地方；張雨生像大海一樣兼容並蓄、大開大合，關心社會議題，他的歌唱出了大變動時代臺灣青年渴望自由的心聲

的家書，張雨生的字寫得非常漂亮且文采飛揚，感情豐沛，不愧為政治大學外交系的才子。當然，對於流行音樂歌手而言，最重要的作品歌曲，他靈感來的時候，手寫的樂譜宛如千軍萬馬，浩浩蕩蕩，不可遏止。展櫃中陳列他各個時期的卡帶、唱片、海報、新聞報導等，數不勝數。這位英年早逝的音樂人，在這個世界上只活了短短的卅一年，但他的成就，是很多人漫長的一生都望塵莫及的。

我喜歡張雨生，因為他像大海一樣兼容並蓄、大開大合，毫無許多臺灣歌手那種自艾自憐的小家子氣。張雨生關心社會議題，他的歌唱出了大變動時代臺灣青年渴望自由的心聲。一九九四年，張雨生發表個人第六張創作專輯《卡拉ＯＫ Live・臺北・我》，此張專輯將硬式搖滾、R&B、民謠、爵士、Pop、古典、雷鬼等素材都融入樂曲中，加上類似饒舌的數來寶、月琴伴奏的臺語念歌、卡拉OK式的流行唱法穿插其間，在歌詞內容上更觸及到弱勢族群、環保和對生命的自省等多元的主題，是張雨生展現其豐富創作力的專輯，更締造了臺灣流行音樂界秒數最長的唱片——全專輯共長約七十三分鐘。

對我而言，張雨生還有一絲特別的精神牽掛——他曾以個人的方式支援中國的天安門學生運動。

讓明天能記得今天的怒吼

一九八九年六月，張雨生畢業於國立政治大學外交系。那一年，對於海峽兩岸的中國和臺灣來說，都是學潮澎湃、人心思變的時刻，在此轉捩點上卻分道揚鑣：中國發生了天安門學生運動，不幸的是，學生運動以遭到中共軍隊血腥鎮壓落幕，此後卅年，中國進入權貴資本主義的快車道，一步步變種成為讓世界為之側目的「超級納粹」政權，對臺灣更是文攻武嚇，野蠻霸凌；隔一年，臺灣發生了「野百合學運」，幸運的是，學生、知識界與政府以對話方式達成政治改革的共識，取消惡法、選舉民代、新聞自由，臺灣順利地走向民主的新時代，成為亞洲自由人權的先進國家。

就在北京血流成河、屍橫遍野之際，即將大學畢業的張雨生參與了天安門事件紀念歌曲《歷史的傷口》的演唱。那是一個慘烈而悲愴的時刻，也是一個群情激昂、眾志成城的時刻。臺灣四家最大的唱片公司（飛碟、滾石、可登、寶麗金）動員十多位作曲家，經過兩天兩夜的努力，完成《歷史的傷口》這一集體創作，並由李宗盛、童安格、張雨生、潘越雲、伍思凱等一百多位歌星錄製完成。

當時，《歷史的傷口》在臺灣與海外華人社會廣為傳唱，引發巨大迴響。此後，這首歌曲遭到中共的強力打壓，成為多數中國民眾不得而知的「海外禁歌」。一九九二年之後，我考入北京大學，等升到大學三年級，才在一位韓國留學生那裡得到一卷已經磨損的《歷史的傷口》的卡帶。那時，網路尚未興起，年輕人不可能從網路上搜索文字和音樂。我記得，那是北京的一個滴水成冰的夜晚，我在那間擁擠不堪的學生宿舍裡，跟室友們一起在熄燈後的黑暗中傾聽那盤品質不佳的磁帶裡的歌聲，並徹夜難眠：

蒙上眼睛，就以為看不見；
摀上耳朵，就以為聽不到。
而真理在心中，創痛在胸口。
還要忍多久，還要沉默多久。
如果熱淚，可以洗淨塵埃；
如果熱血，可以換來自由。
讓明天能記得，今天的怒吼；
讓世界都看到，歷史的傷口。

四分之一個世紀，一晃過去了，彷彿剛剛眨一下眼睛。張雨生已遠赴在生命的彼岸，在我們看不見的異域，在美好無比的天堂，而我們依然掙扎在鮮血與白骨之中。為六四亡靈而活的劉曉波，也為六四亡靈而死，他的殉道並未提昇中國人的精神品質，謊言和暴力仍然鋪天蓋地而來。

當年參與創作和演唱那首《歷史的傷口》的港臺音樂人，有多少轉而選擇遺忘「歷史的傷口」，奔赴在中國這座新的「金山」奮力淘金；誰會想到，「蒙上眼睛，就以為看不見；摀上耳朵，就以為聽不到」居然成了今天中國人的生存術。當《歷史的傷口》這首歌曲被聽眾徹底遺忘，屠殺就似乎真的不曾發生過。在五穀豐收、鼎沸油煎的「中國夢」裡，容納不下天安門母親的一滴眼淚。

張雨生不僅參與演唱《歷史的傷口》，還將天安門學運領袖王丹的詩歌《沒有煙抽的日子》改編成歌曲廣為傳唱。那幾句歌詞道盡屠殺之後中國青年一代的絕望與幻滅：

天黑了
路無法延續到黎明
我的思念一條條鋪在
那個灰色小鎮的街頭
你們似乎不太喜歡沒有藍色的鴿子飛翔
手裡沒有煙那就劃一根火柴吧
去抽你的無奈
去抽那永遠無法再來的一縷雨絲

儘管《沒有煙抽的日子》不是張雨生最優秀的歌曲，但他用這種方式來表達對彼岸追求自由的同齡人的支持和慰藉。張雨生後來在專輯中寫道：「我不想騙你，寫這首曲子，我有著神秘的亢奮和驚異的心情。那天夜裡直到完成了歌，還持續高昂的情緒，失眠至早上七點多。對學運，這曲子不是什麼註腳，是積鬱了我心底對中國人的悲憫。」

當時，王丹在獄中，唱片公司將歌詞的稿費交給張雨生保管。四年之後，張雨生在北京見到了出獄的王丹，並將稿費轉交給他。王丹在回憶錄中寫到：「第一次出獄不久（一九九三年），最早見到的是張雨生。張雨生在王府井貴賓樓宴請我，並交與我四千美元的歌詞版稅，在座的還有鄭智化、伊能靜。」在九〇年代中國肅殺的政治氛圍下，張雨生敢於跟剛剛釋放出獄、受到警方嚴密監控的王丹會面，本身就需要如同今天因說明中國人權活動人士而身陷牢獄的李明哲那樣的勇氣、膽識和良知。而張雨生轉交給王丹的四千美金的稿費，是王丹當年得到的最大一筆稿費，真可謂雪中送炭。

《沒有煙抽的日子》這首歌曲的故事還沒有結束。張雨生去世後，張惠妹和王傑都翻唱過這首歌。二〇一三年一月一日，時值以反對旺中案為主要訴求之一的反媒體壟斷運動，蘇打綠樂團在由中視轉播的「全臺義大跨年晚會」現場演出《沒有煙抽的日子》，主唱青峰在演唱前發言說：「這首歌呢，我想說的是，在今年發生了非常非常多的事情，有一些值得令人開心的部分是，越來越多的人願意為這個社會勇敢的發聲……在我的心目當中，媒體應該是一個為真相發言的平臺，而不是企圖壟斷或是想要把你或把我們當作是被利用的東西。我希望我們的下一年都可以過得更好，然後過得更不孤單。然後接下來這首歌，我想要送給每一個很勇敢的人，然後還有每一個清醒的你們。」

但在重播時，這段話被中視以廣告剪接方式刪除。當日清晨，青峰在個人微博發文表示：「你們在那裡坐著，我在這裡唱著。我們用不同的方式度過這一個晚上，我們用不同的方式發出一樣的訴求。我想直接在他們的舞臺，唱給那些應該要聽進去的人聽。」以此聲援當時在自由廣場為反媒體壟斷靜坐跨年的學生。一首被不斷翻唱的老歌，彰顯了反抗精神的代際傳承。

同樣是音樂人，可卑賤如黃安，亦可高貴如張雨生。或許，正是因為料到接下來的世界，黃安之類的

小丑會成為舞臺的主角，張雨生才毅然決然地選擇不再「等待果陀」，而在理想主義尚未退潮的時刻匆匆離開。◆

・一九八九年六月，張雨生畢業於國立政治大學外交系，那一年，中國發生了天安門學生運動。此後卅年，中國進入權貴資本主義的快車道，臺灣順利地走向民主的新時代，成為亞洲自由人權的先進國家

篤行十村眷村文化園區、張雨生故事館

地址：澎湖縣馬公市新復路二巷22號
電話：06-926-0412
參觀時間：4月到9月：早上8:00-12:00，
下午2:00-6:00
10月到3月：早上8:00-12:00，
下午1:30-5:30

T75式60mm迫砲
口徑:60mm
砲身長:748mm
砲管長:650mm
底板直徑:300mm
砲身重:4.7kg
砲架重:4.6kg
底板重:3kg
瞄準鏡重:0.9kg
砲全重:13.2kg(含瞄準鏡)
高低射界:45°~85°
方向射界:11.2°(左右各5.6°)
瞄準裝置:TS75式2倍直管透視鏡
射擊方式:落擊
砲口初速:176m/秒(M49A2高爆榴彈
射速:15發/分(正常)
30發/分(最大)
最大射程:2117m(M49A2高爆榴彈
最小射程:50m

唯有實力才能獲致和平

戰爭和平紀念公園及主題館

到馬祖，是一場猛烈的颱風之後。從臺北到馬祖的航班停飛了三天，我搭乘的是重開後的第一班。北竿島上遊客稀少，有如世外桃源般寧靜。相比於人潮如織、車水馬龍的澎湖，我更喜歡冷寂靜美、遺世獨立的馬祖。既然是「離島」，本來就該遠離紅塵，人一多，就沒有「獨樂樂」的味道了。

自古以來，孤懸海外的馬祖及其週邊小島，不是貿易中心，也缺乏豐富的物產，所以不是兵家必爭之地，既跟冠冕堂皇的「王道」無關，也與窮兵黷武的「霸道」無涉。對我這樣的自我放逐者來說，既然不願在東亞大陸的心臟地帶當沉默的順民，何不在馬祖這個天高海闊皇帝遠的小島上當自由自在的島民呢？古人說：「日出而作，日入而息。鑿井而飲，耕田而食。帝力於我何有哉！」今天，大概只有馬祖人才有這番豪情壯志吧。我在馬祖的「芹壁聚落」小住了幾天，幾乎有了在此長住的心願。

一九四九年，國民政府失去了在中國的統治權，可憐兮兮地敗退臺灣。中共「宜將剩勇追窮寇」，若要攻打臺灣，必定先攻擊金馬。於是，馬祖意外地成為國共內戰的前線，也成為冷戰高峰期東太平洋的一道重要防線。一九五六年，國民政府宣布成立「馬祖戰地政務委員會」，馬祖諸島被劃入「行政督導區」，實施軍政一元化治理，外人不得進入該地區。由此，馬祖身不由己地進入長達卅六年的軍事管制時代。

一九九二年，臺灣民主化狂飆突進，兩岸關係趨於緩和，金馬地區宣佈解嚴，比臺灣本島晚了五年之久。由此，馬祖的神秘面紗終於被揭開：被譽為「亞洲地中海」的芹壁聚落，擁有石頭修建的閩東特色建築，百年風雨，浴火重生，更有最湛藍的大海和最細膩的沙灘；宛如「地下龍宮」的北海坑道，貫穿岩壁，穿透山腹，愚公移山般的開鑿血淚史，讓人嘆為鬼斧神工；有「神話之鳥」之稱的黑嘴端鳳頭燕鷗，自命名以來，比較確定的觀察紀錄只有五筆，曾有長達六十年時間無人發現，已被生態學者認為從地球上滅絕了，卻重新在此被發現；還有「藍眼淚」的海上奇景，每到春夏之交的夜晚，馬祖海濱會出現螢光色的藍點，有如浩瀚的銀河星空墜入大海，又有如瑤池天上仙子流下的眼淚……而我去的第一站，卻是「戰爭和平紀念公園」。

炮彈可以化為花朵嗎？

戰爭和平紀念公園位於北竿大沃山，是臺灣首座以戰爭與和平為主題的紀念公園，包含「零六」、「零八」、「十二」等三個據點，以及戰時的實物和資料相當豐富的主題館，總面積約卅九公頃。沿著步道往山上行走，沿途擺設著若干軍用卡車、機槍陣地、戰車、自走炮等武器設備，經過風吹雨打，大都鏽跡斑斑。武器及堡壘雲集之處，即為一個據點，安排數十甚至上百名官兵守衛。導覽告知，當年為戰略上的保密需要，據點名稱常常以數字稱呼，「零六」、「零八」等據點的名字即由此而來。

「零六」據點位於大澳山上，可遠望附近的大坵、高登及獅嶼等「離島的離島」。該據點的主體部分為小坑道，坑道中有彈藥庫及許多射口，每個射口都是一個絕佳的觀景窗。今天的遊客可以心情輕鬆地觀賞美景，當年的官兵卻只能全神貫注地觀測對岸的動靜。坑道內十分潮濕，階梯旁、牆角邊都有小溝聚集垂落的水滴排出坑外。當年駐守的官兵不僅需隨時保持警戒，身體健康亦飽受摧折，很多人都患有皮膚病、腸胃病等各種疾病。坑道內，麻雀雖小，五臟俱全：有機槍口、主炮口、副炮口、彈藥庫、連長室、輔導長室、中山室、官兵寢室等空間。別小看此一冬暖夏涼的據點，它乃是防衛北竿行政中心及機場的重要作戰據點。

「零八」據點則運用大沃山的環境優勢及其廣大的腹地面積，建於岩壁礁石之間。前進據點所在，得先步行沿著峭壁建造的階梯而下，行走的時候不禁繃緊神經，小心翼翼。其內部構造為坑道式建築，儘管簡陋卻有充足的生活機能，甚至設有長官專屬臥房。

在馬祖，除了舉目皆可看到地上軍事建築之外，還有一個龐大的地下世界。馬祖號稱世界上地下坑道最密集的島嶼，馬祖所屬的四鄉五島遍布各種防空避難設施，初步估計有兩百五十六座（不包括軍方仍在使用的、對外保密的處所）。這些設施有防空洞、兩用碉堡、地下化工事、坑道等，密密麻麻地分布在面積僅廿六平方公里的島嶼上。

戰爭和平紀念公園主題館就設在「十二」據點附近，那裡有整個北竿島唯一的一處紅綠燈——因為車輛稀少，其他地方可以不用設置紅綠燈。

在館外的平臺上，可以眺望中國福建的海岸線。臺海兩岸如今處於暫時的和平狀態，要建立永久的和平，尚長路漫漫。

主題館以「感動・回憶」為線索，分為緣起、軍事沿革大事紀、軍用品展示區、軍民生態文化等不同展區，透過文字及影像，描述軍方與民間共同走過的長達半世紀的軍管時期。一入館內，便可看到機槍、迫擊炮等武器。據介紹，館內展示的武器、軍裝、發報機等，都是在戰場上實際使用過的原件，不是複製品，更具戰爭場域緊張、冷酷、森嚴的歷史氛圍。

在各種展品中，我發現了一件名為「炮彈開花」的藝術品，作者為在地小吃店的老闆、退伍軍人吳香官。「炮彈開花」由五枚口徑不同的炮彈殼構成，炮彈殼都是在馬祖撿來的。吳香官花了三天時間，開腸破肚，切割焊接，創作出這件獨一無二的藝術品，以象徵和平的花朵重新詮釋殺人的炮彈，正應了「化劍為犁」、「化干戈為玉帛」的典故。

在今天脆弱的和平環境中，不能忘記戰爭中無辜的死難者。六〇年代後期，由於中共的戰略轉移，將打擊重點從原計劃的馬祖轉移到金門，馬祖沒有發生過激烈的戰事。即便如此，共軍的炮彈多次打到馬祖，並造成一定程度的人員傷亡。比如，一九六九年九月廿九日晚間七時廿分，中共炮彈濫射，南竿鄉梅石村中正堂電影院不幸遭炮彈擊中，軍民死傷廿六人，其中介壽村一名邱姓孕婦當場死亡。共軍的這

· 上圖：主題館以「感動 · 回憶」為線索；展示藝術品「炮彈開花」由五枚口徑不同的炮彈殼構成，象徵和平的花朵

· 下圖：館外的平臺上可以眺望中國福建的海岸線。馬祖沒有發生過激烈的戰事，但在今天脆弱的和平環境中，不能忘記戰爭無辜死難者

種無差別「炮擊」，已然違反《日內瓦公約》中不得故意傷害平民的條款，充分暴露出共產黨政權殘民以逞的本質。國共兩黨的權力之爭，非得拉上無辜平民殉葬，兩黨都應當被釘在歷史的恥辱柱上。

遺憾的是，主題館中對「和平」理念的闡釋空泛而虛浮。若是設置一面牆，記錄在兩岸戰爭狀態下無辜受害的普通民眾的名字，或許更能讓後人體認和平之可貴、戰爭之可惡。可以效仿的是舉世聞名的以色列猶太大屠殺紀念館對和平理念的闡釋；該紀念館大部分建於地下，去過的人無不震懾感動，深為人類的邪惡、冷血感到羞恥。紀念館的原名Yad Vashem出自《聖經》經文：「我必使他們在我殿中、在我牆內有紀念、有名號，比有兒女的更美。我必賜他們永遠的名，不能剪除。」希伯來文Yad Vashem，就是「有紀念」、「有名號」的意思。華人文化號稱以歷史為宗教，偏偏只有帝王將相的家史而沒有普通人的歷史。僅以馬祖一地而論，在戰爭年代失去生命的平民究竟有多少？他們叫什麼名字？這才是「戰爭和平紀念公園主題館」首要先回答的問題。但願有一天，在「戰爭和平紀念公園」的主題館中，每一個死難者的名字都能歷歷在目，讓人緬懷、悼念和追憶。

芹壁：臺灣最美的聚落

「戰爭和平紀念公園」並不局限於園區之內，整個馬祖就是一座活的戰爭和平紀念公園。比如，在芹壁聚落，就能體驗到戰爭與和平的交錯、荒蕪與再生的循環。

芹壁，號稱「馬祖地中海」，舊名「鏡港」，又稱「鏡澳」。其名稱源自於村落澳口前有一突起的岩礁，因狀似一隻大海龜，居民稱它為「芹囝」，岩礁的四周海水清澈見底如鏡，因而稱為「鏡港」。由海面往陸地望去，村落好似鑲嵌於「芹囝」後方山壁上，故有「芹壁」之稱。

這個村落背山面海，清末時期為福建省長樂縣鶴上鄉陳氏家族開發，屋舍為花崗石建築，依山勢呈階梯狀排列，層層相疊，錯落有致。芹壁的建築為閩東樣式，大多為獨棟、一層式的石頭屋，四面牆壁以黃色花崗岩或大陸青石砌成。砌法分兩種：一是石材規格一致，砌法規則平整，如芹壁最有名的「海盜屋」；一是石材形狀大小不一，以隨機方式堆疊，稱為亂石砌。屋頂多為單脊二坡式，常見規則排列的石頭鎮壓，壓瓦石有防颱作用；石頭屋一般不出簷，或出簷少，或以女兒牆壓簷，或密封簷口。由於平地極少，石頭屋多半依山坡地形起伏而排列，錯落有致；房舍、巷道之間以花崗石塊鋪成石階，形成階梯狀的石砌步道。

在一九五六年實施戰地政務前後，馬防部加強防禦工事，挖壕溝、蓋防空洞、設置心戰喊話站、政治標語十分醒目。一九七九年，中共宣布停止長達廿年的「單打雙不打」的炮擊，兩岸對峙由軍轉政，標語紛紛改了口氣。一九八九年，臺灣解嚴，氣氛又為之一變。不同時代的水泥標語，紅藍白灰的色彩已斑駁迷離，其字樣卻還清晰可見。走在芹壁的石頭屋之間，最初會遇上「消滅朱毛漢奸」、「檢肅匪諜」、「蔣總統萬歲」等肅殺陰冷的標語；轉入另外一條巷子，則是「三民主義統一中國」等柔性舒緩的標語；再一個轉彎，就變成了「為中華民國百姓安全福祉而戰」這樣空洞浮泛的標語。走在芹壁聚落的曲徑通幽處，如同走入悠長迴旋的時空隧道，不同年代、不同意涵的標語，如同一首樂章中的快板與慢板，交相輝映，搖曳生姿。

我們來到一間被歲月和海風磨洗得無比精美的老宅前，一樓的舖面是小小的雜貨店，樓上是民宿。我向老太太買了一瓶礦泉水，並與之閒聊。老太太說，一九五六年，國防部頒布「金門馬祖地區戰地政務實驗辦法」，用白話說就是軍事管制，夜間實施宵禁、燈火管制、入出境管制、電信管制等。晚上沒有電燈，也不能點蠟燭，孩子不能寫作業，甚至不能升火煮飯，煮飯晚了，就只能吃生冷食物。更可笑的是，連打籃球都要登記，因為怕有人抱著籃球游到對岸去，這可苦了熱愛打籃球的年輕人——當年的傑出青年林毅夫就是抱著籃球逃亡到中國的。

・余杰攝於馬祖芹壁村落

戰爭和平紀念公園

地址：連江縣北竿鄉大沃山
電話：08-365-5218
參觀時間：24小時開放

戰爭和平紀念公園主題館

地址：戰爭和平紀念公園內
電話：08-362-5631
參觀時間：每週一至日，早上8:30至下午5:30

我好奇地問老媽媽：「您經歷過炮彈打過來的情形嗎？」老媽媽回答說：「怎麼沒有經歷過？馬祖人過的是『炮林彈雨』的生活。我有幾個鄰居先後死於炮擊。不過，慢慢地，大家都摸出了對岸炮擊的規律，中共炮擊的時間大都選擇在入夜時分。我們學會處變不驚，晚飯做好了，全家帶著飯菜到坑道裡吃，隆隆的炮聲都成了晚餐的配樂。」

由於戰地生活諸多不便，漁民不能出海打魚，生計被切斷，許多馬祖人不得不離鄉背井，到臺灣本島去討生活。這位老媽媽嫁到了臺灣本島，在臺灣本島一住就是大半生。近年來，芹壁重新開發，老媽媽才落葉歸根，回到芹壁整理頹敗的老屋，經營雜貨店和民宿。她告訴我，有兩個美國客人愛上了芹壁聚落，在她的民宿中住了幾個星期不願離開，現在客人衝浪去了。

和平需要強大的國防來保障

馬祖居民以及外來的遊客，終於可以幸福地享受遲來的和平。沒有人厭惡和平、熱愛戰爭，除了希特勒、史達林、毛澤東等屈指可數的惡魔。在喬治・歐威爾筆下《一九八四》的世界裡，有一條著名的宣傳口號，就是「戰爭即和平」——獨裁者的本性乃是貪得無厭，不惜發動戰爭開拓疆土。

那麼，和平如何取得？和平不是投降，和平不是為奴。我在採集分布在馬祖各處的古早味的政戰標語時，不禁聯想到如今國民黨人在共產黨面前的奴顏婢膝狀，兩相對照，恍如隔世。

一生以反共為志業的國軍前政戰主任、退役上將許歷農，在軍人節高調宣布放棄反共使命，因為「共產黨讓中國強大起來，不必反對了。」許氏此舉真應驗了「無恥是無恥者的通行證」這句話。當年，法國的羅蘭夫人哀嘆說：「自由，自由，多少罪惡假汝名而行？」如今，應當如是追問在北京人民大會堂恭恭敬敬傾聽中共黨魁習近平訓話的國軍退役將領們：「和平，和平，多少罪惡假汝名而行？」

許歷農之流的叛國者，當然不可能給臺灣帶來永久和平。如美國前總統雷根所說，唯有強大的實力才能達到和平。自從美國建國以來，其本土從未受到敵國軍隊的侵略、占領：日軍偷襲的珍珠港，尚遠在美國本土數千里之外，而「九一一事件」只是恐怖主義襲擊，而並非「常規戰爭」。美國本土享有安全與和平，不是因為美國人是百分之百的和平主義者，而是因為美國維持著一支世界上最強大的、讓敵人望而生畏的武裝力量。

臺灣的處境比美國危險得多。海峽對岸的中共政權用將近兩千枚導彈對準臺灣，並時常發出赤裸裸的武力威脅。兩岸並未正式宣布終結戰爭狀態，臺灣豈可廢棄國防、任人宰割？

二〇一七年五月前，《紐約時報》言論版發表了臺灣退役特戰隊員吳怡農的投書，引起不小的波瀾，這篇文章寫道：

> 臺灣政府一直未能正視這個不斷增長的中國武力威脅。我們的領導人繼續假設美國永遠會出兵解救臺灣，也用這樣的假設來規劃國防並掏空了軍隊。國民黨及傾向國家獨立的民進黨所提出的政策，都導致軍隊人力不足，士氣低落。
>
> 臺灣已經把軍隊的現役人數從一九九六年的四十萬削減至遠低於廿萬（確切數字屬於機密）。近兩百萬的後備軍只存在於官方文書中：他們幾乎毫無裝備，沒有編入任何作戰單位、大多數人也未受召集重新訓練。我們購買的先進武器平臺，並不適於應對臺灣所面臨的威脅。（例如，我們持有緩慢的軍艦與坦克車，容易受到中國的飛彈攻擊。）我們忽略了後勤支持和彈藥不足，訓練和教育不再被重視。
>
> 臺灣社會對軍隊的疏離與不信任，與軍隊本身士氣低落相生相映，久而久之，臺灣人把國防事務當成聊備一格，認為兩岸和平不打仗就好。但印證古今戰史，越怕戰爭的，戰爭越會找上你；當發動戰爭的代價越低時，越容易引發戰爭；以為打不過中國就放棄武裝自己，那就是更加引誘中國來攻打臺灣，因

為這等於是在告訴中國：霸凌臺灣的成本是最低的。

作者語重心長，苦口婆心，不知臺灣的年輕一代是否願意傾聽？臺灣國防預算偏低的問題已引起美國的重視，美國在臺協會主席莫健此前已呼籲臺灣政府重視國防預算偏低問題：「臺灣的國防預算投資無法跟上局勢變化，情況急迫。」他還以同樣面臨複雜威脅的國家，如以色列、南韓及烏克蘭為例，相較之下，臺灣國防預算占國內生產毛額（GDP）的比例確實相當少，臺灣必須做得更好。

在我的一次新書發表會上，與談人是真理大學陳俐甫教授。當我們談及臺灣獨立及中共的武力威脅時，陳教授回應說：臺灣第一次直選總統時，中共試射導彈威脅，當時他在新加坡做訪問學者。身為空軍預官，他立即停止訪學專案，買了機票趕回臺灣，他要承擔預備役軍人的職責。他深深地知道，臺灣是自己的國家，臺灣是自己的家園，必須挺身保衛她。如果每一個臺灣人都空談和平，放下武器，束手就擒，或者完全寄望於美國的保護，那麼臺灣一定不會有美好的未來、永久的安全。因為，連自己的國民都不願獻身來保衛的國家，別人又怎麼會為你流血犧牲呢？

我被陳俐甫教授的這番話深深打動了。如果每一位臺灣公民都能有這樣的勇氣和信念，中國就不敢輕易侵略臺灣。◆

莒城何妨當故鄉

太武山忠烈祠

古人說，山不在高，有仙則名。金門的太武山高度僅兩百五十三公尺，若是放在臺灣本島，恐怕數到一百名也數不到它的名字；但在金門，太武山是全島第一高峰，有著睥睨全島、一覽眾山小的氣派。金門先賢有詩文說「浯江斷嶼入海水，仙人倒地臥不起」，將太武山形容為躺臥的仙人，太武山故被稱為「仙山」，金門人俗稱「大山」。其實，太武山從來沒有仙人駐足，太武山之著名，與「仙」無關，倒是跟「兵」有關，正可謂「山不在高，有『兵』則名」。

跟臺灣島內如潑墨般鬱鬱蔥蔥的高山峻嶺不同，太武山植被稀疏，主要由堅實的花崗岩層、綿延的耐旱灌木組成，灌木像從石頭縫隙裡面蹦出來，有金屬的質感。太武山別具一種北方的大山才有的陽剛與粗獷之氣。

國民黨敗退臺澎金馬地區之後，金門成為國共兩軍對壘的最前線。在東西兩大陣營針鋒相對的冷戰時代，金門是一處少有的處於「熱戰」狀態的地點，從古寧頭戰役到八二三砲戰，戰事之劇烈血腥，比之二戰中的某些戰役毫不遜色。金門雖小，在此展開的戰爭卻牽一髮而動全身，背後牽動著美蘇兩大集團的敏感神經。

在這座小小的島嶼上，軍隊最多時有十幾萬人，堪稱世界上軍人最密集的島嶼，而作為制高點的太武山，自然成了軍事重地。據說，整座山的腹部都被工兵挖空，裡面布滿密密麻麻的坑道，可以隱蔽數萬大軍及若干重型武器，抵禦來自對岸的密集炮火。

太武山麓，有軍人公墓、紀念碑和忠烈祠，是金門重要的戰爭紀念建築群。

劉玉章與「地下金門」

去太武山公墓，通常由玉章路前往。路名得自一九五四年至一九五七年間擔任金門防衛司令的劉玉章

· 國民黨敗退臺澎金馬地區之後，金門成為國共兩軍對壘的最前線，在東西兩大陣營針鋒相對的冷戰時代，金門是一處少有的處於「熱戰」狀態的地點

將軍。劉玉章對金門的影響，僅次於其前任、被金門人奉為「恩主公」的胡璉將軍。在其並不長的任期內，劉將軍率領官兵開鑿金門坑道，修築太武山公路，強化金門防務，為金門的軍事坑道系統打下堅實基礎。可以說，劉玉章乃是「地下金門之父」。

國民政府將太武山公路命名為玉章路，以紀念其在金門的努力付出，並在道路中央塑立了一尊劉將軍銅像。如今，金門之外的遊客，很少人知道劉玉章為何許人也，即便看到這尊招牌銅像——童山濯濯之「光頭」，也不一定叫得上名字來。殊不知，當年臺灣有兩個「光頭」：「蔣光頭」是不能公開叫的，若被人檢舉，必定以「褻瀆領袖」的罪名送到綠島去管訓；「劉光頭」則是可以叫的，劉將軍性情幽默，心胸寬廣，即便有基層官兵如此稱呼他，亦不以為忤。劉玉章的光頭是在三〇年代的中原大戰中，頭部受傷，頭髮全部脫落所致。

金門之所以逃脫了中共的魔爪，往大了說，是因為韓戰爆發，美國重新協防臺灣，將臺灣劃入其勢力範圍，以大量的武器和物質支持臺灣和金門的防務；往小了說，並非蔣介石運籌帷幄，指揮有方，蔣介石不是優秀的軍事統帥，連整個中國都弄丟了，哪有能力守住金門、守住臺灣呢？守住金門的功勞主要歸結於三名傑出將領：孫立人、胡璉和劉玉章。這三個人或因功高震主，或因性格耿介，或因非蔣之嫡系，雖然戰功彪炳，後來卻都命運多舛以致鬱鬱而終。

孫立人最早抵達臺灣，練兵於高雄鳳山，所訓練之青年軍官兵，是古寧頭戰役中擊敗登陸共軍的主力部隊之一。然而，孫立人捲入子虛烏有的「兵諫」事件，被蔣氏父子解除兵權、軟禁超過四分之一世紀，也從國民黨官方歷史、包括金門戰史中消逝得無影無蹤。

胡璉在抗戰中即名震中外，更是金門家喻戶曉的戰神，奠定了金門「軍民一體」的根基。蔣介石連這名嫡系將領都不信任，將胡璉外放為無足輕重的駐外大使，使之英雄無用武之地。

劉玉章繼胡璉之後，將金門打造得固若金湯之堡壘。此前，劉玉章在軍閥內戰、剿共、抗日等諸多戰役中都立下了赫赫戰功，但其仕途一直蹉跎黯淡，在回憶錄中不止一次抱怨明珠暗投，懷才不遇。他不敢直接非議蔣介石無識人之明，卻痛斥擔任過其長官的陳誠、廖耀湘等人。

從孫、胡、劉三位名將的遭遇可以看出，蔣介石不僅不善於將兵，亦不善於將將，其心胸狹窄，目光短淺，重用溜鬚拍馬的小人和庸才，摒棄真正的英才和猛將，是其一生事業盛極而衰的重要原因。

劉玉章是一名職業軍人，缺乏胡宗南、湯恩伯、杜聿明等人的諂媚功夫。他雖是跟胡璉、林彪同學的黃埔四期畢業生，卻從未被蔣當作心腹看待。劉玉章歷任排、連、營、團等職，抗戰後期才升到五十二軍第二師師長，是一步一腳印從戰場上殺出來的戰將。

劉玉章成名於摩天嶺戰役，後來臺灣還以此為題材拍攝了一部電影。一九四六年三月，蘇軍撤離瀋陽，五十二軍隨即占領瀋陽，與南滿共軍激戰於摩天嶺。奪取解放軍警戒陣地後，繼續仰攻，最後至短兵相接，白刃搏鬥，雙方伏屍壕內，戰鬥極為慘烈。摩天嶺戰鬥綿亙八十餘里，苦戰兩日夜，共軍抵擋不住國軍的凌厲進攻，不支潰敗。劉玉章乘勝追擊，殺傷大量共軍，打開進出安東的門戶，以五天時間攻克安東。劉玉章縱橫東北戰場兩年多，未嘗敗績，成了國府在內戰戰場上的中流砥柱。林彪手下的悍將梁興初、韓先楚、詹才芳等人，都曾是其手下敗將。

東北戰局潰敗，劉玉章率一萬六千人從海上撤退，被譽為「中國的敦克爾克撤退」。半年後，共軍名將粟裕指揮的三野打到上海，創傷復原的五十二軍與之在上海近郊開戰，重創擔任主攻月浦任務的共軍十兵團廿九軍，史稱「月浦之戰」。國軍俘虜解放軍一千二百名，三野主力傷亡損失八千餘人。這是國民黨在四面楚歌、全面潰退之下少有的一次勝仗。

然而，孤軍不足以改變整個戰局，劉玉章率主力部隊撤退到臺灣後，成為老蔣手邊僅有的幾張主牌。老蔣叫嚷著反攻大陸，就是以五十二軍為核心主力編製作戰計畫，不過在美國的干預之下，此類計畫只停留在紙上談兵階段。蔣介石沒有實現其「反攻大陸」的狂想，金門也沒有招致更大的戰火，此乃金門之幸，臺灣之幸。

青山處處埋忠骨，何須馬革裹屍還

太武山公墓占地廣大，設有牌坊、拱橋、「國民革命軍陣亡將士紀念碑」、忠烈祠、忠烈殿、墓地等建築。

進入園區，首先經過一座石牌坊，正面為陳誠題寫的「太武山公墓」，背面為于右任題寫的「天地正氣」。

再經過拱橋流水造景之後，映入眼簾的即為三公尺高的「國民革命軍陣亡將士紀念碑」。正面為蔣介石的題字，背面乃胡璉所撰碑文，詳細記載了公墓建立的經過：

在金門之防軍，迭經古寧頭、南日島、大擔島三次大戰，與沿海之突擊，每次皆捷。然我將士殉國於陣前，亦為數頗多。且三年來屯戍孤島，或因公殉命，或罹疾喪生者，亦不在少數，新墳舊塚，散布全區，誠有袍澤之誼，親如手足，同志之愛，有逾骨肉，況國破家亡，相關萬里，共同托命斯土，則其意義尤重。四十年冬，各將校群議建立公墓，藉慰忠魂，而勵後死，余欣然允之……遂卜基於太武山之陽，克日興工六月而成。

胡璉是一位性情中人，其碑文中亦有直抒胸臆的段落：「雖然生死離別，為人生一大悲痛，余亦人也，當此黃土白骨，芳草夕陽，觸景生情，淒涼滿目，實不禁悵然墮淚，放聲一哭也。」

在那個國民黨灌輸「反攻大陸」的虛幻願景的年代裡，即便是胡璉這樣的高級將領，也不得不假裝相信「蔣校長」真能帶他們打回大陸。

其實，「反攻大陸」早已是水月鏡花。一九五五年，蔣介石擬定反攻計畫，初期由胡璉負責，鎖定福建與廣東登陸作戰。之後更由陳誠督導「中興計畫室」，自一九五七年開始，研究以金馬為陣地，於廈門與福州兩地登陸進行自主反攻。然而，美方認為太過冒險，國軍不僅難以在大陸取勝，而且很可能在共軍反撲之下崩潰，最後導致失去臺灣的惡果。因此，美方對蔣嚴加約束，蔣動彈不得。

據美國公布的外交史料記載，當時的美國國務卿杜勒斯對國府的外交部長葉公超抱怨，根據一九五四年簽訂的中美防禦條約，國府的任何軍事行動均需獲得美方同意，在美國不支援情況下反攻只是「自殺行為」。美方警告說，老蔣年復一年地侈談反攻，不但是「騙人」，更會讓民眾失去信心。

一九六二年七月，諾曼地登陸戰役美國艦隊司令柯爾克（Alan G. Kirk）受甘迺迪總統指派接任駐臺大使一職。蔣介石以為，軍人出身的柯爾克是好戰派，必定支持其反攻計畫。誰知，柯爾克在草山行館當面直斥蔣介石，不該把美國協防臺灣的義務當作「空白支票」，更拒絕其派轟炸機、登陸艇支持的要求，甚至詰問老蔣：「中華民國有什麼裝備打算反攻大陸？」

蔣當場拂袖而去，從此拒絕與柯爾克會談。對於蔣介石而言，金門和臺灣都是其「反攻大陸」的「跳板」，用更委婉的詞彙說就是「反共復國的基地」，而不是長久居住的家園。然而，在胡璉撰寫的碑文中，死亡將士埋骨金門的「在地化」現實，與「反攻大陸」的大中華想像之間，裂隙已明明可見。戰死的官兵無法實現中國人「葉落歸根」的心願，只能埋葬在天涯海角的金門，當然是「心有不甘」。因此，胡璉在碑文的最後一段如此自我安慰也安慰死者說：「已故將士乎，此乃中華民國之土地，青天白日永照汝等之上空，余亦飲淚以正告中華兒女曰：此民族戰士也，此黃帝之孫也，彼等為維護其國族而埋骨於此。」胡璉特別強調，金門也是中華民國的土地，是英烈們可以扎根下來的土地，但是這與蔣介石「毋忘在莒」的教導是否矛盾衝突呢？

・太武山麓，有軍人公墓、紀念碑和忠烈祠，是金門重要的戰爭紀念建築群

太武山忠烈祠

地址：金門縣金湖鎮玉章路（近太武山）
電話：082-313100
參觀時間：每週一至日，早上5:00-下午6:00

經過墓碑，繼續往裡走，即為太武山忠烈祠。它與臺北等地的忠烈祠一樣，採取中國古典建築樣式，碧瓦朱簷，肅穆凝重。殿內擺放著殉職官兵的牌位。然而，其屋頂鑲嵌著巨大的國民黨「車輪」黨徽圖案，宛如國民黨一黨壟斷的私產。此一細節表明，兩蔣時代黨國不分、黨軍不分、以黨領政、以黨領軍的政治結構，甚至滲透到軍人墓園之中。

晚近卅年來，臺灣在民主化的潮流中勇往直前，「兩岸猿聲啼不住，輕舟已過萬重山。」如何對待威權時代的遺留物，考驗著新時代執政者的政治智慧和歷史高度。忠烈祠乃是紀念那些為保衛臺灣而捐軀的軍人，當然應該予以保留——民主國家大都有類似的紀念地，比如美國首都華盛頓郊區設有阿靈頓國家公墓（Arlington Cemetery），供家屬、一般民眾及國家元首來此追悼和紀念。但是，臺灣有自身特有的歷史包袱，需要對忠烈祠的某些部分做出適當的調整與改變，比如去除黨國時代的威權象徵物，以實現空間的轉型正義。

官兵的墓地集中在園區的腹地。墓地分為兩種：第一種是美國式的、單個的、規則排列的、平葬的七百五十四座，在方形大理石的墓碑上，標註有墓主的姓名、軍階和生歿日期。第二種是三個大型中式墳墓，群葬在古寧頭戰役和八二三砲戰中戰死的官兵、民間稱之為「千人塚」的地方，中間一座為古寧頭戰役犧牲者的墓地，兩側為八二三砲戰犧牲者的墓地。

據說，古寧頭戰役中戰事慘烈，諸多犧牲者屍首不全，身分難辨，甚至連誰是國軍、誰是共軍都無法甄別，故而將屍體以群葬的方式埋葬於此。將共軍中戰死官兵的屍骨同步埋葬其中，這一種作法讓人稱道。如《聖經》所說，「爭戰有時，和好有時」，各為其主、各為其國的官兵，在九泉之下可以「相逢一笑泯恩仇」。美國南北戰爭的很多古戰場，也是南北將士一視同仁，這是一種比「生死皆不共戴天」的「仇恨價值」更高的文明形態。

不是為蔣家而戰，乃是為自由而戰

沿著公墓旁邊的步道往太武山上攀登，攀登難度不大，很快就到達山頂。路旁醒目處有一塊「毋忘在莒」的巨大勒石，一個字幾乎比一個人的體積都還大。這是一九五二年，蔣介石到金門校閱部隊時，親筆寫下的，如今是金門最具代表性的觀光地標之一。在今天的臺灣本島，已經很少看到此類標語，在金門卻處處可見此類讓人感到時光彷彿倒流的標語和建築。

今天，還有忠誠的國民黨員堅持「毋忘在莒」嗎？余光中式的「鄉愁」，早已蛻變成「兩岸一家親」；與其說「毋忘在莒」，不如說「彼岸自有黃金屋」。在中華民國統治的臺澎金馬地區，金門偏偏顏色最藍，藍到偏紅的地步。或許因為離中國最近，金門是最熱切呼喚中國前來投資、旅遊的縣市。蔣氏父子聲嘶力竭的反共宣傳，戰爭時代的國仇家恨、「漢賊不兩立」，早已雨打風吹去，統統都比不上眼前的「恭喜發財」重要。然而，共產黨的利益和好處，從來都如同包裹著毒藥的甜品，天下哪有白吃的午餐呢？

所謂「毋忘在莒」，來自戰國時代田單在莒城臥薪嚐膽、反敗為勝的典故。蔣介石在一次對金門官兵發表的演講中，以此形容國府「雪恥復國」的願景：

> 最近金、馬前線官兵，效法二千二百年前，田單在莒縣和即墨，糾合軍民，忍辱負重，犧牲奮鬥，百折不回，卒能驅逐敵人，恢復其齊國的精神，發起了「毋忘在莒」運動。我們今天所面臨的敵人——共匪，比之燕軍盡劓所得齊人，盡掘齊人墳墓的恐怖迫害，要酷烈千百倍；而我們臺、澎、金、馬的形勢，比之田單當時，也要強大千百倍！大家知道，即墨當日，才不過敝卒七千，但由於其軍民都能信賴其領袖田單，而田單也始終不願離開其軍民，所以他雖「以寡擊眾」，而卒能於一日之間盡復齊七十餘

城！我們今天就不止有著「統帥不離部隊，部隊不離統帥」強大的國軍六十萬！有著生聚教訓了十五年之久「一切為戰鬥，一切為勝利」的自由基地的同胞一千二百萬！還有著熱愛祖國、擁護政府的海外僑胞一千五百萬！而且更有著對我們反攻復國的義師，若大旱之望雲霓的大陸同胞六萬萬反共大眾！

蔣介石知道自己是在說謊嗎？還是他說著說著，自己也信以為真？蔣介石用「毋忘在莒」這種一般民眾難以理解的文言文當作文宣，其效果當然比不上毛澤東的「打土豪，分田地」。毛澤東經過五四新文化運動的洗禮，熟練地使用淺白通俗的白話文傳達其意識形態。未受過教育的中國民眾，哪裡明白來自俄國的馬列主義是什麼？但「打土豪，分田地」這六個字說到人人的心坎上。蔣介石未受五四新文化運動的洗禮，過於迷戀中國傳統文化，孔夫子、王陽明、曾國藩對其影響遠遠勝過耶穌基督。蔣介石用來勉勵軍民的，乃是那套中國傳統士大夫使用的文謅謅的語言，從「毋忘在莒」到「莊敬自強」，引車賣漿者流哪裡明白其中的真意？所以，共產黨早已在宣傳戰中打敗了國民黨，進而在其他領域「完勝」；而蔣介石一直到死都不知道自己失敗的原因何在，他在臺灣的統治方式並不比在中國的統治方式高明多少。

蔣介石及其小朝廷，將臺灣（當然也包括金門）當作「莒城」，卻未能像兩千年前的田單那樣成功地實現復國之夢。蔣介石在自欺欺人中死去，死不瞑目。直到蔣經國統治末期，蔣經國才全然接受中國「再也回不去了」的事實，公開宣稱「我也是臺灣人」——唯有如此，國民黨才能避免被歷史、也被臺灣拋棄的命運。然而，直到今天，大部分國民黨人仍然不願「以莒為家」，更沒有人敢於置之死地而後生地將「中國國民黨」改名為「臺灣國民黨」，進而發展出一套嶄新的、足以自洽的歷史及意識形態論述。那麼，抱殘守缺的「中國國民黨」就只能「望莒興嘆」，並緩慢而羞辱地遁入黑暗的深淵。◆

翟山坑道

假如真有一粒麥子
在磐石中哭泣

築一切墳墓於耳間，只想聽清楚
你們出征時的靴聲
所有的玫瑰在一夜間萎落，如同你們的名字
在戰爭中成為一堆號碼，如同你們的疲倦
不復記憶那一座城曾在我心中崩潰

洛夫的《石室之死亡》是我讀過的最有生命深度的臺灣現代詩。一九五九年五月，洛夫從外語學校畢業後，七月被派到戰地金門擔任新聞聯絡官。起初三個月在地下碉堡過夜，因不習慣隧道內不發電的夜間生活而開啟詩思。當年八月，即在辦公室寫下《石室之死亡》的第一句；從此展開長達五年的長詩創作。

「石室」一詞，在《石室之死亡》六十四首詩中出現過兩次：一次是在第卅首：「首次出現於此一啞然的石室／我是多麼不信任這一片燃燒後的寂靜」；另一次是在第四十三首：「石室倒懸，便有一些暗影沿壁走來」。在《石室之死亡》中，與「石室」一詞相類，或因呼應、暗示而產生的詞彙，則有「石壁」、「巨石」、「囚室」、「墳墓」、「子宮」等。

「石室」就是坑道、戰壕、碉堡之類的地方，對於駐守金門的官兵乃至金門的居民而言，「石室」的生活幾乎成了常態——砲戰一來，惟有躲藏在「石室」之中，才能倖免於難。

金門有兩個黑白分明的世界，一個是「地上的金門」，一個是「地下的金門」——「地下的金門」就是金門如蜘蛛網般密布的地下坑道系統。在長達卅多年的戰爭狀態下，地下坑道系統讓金門挺過了中國發射的鋪天蓋地的炮彈。國民黨丟掉了整個中國，靠著大海的阻隔和美軍協防，總算站穩腳跟，以金門為防線，遏制住氾濫的赤潮。

在金門大學任教的學者劉名峰夫婦，帶我去金門最具代表性的翟山坑道一遊。翟山坑道的規模僅次於太武山地下設施，在戰爭期間的重要性又有過之。金門解除戰地管制之後，翟山坑道從海軍手上移交地方，由金門國家公園管理處重新整建，於一九九八年開放民眾參觀，一躍在網路票選中成為金門首選的熱門景點。

進入園區，首先看到軍事武器展示區和解說廣場。這裡展示的武器有戰車、艦船上使用的高射炮及登陸艇等，這些老式武器退役後找到了「第二春」。遊客圍繞著武器嬉戲、留影，全然忘記它們原本不是用來參觀，而是用來殺人的，殺人乃是武器之為武器的本質。不過，我們寧願武器失去其本質，對人無害，安置於此，成為供人欣賞的「藝術品」。

在寬闊的廣場上，建有一座演講臺，大概是當年駐守部隊士兵集合、長官訓話之處。臺後的牆壁上鑲有軍徽，左右兩邊分別有「崇法務實」和「勤勞簡樸」八個大字。兩側有堆砌如山的廢棄彈筒，可見當年戰事之激烈。如今，這裡既無居高臨下的長官，也無鴉雀無聲的士兵，原本森嚴肅穆的演講臺上，一群孩子們正在歡快地奔跑、打鬧。但願此種和平景象長久持續。

在坑道入口處，寫著紅色的「毋忘在莒」四個大字，是太武山蔣介石題字勒石的翻版。旁邊還寫著「毋忘在莒」的「七大精神」，此「七大精神」為：堅韌不拔、團結奮鬥、研究發展、以寡擊眾、主動攻擊、防諜欺敵、軍民合作。國共兩黨都源於蘇共，其宣傳模式異曲同工。若以「七大精神」衡量今日國民黨高層投共、舔共的惡行，若嫉「共」如仇的「蔣公」地下有知，豈不氣得七竅生煙，將淪為「共」諜的黨主席、中常委們全都關到綠島去管訓？

· 上圖：進入園區，首先看到軍事武器展示區和解說廣場，沿著長長的階梯往下走，就來到坑道內的水道區域

· 下圖：水道與坑道並行，是翟山坑道最大的特色，駐守金門的官兵們換了一任又一任，坑道內的那段艱苦生活成為青春淬火的記憶

硝煙已散去，濤聲依舊在

步入坑道，在離入口最近處是七間軍官宿舍，如今大門深鎖，無法看到內部陳設。再往裡走，就進入在花崗岩中開掘出的坑道，它有別於一般坑道的狹窄憋悶，全長一百零一公尺、寬約六公尺、高三點五公尺，沒有絲毫擁擠壓迫之感，甚至可以騎馬馳騁其中。

沿著長長的階梯往下走，就來到坑道內的水道區域。水道與坑道並行，是翟山坑道最大的特色。水道呈「A」字型，總長三百五十七公尺、寬十一點五公尺、高八公尺，外面直通大海，可讓四十二艘小艇停泊，岸邊標記著碼頭的編號，每艘小艇可準確停靠在其特定位置上。

如今，坑道內增添彩色燈光，在燈光映照和海水倒映之下，頑劣斑駁的岩石宛如魔幻小說中的魔獸，猙獰而恐怖。而溫柔的海水與堅硬的岩石的交匯，如同纏綿親暱的戀人，又產生另一種浪漫氛圍，讓人如同進入瑰麗神奇的水下龍宮。

走到盡頭才發現，坑內的水道和外面的海水之間設有閘門相隔，內部的水並未迴復流動。儘管如此，站在坑道中，仍可看到閘門外海浪洶湧澎湃，似乎就要湧入水道。習習海風吹拂面頰，即便盛夏時分坑道內亦不覺炎熱。

以坑道系統鞏固金門防禦的最初設想，來自日本雇傭軍「白團」成員根本博（華名：林保源）。根本博與國民黨政權的關係錯綜複雜：一九二七年，黨軍北伐，攻入南京，發生排外的「南京事件」。國民黨軍隊闖入南京的日本領事館燒殺劫掠，作為領事館武官的根本博被亂兵刺傷。此後，根本博成為日本軍部激進侵華派，戰爭期間出任駐蒙古軍司令。戰後，根本博應蔣介石之邀前來臺灣，幫助國民黨對抗中共，成為守衛金門的第一功臣和幕後英雄。自詡為民族救星的蔣介石，居然重用侵華日軍將領根本博，這一事實足以表明，對蔣而言，「民族大義」從未高過權力。權力，唯有權力是真實的。在東亞現代史的褶皺裡面，隱藏了太多正史中隻字不提的灰色地帶。

國軍開鑿翟山坑道的直接原因是，在血雨腥風的「八二三砲戰」期間，大、小金門島灘頭運補作業，經常遭到中共炮火的猛烈攻擊，官兵在烽火連天之下搶灘登陸，人員和物資損失慘重。如何才能避開這一危險呢？國軍決定在大小金門島各開挖一條地下坑道，位於大金門的那條為「翟山坑道」；對口往來的、位於小金門的那條為「九宮坑道」。這樣，官兵們就可以在不受炮火威脅下，在坑道內先將軍需品、民生物資裝上運補船隻，再火速衝出坑道，奔往小金門。

當年駐守此處的軍官回憶說，翟山坑道還執行對烈嶼、大膽、東碇等離島的運輸補給，異常繁忙。執行任務時，小艇駛出坑道，在退潮前停置灘頭完成裝載，等待漲潮時再啟航。返航「進洞」則需選好時間，以便小艇在坑道內有足夠的水位空間迴旋調度。每次出任務的時間都十分緊湊，若遇到天氣不好，更是相當艱苦。

坑內終年陰暗潮濕，當年固守坑道內的士兵，需每天將棉被裡面的水擰乾，再拿到外頭曬太陽，要不然晚上就要濕冷一整夜。夜間巡邏任務相當辛苦，一出坑道則海風襲來，寒氣逼人，身體都凍僵了。衛兵在坑道內執勤，走在陰森森、空蕩蕩的通道上，腳步回音清晰響亮，此時只有岩壁的燈火，照亮孤單的身影，鬧鬼的故事應運而生。

「鐵打的營盤，流水的兵」這句老話，在坑道內應該改為「石鑿的坑道，流水的兵」。駐守金門的官兵們換了一任又一任，坑道內的那段艱苦生活成為青春淬火的記憶。成年男子一旦報出駐守金門的部隊編號，彼此之間立即心領神會，引以為兄弟。黑髮轉換成白髮，坑道依舊冷峻而靜默，一如洛夫的詩句：「當一顆炮彈將一樹石榴剝成裸體／成噸的鋼鐵假我們的骨肉咆哮／曾是狼煙曾是冷鋒／曾是一條無人走過的長廊／看啦，那河面的斷肢，水漩中你清晰的齒痕。」

是人間奇蹟，還是官兵苦役？

翟山坑道的開鑿，國軍五十八、九十三步兵師工兵營均曾參與，工程歷時整整五年。完工後，即由海軍海灘總隊第二大隊進駐，對離島運補功不可沒。然而，其後因泥沙淤積，在一九八六年該坑道即完全廢棄不用。若用經濟學計算，修建坑道所付出的代價與坑道所發揮的作用完全不成正比，可謂得不償失。但是，戰爭只有自己的邏輯，它超越理性的權衡、盤算、評估，它如此固執、蠻横、不講道理。蔣介石不能沒有金門，失去了金門，他就等於被抽掉了「王師北定中原」的跳板。那麼，蔣介石既然對人都可以做到「寧願錯殺三千，不可放過一個」，開鑿此類「巧奪天工」的石頭坑道，又有何不可呢？只要蔣介石一聲令下，官兵就只能服服貼貼，萬死不辭，一切都是戰爭的需要。此類坑道遺址，正好折射出戰爭的鐵血與荒誕。

當年，蔣介石視察金門防務時，多次親身進入各處坑道。看到壯觀的「地下萬里長城」，多年來如同驚弓之鳥的蔣介石，終於可以大大鬆一口氣了。蔣介石在一篇勉勵金門軍民的演講中說：

> 前兩天看到金門和烈嶼幾處新建的隧道工程，不僅設計周密，構工堅固；而且施工費用的節省，也充份的發揮了克難創造的精神。單是這種徹始徹終，一處一處提前完工的光榮紀錄，即足以證明我們的國軍，不唯其堅強的戰力，昂揚的士氣，得未曾有；就是這些最艱難的兵工建設，也是其他遠比我們工業發達的國家，所不敢輕於一試的，然而我們卻都能憑著自己的雙手，變不可能為可能了。雖說國際上一般短視的人，現在還在懷疑我們反攻復國的力量，但是到金馬前線訪問的友邦人士，就沒有不讚揚我們的軍事設施，是人類奇蹟的；而且亦確信我們就憑著開闢地下金門，建設地上金門，特別是對金門地方不過一百七十里見方之地，一月之間，被匪炮晝夜不停的四面環攻，受到八十五萬發炮彈之多，而始終

堅忍抵抗，屹立不搖！靠著這種精神和力量，不僅最後擊敗了匪軍，而且為世界戰史創造了新的紀錄，此實足以證明我們最短期內，必能復國建國，成功而有餘了。

蔣介石進而展望坑道等軍事設施在勝利之後的第二使命：「我想將來大陸光復以後，金、馬、臺、澎的軍事建設，都可以開放參觀，到時候，國際上短視的人們，才會大徹大悟，原來我們反攻復國的勝利成功，是經過這樣的堅苦卓絕，才能得來，而絕非倖致的。」這又是不切實際的畫餅充饑。反攻大陸終究是「落花流水春去也」，有多少官兵真心相信蔣介石言不由衷的講話呢？

蔣介石死後卅年，反攻大陸雖未成功，金門卻不再枕戈待旦，聞雞起舞。坑道等軍事設施開放給民眾參觀，不僅臺灣民眾可來參觀，從彼岸的共產中國來的遊客也可參觀。在慈湖無法入土為安的蔣介石，若是知曉此種情形，該為之欣慰，還是為之蒙羞呢？

蔣介石在講話中宣揚「人定勝天」的理念，跟其宿敵毛澤東如出一轍。蔣介石勉勵官兵們，西方發達國家用先進的機械都不能完成如此艱鉅的坑道系統，金門官兵卻用血肉之軀完成，這就是精神的力量。然而，蔣介石在舒適的辦公室中批閱公文，哪裡知道開鑿坑道的官兵所經歷的艱辛與危險？

據參與開鑿坑道的官兵回憶，工程大致如此進展：開挖時，工兵以空氣壓縮機打洞，鑽上三、四十個小孔以後，再嵌入炸藥，裝上信管，牽上集速火藥引線，拉到洞外安全距離的遮掩處，負責安全的士官吹哨清場，驅離附近的所有人員後，再行擊發引爆，巨響和濃煙從洞口猛烈噴出。此時，爆破後煙硝瀰漫，塵土飛揚，空氣渾濁，洞裡是伸手不見五指，本應等待落塵以後再行進入清運，起碼也要五十分鐘以上，但在時間上並不容許，依進度每小時要有兩個車運量，所以在爆破廿、卅分鐘後，清運部隊即冒著渾濁的濃煙，摸索進入坑道內工作。

爆破後的石塊，一個人能扛上車者就一個人扛，不行就兩個、三個一起齊力，再大者實在是搬不動，就十幾個人用力推到旁邊去，再請工兵下次鑽孔爆破，碎石子就用鐵畚箕和臉盆，一箕一盆的裝上卡車。在坑道還沒貫通前，因無法通風，落塵迷濛一片，久久無法散去，而作業又有期限，只要進洞擔任清運一次，把碎石搬完出得洞來，全都變成雪白的人，認不出誰是誰來，只有解下濕毛巾來，才知道這個人是誰，但又顯露出兩道白眉毛和白眼眶，配上一個乾淨的鼻子和嘴巴，簡直就像是從雪地來的怪獸。

軍方記載顯示，翟山坑道的施工留下了「沒死過人的光榮紀錄」。但是，國軍向來文過飾非，開鑿翟山坑道以及其他坑道是否真的沒有死過人？在當年親身參與開鑿工程的老兵紛紛凋零的今天，已成一大懸案。

軍事坑道化身為另類音樂廳

從二〇〇九年起，翟山坑道又有了其創建者想像不到的另一身分——音樂廳。此一華麗轉身，坑道工程的設想者根本沒有想到，蔣介石也沒有想到，那些千辛萬苦地開鑿坑道的官兵更沒有想到，那些度日如年地駐於此的官兵也沒有想到。

那麼，軍事坑道是如何化身為音樂廳的？這個異想天開的「點子」，竟催生於大提琴家張正傑的一趟「因濃霧而受困金門」的旅程。張正傑是臺灣知名的大提琴演奏家，十四歲即到維也納與芬蘭留學。十三年間，取得奧地利國立維也納表演藝術大學演奏家文憑與芬蘭西貝流士音樂院最高演奏文憑。回臺灣之後，張正傑任教於東吳大學和臺灣海洋大學，也常常舉辦音樂會。

張正傑被人熟知，不只是因為其音樂成就，更因為他活潑、幽默、點子源源不絕，讓古典音樂在手中不再艱澀，總有令人眼睛一亮的新鮮呈現。他曾將峽谷音樂節帶到太魯閣，在群山環繞中，通過音樂達成人與自然的對話。有一次，他看了電影《刺激一九九五》，跟法務部說想去監獄辦演奏會，然後就浩浩蕩蕩地在綠島監獄辦了一場演奏會；在孔子誕辰，他又選擇在臺南孔廟舉行「巴哈向孔子致敬」音樂會，對著孔子演奏西洋的生日快樂歌……所有這些讓人驚豔的創意，卻都比不上「將翟山坑道變身為世界上最美妙的音樂廳」這件事。

有一次，張正傑到金門表演，因天候無法搭機離開，只好四處閒逛，無意中看到翟山坑道的介紹，便請朋友驅車前往。進入坑道，還不到十分鐘時間，他就為坑道獨特的地形與音響效果所折服，立刻決定非在這裡辦表演不可——因這裡有「世界上最好」的音響效果。張正傑發現，翟山坑道有兩個開口，音出去了不會回來，花崗岩的質地，以及水面會吸收音響，全都是有利於演出的天然條件，一座音樂廳無論如何精心打造、設計，都無法得到同樣效果。從某種意義上說，翟山坑道就是一個天然大音響，「翟山坑道內的U字型水道，讓聲音能傳遞至兩邊，不會造成回聲阻擋，有如渾然天成的音箱。」

當時，音樂同好、金門縣政府參議楊肅池陪同張正傑參觀翟山坑道，聽到張正傑脫口而出「這裡應該辦場音樂會！」一頭霧水、滿是問號，以為這個天馬行空的音樂家是在說夢話。

然而，夢想有時與現實只有一步之遙。張正傑在金門管理處的支持下，一步步將坑道演奏會的夢想付諸實現。其構想是：在翟山坑道的水道中，一葉小舟慢慢劃行，搭載著音樂家奏出、唱出柔美的船歌等曲目，屆時冰冷的花崗岩軍事工事將宛如浪漫的水都威尼斯。剛開始，他邀請的音樂家一聽說不但是在坑道裡，甚至還要在船上演奏，嚇都嚇死了。但是，等到他們真的來到坑道裡，嘗試演奏第一個音符，立即被坑道獨特的氣氛所震撼，欣然答應參加前所未有的「坑道音樂節」。

第一屆坑道音樂節，張正傑邀請到小提琴家姜智譯、豎琴家洪綺鎂、女高音林惠珍、笛子演奏家吳宗憲等音樂家參加演出，使之成為金門乃至全臺灣的一件文藝盛事。此後，一年一度的坑道音樂節，每年都有不同的主題及音樂家，從西洋音樂、國劇到歌仔戲以及不同音樂形式之間的融合與交流，讓音樂節十年來一直是萬民企盼，每年開始之前的幾個月便一票難求。可惜，我到金門未能遇到坑道音樂節舉辦之時，未能聆聽坑道中的天籟之音。

戰爭時代的翟山坑道，變成和平年代的音樂廳，這個過程如同蠶化為蝶，正應了《聖經》中的這句話：「事情的終局強如事情的起頭。」◆

· 翟山坑道化身為音樂廳，催生者是大提琴家張正傑「因濃霧而受困金門」之旅的靈感

翟山坑道

地址：金門縣金城鎮珠水路

電話：082-313241

參觀時間：每週一至日，早上8:30-下午5:00，全年無休

touch系列016

正義的追尋──臺灣民主地圖第四卷

作　　者：余杰
攝　　影：黃謙賢
社長暨總編輯：鄭超睿
編　　輯：李瑞娟、張惠珍
排　　版：張凌綺、旭豐數位排版有限公司
封面設計：楊啓巽工作室

出版發行：主流出版有限公司 Lordway Publishing Co. Ltd.
出 版 部：臺北市南京東路五段123巷4弄24號2樓
電　　話：(0981) 302376
傳　　眞：(02) 2761-3113
電子信箱：lord.way@msa.hinet.net
郵撥帳號：50027271
網　　址：http://mypaper.pchome.com.tw/news/lordway/

經　　銷：

紅螞蟻圖書有限公司
臺北市內湖區舊宗路二段121巷19號
電話：(02) 2795-3656　傳眞：(02) 2795-4100

華宣出版有限公司
新北市中和區連城路236號3樓
電話：(02) 8228-1318　傳眞：(02) 2221-9445

2018年12月　初版1刷
書號：L1807
ISBN：978-986-96653-2-2（平裝）
Printed in Taiwan

國家圖書館出版品預行編目資料

正義的追尋 : 臺灣民主地圖. 第四卷 / 余杰作. -- 初版. --
臺北市 : 主流, 2018.12
面；　公分. -- (TOUCH系列 ; 16)

ISBN 978-986-96653-2-2（平裝）

1. 臺灣遊記

733.69　　107022375